1978·2024

感悟与担当

——新时代青年眼中的"改革开放史"

蒋永穆　唐　永　段龙龙◎主编

四川大学出版社
SICHUAN UNIVERSITY PRESS

图书在版编目（CIP）数据

感悟与担当：新时代青年眼中的"改革开放史" /
蒋永穆，唐永，段龙龙主编 . -- 成都：四川大学出版社，
2024.6
　　ISBN 978-7-5690-6815-3

　　Ⅰ . ①感⋯ Ⅱ . ①蒋⋯ ②唐⋯ ③段⋯ Ⅲ . ①改革开
放－历史－中国－文集 Ⅳ . ① D61-53

中国国家版本馆 CIP 数据核字（2024）第 079915 号

书　　名：感悟与担当——新时代青年眼中的"改革开放史"
　　　　　Ganwu yu Dandang——Xinshidai Qingnian Yanzhong de "Gaige
　　　　　Kaifang Shi"
著　　者：蒋永穆　唐　永　段龙龙

选题策划：蒋姗姗
责任编辑：王　静
责任校对：张伊伊
装帧设计：墨创文化
责任印制：李金兰

出版发行：四川大学出版社有限责任公司
　　　　　地址：成都市一环路南一段 24 号（610065）
　　　　　电话：（028）85408311（发行部）、85400276（总编室）
　　　　　电子邮箱：scupress@vip.163.com
　　　　　网址：https://press.scu.edu.cn
印前制作：四川胜翔数码印务设计有限公司
印刷装订：四川五洲彩印有限责任公司

成品尺寸：170 mm×240 mm
印　　张：19
字　　数：363 千字

版　　次：2024 年 11 月 第 1 版
印　　次：2024 年 11 月 第 1 次印刷
定　　价：78.00 元

本社图书如有印装质量问题，请联系发行部调换

扫码获取数字资源

四川大学出版社
微信公众号

前　言

改革开放四十多年来，中国共产党团结带领全国各族人民解放思想、实事求是、披荆斩棘、砥砺奋进，用几十年时间走完了发达国家几百年走过的工业化历程，绘就了一幅波澜壮阔、气势恢宏的历史画卷，谱写了一曲感天动地、气壮山河的奋斗赞歌。从单一公有制到公有制为主体、多种所有制经济共同发展，从计划经济下的按劳分配到以按劳分配为主体、多种分配方式并存，从传统的计划经济体制到社会主义市场经济体制再到使市场在资源配置中起决定性作用和更好发挥政府作用，从以经济体制改革为主到全面深化经济、政治、文化、社会、生态文明体制和党的建设制度改革，从兴办深圳等经济特区、沿海沿边沿江沿线和内陆中心城市对外开放到加入世界贸易组织、共建"一带一路"等，中国人民"摸着石头过河"，走出来一条对内改革、对外开放的强国道路。"改革开放极大改变了中国的面貌、中华民族的面貌、中国人民的面貌、中国共产党的面貌。中华民族迎来了从站起来、富起来到强起来的伟大飞跃！中国特色社会主义迎来了从创立、发展到完善的伟大飞跃！中国人民迎来了从温饱不足到小康富裕的伟大飞跃！中华民族正以崭新姿态屹立于世界的东方！"[①]

改革开放是中国共产党从理论到实践的伟大创造，积累了丰富的实践经验和发展成果。然而，很多人对改革开放的历史缺乏全面认识，尤其是青年群体。他们对改革开放的历史背景知之甚少、对改革开放的重要意义认识不足、对改革开放的历史进程和主要内容一知半解。为此，2021 年 5 月，中共中央办公厅印发《关于在全社会开展党史、新中国史、改革开放史、社会主义发展史宣传教育的通知》强调，"各地区各部门要始终把握正确导向，树立正确历史观，准确把握党史、新中国史、改革开放史、社会主义发展史的主题主线、主流本质，旗帜鲜明反对历史虚无主义。要突出青少年群体，把握青少年群体的特点和习惯，组织好青少年学习教育，厚植爱党爱国爱社会主义的情感，让

---

① 习近平：《在庆祝改革开放 40 周年大会上的讲话》，人民出版社，2018 年，第 19 页。

1

红色基因、革命薪火代代传承"①。党的二十大报告进一步指出,"推动理想信念教育常态化制度化,持续抓好党史、新中国史、改革开放史、社会主义发展史宣传教育,引导人民知史爱党、知史爱国,不断坚定中国特色社会主义共同理想"②。在这样的背景下,"改革开放史"课程作为四川大学积极推进"四史"教育进课堂的重要组成部分,进入了学生们的课程列表,为青年学生全面了解改革开放史提供了重要的平台。

四川大学经济学院改革开放史课程组对授课内容进行了精心策划,兼顾以史育人的功能和经济学院的专业特长,打造了"5+6"的课程内容体系,即5个历史进程+6个专题,并组织了不同专业和不同研究背景的教师进行了联合授课,便于学生从历史发展的纵向视角和重要改革的横向视角全面认识中国的改革开放史。但是,在教学过程中,我们发现很多学生对改革开放的历史了解太少,甚至一些学生连一些基本概念、重要事件、重大改革等都完全没有听说过,这难免让人担忧。毕竟"青年是整个社会力量中最积极、最有生气的力量,国家的希望在青年,民族的未来在青年"③,为了更好发挥学生们学习改革开放史的主动性和积极性,加深学生们对改革开放的理解,我们让课程的每一位学生围绕经济发展、家乡发展、"三农"问题、科技创新、民生保障等近10个主题,撰写一篇小论文或调研报告作为课程考核的重要组成部分。这些优秀的学生论文或调研报告也构成了本书的主要内容。

本书共选取了62篇论文,其中2篇为一线青年教师所写,另外60篇均为学生作品,是从2500多篇论文或调研报告中精心挑选出来的。全书内容包括"概述+八个专题"。概述部分的2篇论文为一线青年教师所写,反映了青年教师对"改革开放史"课程教学的思考和改革开放的整体理解。专题部分大致按照"经济、政治、文化、社会和生态""五位一体"的框架,设置了八个专题:经济发展(11篇)、家乡发展(8篇)、"三农"问题(7篇)、科技创新(9篇)、对外交流(5篇)、文化进步(8篇)、民生保障(7篇)和生态环保(5篇),分别从不同侧面反映了新时代青年对改革开放的认识与感悟,体现了新时代青年的家国情怀和使命担当。

本书受到了四川大学"四史"课程建设经费的资助,也受到了四川大学经

---

① 《关于在全社会开展党史、新中国史、改革开放史、社会主义发展史宣传教育的通知》,(2021-05-25)[2024-06-30],https://www.gov.cn/xinwen/2021-05/25/content_5612097.htm。

② 习近平:《高举中国特色社会主义伟大旗帜 为全面建设社会主义现代化国家而团结奋斗——在中国共产党第二十次全国代表大会上的报告》,人民出版社,2022年,第44页。

③ 习近平:《在纪念五四运动100周年大会上的讲话》,人民出版社,2019年,第6页。

济学院的大力支持。四川大学经济学院、马克思主义学院、法学院、公共管理学院、历史文化学院、艺术学院、生命科学学院、材料科学与工程学院、高分子科学与工程学院、机械工程学院、计算机学院等近 20 个学院的师生共同参与了本书的编写。蒋永穆主持了全书内容的设计、修改和统稿工作，唐永和段龙龙参与了全书内容的修改、统稿、部分内容的撰写和协调工作。同时，四川大学出版社在本书撰写和出版过程中给予了大力支持和帮助，在此谨致谢意。

编写组

2023 年 5 月

目　录

概　述

专题一　经济发展

专题二　家乡发展

专题三　"三农"问题

专题四　科技创新

专题五　对外交流

专题六 文化进步

专题七 民生保障

专题八 生态环保

概　述

"四个坚持"推动"改革开放史"教学提质增效

唐　永　吴慧敏*

党的十八大以来，以习近平同志为核心的党中央高度重视历史教育，积极发挥以史育人的作用。2019 年 10 月，党的十九届四中全会将包括"改革开放史"在内的"三史"教育作为推动全党理想信念常态化制度化的重要举措。2020 年 1 月，习近平总书记在"三史"的基础上增加"社会主义发展史"，强调要将党的创新理论学习与"四史"学习相结合。2021 年 5 月，自《关于在全社会开展党史、新中国史、改革开放史、社会主义发展史宣传教育的通知》发布后，各大高校相继开设"改革开放史"课程，以响应党和国家的号召，推动青年学子更加深刻地认识、理解和评价改革开放史。但由于课程开设时间不长、缺乏专门教材、任课教师教学经验不足等主客观原因，"改革开放史"课程的教学效果有待提升。为此，我们需要以"四个坚持"推动"改革开放史"课程教学提质增效，更好地培养具有马克思主义理论素养及改革创新意识与能力的时代新人。

一、坚持将马克思主义理论教育和改革开放史教育相结合

"哪怕是最抽象的范畴，虽然正是由于它们的抽象而适用于一切时代，但是就这个抽象的规定性本身来说，同样是历史条件的产物，而且只有对于这些条件并在这些条件之内才具有充分的适用性。"[①] 可见，抽象的理论与历史本身是相互统一的，二者不可分离。因此，改革开放史教学既要讲好历史本身，更要挖掘历史本身所蕴含的马克思主义理论原理，进而在用历史印证理论、用理论讲清与讲透历史中提升学生的历史认同与理论认同。此外，从历史上来

---

* 唐永，四川大学经济学院副教授，经济系副系主任；吴慧敏，四川大学马克思主义学院硕士研究生。

① 中共中央马克思恩格斯列宁斯大林著作编译局编译：《马克思恩格斯文集（第 8 卷）》，人民出版社，2009 年，第 29 页。

看，把马克思主义理论教育与历史教育相结合是中国共产党思想理论教育的传统。① 早在延安时期，毛泽东就提出"如果没有革命理论，没有历史知识……要取得胜利是不可能的"②，强调要将马列主义教育与历史教育相结合。1981年3月，邓小平针对社会上存在的错误思想倾向，提出："认真学习马克思、列宁和毛泽东同志的著作。这个学习必须联系中国革命的历史。"③ 新时代以来，习近平总书记更加重视历史教育，认为"我们党的历史，就是一部不断推进马克思主义中国化的历史，就是一部不断推进理论创新、进行理论创造的历史"④。因此，他强调"要把学习党的创新理论……同学习党史、新中国史、改革开放史、社会主义发展史结合起来"⑤。在以上理论逻辑与历史经验的基础上，我们应当首先明晰改革开放史不单单是一部党带领人民进行改革开放和社会主义现代化建设的实践探索史，更是一部理论探索史，一部不断推进马克思主义中国化时代化的历史。因此，在改革开放史教学中就要紧密结合党的创新理论，既讲清楚改革开放本身的背景、原因、过程、经验成就等，引导学生理解中国共产党为什么能，中国特色社会主义为什么好，更要通过深挖改革开放背后的马克思主义理论逻辑，进而让学生领悟到"归根到底是马克思主义行，是中国化时代化的马克思主义行"⑥ 的理论真谛。

二、坚持将改革开放的历史、现实和未来相贯通

历史、现实、未来是相互贯通的。一方面，改革开放史教学要紧密联系当下全面深化改革的现实。李大钊曾说："无限的'过去'都以'现在'为归宿，无限的'未来'都以'现在'为渊源。'过去'、'未来'的中间全仗有'现在'以成其连续，以成其永远，以成其无始无终的大实在。"⑦ 从严格意义上来说，改革开放史在时间跨度上是从1978年党的十一届三中全会至今。因此，改革开放史不仅是前人书写的历史，更是我们当下正在书写的历史。这就决定改革

---

① 宋俭、廖玉洁：《将"四史"教育融入高校思想政治理论课教学体系的思考》，《思想理论教育》，2020年第7期，第24～29页。

② 毛泽东：《毛泽东选集（第二卷）》，人民出版社，1991年，第533页。

③ 邓小平：《邓小平文选（第二卷）》，人民出版社，1994年，第381页。

④ 习近平：《在党史学习教育动员大会上的讲话》，人民出版社，2021年，第12页。

⑤ 习近平：《论党的宣传思想工作》，中央文献出版社，2020年，第414页。

⑥ 习近平：《高举中国特色社会主义伟大旗帜 为全面建设社会主义现代化国家而团结奋斗——在中国共产党第二十次全国代表大会上的报告》，《人民日报》，2022年10月26日第1版。

⑦ 李大钊：《李大钊文集（第2卷）》，人民出版社，1999年，第185页。

开放史教学既要铺展厚重的历史画卷，向学生讲清楚改革开放的历史背景、历史过程、历史成就、历史规律等，更要紧密联系当下全面深化改革、全方位扩大对外开放的新实践，引导学生正确理解和把握新时代、新征程上改革开放的历史逻辑、理论逻辑与实践逻辑，提升对改革开放的道路自信、理论自信、制度自信与文化自信，增进投身改革开放伟大事业的行动自觉。

另一方面，改革开放史教学要紧密结合"改革开放迈出新步伐"[①]的未来目标。中国共产党总结历史绝不是只停留在历史本身，而是为了更好地开辟未来。邓小平曾说："总结历史，不要着眼于个人功过，而是为了开辟未来。"[②]习近平总书记曾提出要"从中国共产党的百年奋斗中看清楚过去我们为什么能够成功、弄明白未来我们怎样才能继续成功"[③]。因此，改革开放史教学要立足历史，着眼未来，通过对历史过程的揭橥，让学生把握新阶段深化改革开放的前进性与曲折性；通过对历史成就的彰显，让学生把握新阶段深化改革开放的重要性与必要性；通过对历史经验教训的总结，让学生把握新阶段深化改革开放的原则性与灵活性。总之，改革开放史的教学目标不仅仅是让学生学习历史本身，而是要引导学生以唯物史观为根本分析方法，通过历史学习来深刻地认识现实，把握当前党中央提出的新发展理念、新发展格局、新发展阶段、乡村振兴、共同富裕等重大理念的积极意义，增进自身政治认同与行动自觉，同时也要通过对历史发展必然性的能动认识，提高自身前瞻性思维，深刻理解我国未来推进改革开放的目标、条件、原则、要求等，增强自身的责任感与使命感。

三、坚持将马克思主义指导和多学科审视相结合

改革开放本质上就是一场现代化革命，而现代化"是以现代工业、科学和技术革命为推动力，实现传统的农业社会向现代工业社会的大转变，使工业主义渗透到经济、政治、文化、思想各个领域并引起社会组织与社会行为深刻变革的过程"[④]。因此，对于改革开放史的审视就不应当只局限于单一学科视角，

---

① 习近平：《高举中国特色社会主义伟大旗帜 为全面建设社会主义现代化国家而团结奋斗——在中国共产党第二十次全国代表大会上的报告》，《人民日报》，2022年10月26日第1版。

② 邓小平：《邓小平文选（第3卷）》，人民出版社，1993年，第272页。

③ 习近平：《在庆祝中国共产党成立100周年大会上的讲话》，人民出版社，2021年，第1页。

④ 罗荣渠：《现代化新论：世界与中国的现代化进程》，商务印书馆，2009年，第3页。

这很容易遮蔽蕴含丰富变化的历史进程①，而应该从政治学、经济学、军事学、社会学、管理学、心理学、生态学等多学科视角综合审视。近年来，国内众多改革开放史研究者已经沿着这一思路取得诸多进展，如从党政关系、治理、政治体制改革、土地政策、政府与市场的关系等视角分析改革开放的历史过程，让改革开放史的书写不再单单局限于高层政策的变化，而是在多学科审视下呈现其立体、多元、鲜活的特点。这种学术进步启示当下改革开放史教学要积极借鉴当前学界的成熟研究成果，从多学科视角全面审视改革开放对中国社会产生的广泛影响，如从市场供求、生产要素、均衡价格等经济学视角理解改革开放以来我国社会主义市场经济体制改革的目标与框架；从政治哲学中的公平与正义、自由与平等、权力与权利等视角理解改革开放以来我国的政治体制改革；从社会网络、社会流动、城市化、社会组织等社会学视角理解改革开放以来我国社会面临的剧烈转型。这些多元视角的审视既还原了改革开放史本身的多元性与丰富性，更有助于学生全面辩证地理解改革开放，增强自身知识结构的多元性，但这也对高校及课程任课教师提出了更高要求。一方面高校要整合多元师资力量，让不同学科背景的教师共同参与到改革开放史教学之中，实现课程思政与思政课程的深度协同与有机统一，共同将改革开放史这门"思政大课"讲好，另一方面高校思政课教师要树立阵地意识与责任意识，主动扩宽自身学科视野、历史视野、国际视野等，在古今中外的各方面比较中向学生讲清楚改革开放背后的道理、学理与哲理。

同时，多学科审视并非只是一种单纯的学术审视，而是建立在以马克思主义为指导下的学术审视。改革开放史的本质是政治性与学术性的高度统一，其首先是中国共产党在马克思主义指导下不断"领导人民推进社会主义制度自我完善和发展的实践史"②，因此具有高度的政治属性，同时也符合社会历史发展的一般规律，是哲学社会科学研究的对象，因此具有学术研究的价值与空间。所以，"改革开放史"相关教学要处理好政治性与学术性的关系问题。我们既不能只强调其政治性，将改革开放史课开设成简单的政治宣传课，这不利于学生的思维展开与全面发展，也不能只强调学术开放性，将改革开放史课开设成文学鉴赏课，使一千个人眼中有一千个关于改革开放的历史结论，这严重

---

① 沈传亮：《坚持唯物辩证法深化中国改革开放史研究》，《晋阳学刊》，2020年第3期，第11~18页。

② 《改革开放简史》编写组编著：《改革开放简史》，人民出版社、中国社会科学出版社，2021年，第379页。

偏离立德树人、铸魂育人的思政课开设初衷。为此，我们应当坚持在以马克思主义为指导的基础上，对改革开放史进行多角度审视。这就要求我们在世界观和方法论上要始终坚持马克思主义，坚持党对改革开放史的基本观点、基本立场、基本结论，这是改革开放史课的"根"与"魂"，同时在此框架下，要从不同学科的具体视角出发分析改革开放的不同侧面，以印证和丰富党对改革开放史的基本观点、基本立场、基本结论，进而使学生对改革开放史形成一种正确而全面的认识。

四、坚持两点论与重点论相统一

矛盾分析法是我们认识和分析问题的根本方法，其中蕴含的两点论与重点论的统一对于提升改革开放课程的教学效果具有重要的方法论意义。一方面，改革开放史课程教学要善于抓住重点，实现以点带面。列宁曾说："政治事态总是非常错综复杂的。它好比一条链子。你要抓住整条链子，就必须抓住主要环节。"[1] 面对改革开放以来纷繁复杂的历史事件与相互交织的历史关系，只有抓住其中的主要矛盾及矛盾的主要方面，才能全面、客观、辩证地认识和把握这段历史。为此，改革开放史课程教学必须以"准确把握党的历史发展的主题主线、主流本质"[2] 为根本遵循，向学生讲清楚改革开放史的主题主线就是党团结带领人民为实现国家繁荣富强、人民共同富裕的第二个历史任务而不懈奋斗，主流本质是党围绕主题主线而推进的党的不懈奋斗史、理论探索史、政治锻造史、践行初心使命史和自身建设史。建立在这样的认识基础上，学生才能"不畏浮云遮望眼"，看清历史虚无主义，进而自觉听党话、感党恩、跟党走。另一方面，"改革开放史"相关教学也要坚持"两点论"，不断推动学生的全面发展。这既是马克思主义关于"人的全面发展"理论的实践要求，也是党一以贯之的教育方针。因此，改革开放史教学不单单要向学生进行"政治灌输"，还要致力于实现学生的德智体美劳全面发展。比如可以引入实践教学环节，带领学生走进农村与社区，走入博物馆、纪念馆、展览馆等，通过访谈、调查等方式感受改革开放以来我国城乡方方面面的沧桑巨变，也可以带领学生走进现代化的工厂、港口等感受当下正在书写的改革开放史。总之，改革开放

①　中共中央马克思恩格斯列宁斯大林著作编译局编译：《列宁选集（第4卷）》，人民出版社，2012年，第692页。

②　习近平：《在党史学习教育动员大会上的讲话》，人民出版社，2021年，第24页。

史教学要坚持两点论与重点论的统一，既要向学生讲清改革开放史的主题主线、主流本质，引导他们旗帜鲜明地反对历史虚无主义，也要充分挖掘改革开放史背后的"五育"价值，推动人的全面发展。

以"改革开放史"为鉴开启社会主义现代化强国建设新征程

段龙龙[*]

党的二十大报告中提出:"新时代十年的伟大变革,在党史、新中国史、改革开放史、社会主义发展史、中华民族发展史上具有里程碑意义。"[①] 因此,我们必须坚持深化改革开放,才能不断彰显中国特色社会主义制度优势,不断增强社会主义现代化建设的动力和活力。四十余年的改革开放历程是党带领全国人民艰苦奋斗,将马克思主义基本原理与中国国情相结合,不断解放和发展社会生产力,探索中国特色社会主义发展道路的全景展示,是从实践成果上回答"马克思主义为什么行?中国共产党为什么能?中国特色社会主义为什么好?"三大命题的有力佐证。以改革开放史为镜鉴,能够给党和国家在新发展阶段全面深化改革提供丰富的经验和教训,从而为社会主义现代化强国建设开新局提供更为坚实之保障。

一、改革开放史展示了党带领人民从"站起来"到"富起来"的历史性飞跃

从生产力角度来看,改革开放史是一部完整的社会主义生产力解放史,记载了社会主义相对先进的生产关系与落后生产力之间从矛盾到相互适应的全过程。四十余年国民经济的快速增长,不仅彻底扭转了国家"积贫积弱"之局面,也让中国特色社会主义的制度优势更为显著,使中国共产党的核心领导地位更加稳固。回顾总结改革开放前四十年的重大历史成果,一是树立了发展为第一要务的治国理政思想,集中精力推动经济社会可持续发展,为发展和完善

---

* 段龙龙,四川大学经济学院副教授。

① 习近平:《高举中国特色社会主义伟大旗帜 为全面建设社会主义现代化国家而团结奋斗——在中国共产党第二十次全国代表大会上的报告》,人民出版社,2022年,第15页。

中国特色社会主义、实现中华民族伟大复兴奠定雄厚物质基础；二是确立了以人民为中心的根本立场，一切围绕人民对美好生活的向往，顺应民心、尊重民意、关注民情、致力民生，让人民共享改革开放成果；三是分步骤构建改革的时间表和路线图，注重问题的多变性和复杂性，既鼓励大胆试、大胆闯，又坚持实事求是、善作善成，将长期战略与短期战术相结合，确保改革开放行稳致远。

当前，改革开放又面临着一系列新问题、新挑战和新变化，特别是社会主要矛盾的转化和百年未有之大变局的加速演进，迫使改革必须直面硬骨头和深水区，着力于破解体制、机制问题和利益固化藩篱。下一步我们要站在全面开启社会主义现代化强国建设新征程的历史新起点上，需要赓续和巩固改革开放之成果，通过更加系统集成、协同高效的综合性改革，实现我国经济社会从"富起来"向"强起来"的第二次飞跃。

二、改革开放史系统总结了社会主义现代化建设的伟大经验

从中国式现代化进程来看，改革开放史不仅是一部社会主义现代化建设史，更是一部中国特色社会主义道路探索史。它系统总结了四十多年来坚持、发展和完善中国特色社会主义制度，持续推进社会主义现代化建设，探索中国特色社会主义道路的重大理论创新和实践创新。通过改革开放，党开辟了中国特色社会主义市场经济理论，创造性地将社会主义与市场机制相结合，通过"有效市场+有为政府"的双向打造使其成为国家宏观经济调控的新范式。建构起了中国特色社会主义基本经济制度，将以两个毫不动摇为核心的所有制制度、分配制度、社会主义市场经济体制统一纳入基本经济制度范畴，增强了改革的全局性和系统性。探索出了"新型工业化、信息化、新型城镇化和农业现代化"四化同步的现代化建设新道路，为实现并联式现代化和有效解决发展进程中的不充分不均衡问题创造了可行途径。确立了制度型开放的新目标，全面深度参与和对接国际经贸投资新标准，着力改进开放水平和开放质量，提高中国式现代化的国际话语权。立足改革开放的基本经验，明确回答了什么是社会主义、怎样建设社会主义、如何推进党的现代化、实现什么样的发展、新时代坚持和发展什么样的中国特色社会主义等重大理论问题。构筑了经济－政治－社会－文化－生态文明五位一体的系统发展方略，建立起了物质文明、政治文明、精神文明、社会文明、生态文明协调发展的中国式现代化新道路，给全球特别是发展中国家实现经济可持续发展和后发赶超提供了"中国经验、中国方

案和中国智慧"。

总结过去，面向未来，新发展阶段的改革开放更加注重建章立制、构建体系之任务，强调改革的系统性、整体性与协同性。为了将统筹发展与安全的新战略落到实处，新时代的改革开放必须直面坚持和完善中国特色社会主义制度重大疑难问题，以推进国家治理体系和治理能力现代化为核心，全方位聚焦制度和治理能力建设。通过在改革中全面完整贯彻新发展理念，构建新发展格局，有序推进经济与社会高质量发展。

三、党的领导是全面深化改革取得成功的根本保证

从党在改革开放中的历史地位来看，改革开放史无疑是一部党不断满足人民美好生活愿望的奋斗史。它见证了党与人民群众的血肉联系，也见证了"江山就是人民，人民就是江山，发展为了人民，发展依靠人民，发展成果让人民共享"的艰辛历程。改革开放的辉煌成就证明：要想保持正确社会主义现代化方向，不断实现人民对美好生活的向往，成功应对和克服各种重大挑战和重大阻力，必须坚持党的领导。面对越发复杂的国内和国际形势，党必须成为改革发展稳定工作中的主心骨，一方面以党的理论创新增强应对重大风险挑战之能力，引领全面深化改革走深走实；另一方面需继续狠抓从严治党，继续发挥敢于斗争、善于斗争的优秀品格，通过自我革命主动承担全面推进中华民族伟大复兴的历史重任。新时期的全面深化改革是一场持久战和攻坚战，站在第二个百年奋斗目标的新起点上，必须毫不动摇地继续坚持并加强党的领导，通过把党的领导落实到国家治理各领域各方面和各环节充分发挥中国特色社会主义的制度优势和制度效能；通过持续加强党的建设和坚持新时代党的群众路线不断解决发展的不平衡不充分问题。改革开放没有完成时，坚持党的领导也没有完成时，立足四十年的伟大功勋簿而向前看，只有更加紧密地团结在党中央周围，高举中国特色社会主义伟大旗帜，才能夺取建设社会主义现代化强国新胜利。

专题一

经济发展

论国有企业改革必要性及改革方向

宋欣宇[*]

摘　要：国有企业是整个社会发展的支柱，是国家兴旺发展的关键性因素，是提高国家国际地位、增强国际话语权的中坚力量。但对内而言，国有企业的各种制度机制不够完善，弊端较明显，国际化商业管理能力有待提升；对外而言，国有企业受到外国的打压和排挤。在21世纪的今天，国有企业改革已迫在眉睫，与此同时，正确的改革方向与适当的改革措施也有待商榷。

关键词：国有企业改革；改革方向；必要性

改革即改变以及革新。国有企业改革即通过对国有企业进行全面的内部改变与创新，争取尽可能增大优势、降低劣势，使得国有企业在服务人民及与国外企业竞争的过程中焕发更强大的生机与活力。

一、就国内外形势分析国有企业面临的巨大压力及改革必要性

（一）就国内而言，国有企业各类制度存在的问题亟待解决

1. 国有企业工资制度

我国工资的发展具有一定程度的界限性，我国工资的结构和运行方法决定了公司及公司内部人员的劳动关系，确定了定型的劳动关系框架。在真实的劳动合同中，公司的各种资源物质并没有按照某种约定俗成的规律进行分配，而且国有企业员工没有自主选择权，导致整体工资标准和工资分配机制运行结构不符合实际需求，分配结构主体地位遭到了破坏，形成了单一的隶属性质合作关系，因此工资制度改革迫在眉睫，亟待改变。

---

* 宋欣宇，四川大学机械工程学院。

2. 人力资源供给过剩与人才匮乏情况共存

我国作为拥有大约十四亿同胞的大国，劳动力资源充足。因此，在国有企业中，人力过剩问题仿佛稀松平常。在产能过剩的情况下，往往会出现部分员工忙碌得甚至每天都在加班赶工，但是另一部分人却上班摸鱼、开小差，出现了两种极端情况。与此同时，产能过剩使得公司对不同部门产业投入的关注度不同或出现资金断层，因此一部分部门大量人才聚集一堂，甚至不能人尽其用；而另一部分部门人才缺乏，缺乏创新能力与新观点的输入，发展受到了极大的限制。从长远来看，不同部门的不和谐发展最终会影响企业整体的发展进程。

（二）就国外而言，各种国外政策打压排挤

在中美贸易战中，美国采用强硬的手段对中国企业进行打压和排挤。多年前，苏联解体、东欧剧变，但是冷战其实并没有就此结束。在 21 世纪的今天，西方势力再次将冷战的枪支瞄向了中国，华为手机及 5G 网络的推广受到了一定程度的影响。

曾经有人说：谁掌握了科技，谁就掌握了发言权。确实，对于国有企业而言，只有不断提高自身的综合素质与抗压能力，才能突破内部难关及外部的阻碍打击，冲向世界，站在顶峰。

二、国有企业改革方向及具体措施

（一）改革国有企业制度，建设现代企业制度

健全完善合理的企业相关章程，提高企业对于制度的遵守执行力；通过清产核资、界定产权、设置股权、量化股权等进行企业股权改革，促进投资的多样性，提高企业资本的证券化比重；学习新制度，同时对内部人员进行培养及引进外部人才，董事会应按市场化选聘比例，加快建立退出机制；改革招聘用人方式，挑选真正适合该部门、该岗位的有真才实学的人才任职，既是为生产力的提高、技术的创新提出新的可能性，也是对人力资源冗余这一情况的改善。

（二）明确不同种类、不同定位企业的职能及改革方向

精确区分不同国有企业的功能作用及市场定位，积极大力推进国有资本的投资方向。国有资本应当主要集中于公共基础设施的建设与发展上，为公共服

务提供坚实的后盾；同时加强对某些骨干产业的投资与开发，进一步增强国有经济的控制力、决定力、掌控力、模范作用、主导作用。不同企业应当积极进行企业各方面的调整及重新组合，使得强者更强，强强联合推动中国国有企业走向世界舞台。

（三）对于先进技术的不断追求，对于高素质人才的培养聘用

高水平、高技术人才从哪里来？来自卷面的整洁？理论的清楚？纸上谈兵技术的高超？当然不仅仅如此。当今中国最需要的是兼备理论知识及实际动手操作能力的复合型人才。而如何将这样的千里马吸引进国有企业，为国有企业的未来发展保驾护航显然是一门学问。笔者拙见，国有企业应适当提出完善的企业人才引进激励方案以拓展人才引进渠道，推进"编制在高校，服务在企业"的共享性人才；对所引进人才进行培训，分批次对不同专业方向的人才进行培训，保障其在今后的工作中能更好地发挥人才作用；对工作工程中做出卓越贡献的人才进行适当的奖励与表彰，起到模范带头作用，充分调动员工的生产积极性。

（四）加强国有企业文化的建设

通常说来，企业文化主要分为三个层次：一是物质文化层，主要包括生产环境、产品工艺、质量和造型等；二是制度文化层，主要包括体制机制、管理团队、工作纪律、规章制度等；三是精神文化层，主要包括价值理念、行为规范、文化素质、传统延续等。究其本质，企业文化是在漫长的规范执行企业各项制度时创造形成的，其要求的严格性或许会促使企业员工产生行为自觉，企业员工行为自觉集体化、统一化便组成了企业文化。企业文化是不同企业间极其明显的区别体现，是企业在市场竞争中取胜的关键因素，是推动企业持续前进的不竭动力。具有超强管理能力的企业文化，既来源于前辈不断试错的经验，又升华于管理科学理论，其基点是以人为本。企业文化要求企业管理必须尽可能地理解每位员工的差异性，鼓励员工不断发光发热，发挥其自我价值。在此基础上，国有企业与员工一同秉承相似的价值理念服务社会、创造价值，引导企业走得更远。国有企业的发展和员工的发展紧密相连，作为一个有机整体，优秀的国有企业文化可以通过长期无形浸润的方式，使国有企业员工潜移默化地认同，引领员工将自身发展计划融入国有企业的大规划之中。

国有企业改革实际上就是一个不断试错的过程。只有国有企业意识到改革的重要性并在试错中摸索出新的发展途径，才能打破内外壁垒，在未来发展中闯出一条路，为中国展翅翱翔提供坚固的支撑。

自改革开放以来中国国有企业改革的历程

黄钟桦[*]

摘　要：国有企业的改革历程，可大致分为初始探索、制度改新及纵扩深进三个阶段，从最初的计划经济体制发展，一路试错一路改进优化，发展为如今的现代化国有企业经济体制。

关键词：经济体制；政企分开；产权制度

国有企业改革是中共中央强化国有企业方针的重大战略举措，有利于国有资本的保值增值、提高国有经济竞争力、加强国有资本的运作能力。

国有企业改革可划分为初始探索、制度改新及纵扩深进三个阶段。国有企业改革是一个从无到有、自行其力的创新探索过程，是将中央的推动和地方的实践相结合，共同努力的结果，本质上是生产力与生产关系相互推进，符合建设社会主义市场经济的客观需要。这是为适应社会主义市场经济体制，对我国传统国有企业的体制、机制及管理制度等方面而做出的相应变革。其核心目标是建立现代企业制度，使国有企业焕发活力，获得更大的经济效益。

一、初始探索（1978—1991 年）

该时期为改革开放之始至党的十四大，主要是以邓小平同志为核心的党中央对国有企业改革的探索和实验。这段时间作为我国国有企业改革的初步探索期，正式开启了国有企业改革的进程；而邓小平作为国有企业改革的开创者，具有敏锐的前瞻视野。党的十一届三中全会于 1978 年 12 月正式讨论了如何进行国有企业的改革，其中提到了"要让地方和企业有更多的经营管理自主权"，也启动了该阶段国有企业改革的历史进程。自 1979 年 7 月以来，国务院陆续颁布《关于扩大国营工业企业经营自主权的若干规定》等数个相关文件，尝试

---

[*]　黄钟桦，四川大学高分子科学与工程学院。

开展扩大企业自主权的改革试点，"工业经济责任制"于 1982 年开始进行尝试。而后于 1983 年推出了第一次的利改税，其主要是对有盈利的国营企业征收所得税；紧接着又于 1984 年，第二次对利改税进行变革，其具体内容为将国营企业原来上交国家的财政收入改为分别按 11 个税种向国家交税，也就是由税利并存逐步过渡到完全的以税代利。以放权让利改革为主的改进最后的结果都不太理想。

1984 年 12 月的中共十二届三中全会通过了《中共中央关于经济体制改革的决定》，提出了社会主义经济是以公有制为基础的有计划的商品经济的著名观点，并谈及了国有企业应该实行政企分开达到市场主体转变的目的。这一时期最主要的改革举措就是承包经营责任制，广泛应用于许多国有企业。《全民所有制工业企业法》中关于"包死基数，确保上交，超收多留，欠收自补"的承包原则于 1988 年由国务院颁布，这一原则进一步确定了企业承包制在国有企业改革中的地位，但是随后其弊端开始慢慢显露。后遵循"所有权与经营权分离"的思路做出了一系列引起企业财产制度扭曲的规定，其中包括将企业的厂长确定为企业的法定代表人。

二、制度改新（1992—2002 年）

该时期主要是自党的十四大至党的十六大，展现的是以江泽民同志为核心的党中央对国有企业改革的基本方式，其中涉及了计划经济体制的本身，提出了抓大放小战略，是我国国有企业改革制度创新和战略的重大时期。1992 年，邓小平的南方谈话极大地促进了几乎暂停的改革开放进程，也推进了国有企业改革的思想解放。1992 年，党的十四大明确把建立社会主义市场经济体制作为经济体制改革目标，不仅实现了对计划经济体制的重大突破，也推动国有企业改革由第一阶段的"放权让利"向"制度创新"转变。1993 年，党的十四届三中全会通过了《关于建立社会主义市场经济体制的若干问题的决定》，其中直截了当地提出了国有企业要建立现代企业制度的目标和步骤。同时，人民代表大会通过了《中华人民共和国公司法》，为现代企业制度的建立提供法律上的支持。1994 年以后，建立现代企业制度的试点在国有企业中展开。借鉴西方国家的经验，国家将股份制作为推进现代企业制度建设的重要制度。在新的结构机制下，政府无法直接地控制和经营国有企业，由国有资产管理公司或控股公司的代理人参与重大事项的决定。

1997 年，"以公有制为主体、多种所有制经济共同发展"基本经济制度的出现，不仅承认了非公有制经济的重要性，也认可了多样化的公有制的实现形式。1995 年，党的十四届五中全会，针对国有经济，首次施行抓大放小战略，开始逐渐改良计划经济体制的国有企业的弊端。

三、纵扩深进（2003—2012 年）

党的十六大至十八大主要讨论了国有企业改革的基本思路，产权制度进一步深化改革，国有资产管理体制发生了重大变动，成功推动了国有企业改革向纵深方向发展。

这一时期对于产权制度、国资监管体制等制度层面的改变，为调整国有经济布局的优化提供了助力。中共中央强调继续深入实施抓大放小战略，进一步推动国有企业和大企业集团的重组，在石油、电力、电信、冶金、铁路、军工等重点行业投入国有资本，但是在电子、机械等行业中，国有经济的投入逐渐减少。党的十六大继续坚持调整国有经济的布局和结构的重要方针，党的十六届三中全会强调为加快调整国有经济布局和结构、大力发展和积极引导非公有制经济。党的十七大提出了优化国有经济布局和结构，增强国有经济活力、控制力、影响力等要求。

浅析新时代背景下民营企业的进步与发展困境

张祺珲[*]

摘　要：新时代背景下，我国经济维持较高速度增长，并且在各个领域取得显著成就，我国目前已经是名副其实的经济大国。政府不断出台有利于民营企业发展的相关政策，营造有利于民营企业发展的外部环境；同时民营企业自我革新、主动创新，增强企业自身内驱力带动企业自身发展。与此同时不可忽视的是，随着经济的不断发展和社会的不断进步，许多民营企业发展现状并不算好，一些民营企业将被时代和市场淘汰，尤其是一些发展战略滞后和无战略的民营企业。民营企业仍然面临着融资难、人才短缺、网络技术建设欠缺等系列问题。为破除民营企业发展困境，需要从企业的内部和外部环境着手，齐力助推民营企业解决其发展难题，助推民营企业高质量发展。

关键词：民营企业；创新；社会责任；高质量发展

自改革开放以来，我国市场经济进行了深化改革，民营企业在有利的政策条件下，进入发展快车道，成为市场经济中不可或缺的重要角色，为我国增加税收、扩大就业、科技创新等方面发挥了巨大作用。

如何推动民营企业走向高质量发展仍是一个难题，尽管以华为为代表的高新技术企业在国际视野上崭露头角，但在大部分民营企业面前仍是重重高墙，如税收费用重、融资难、市场准入门槛高、高新技术人才短缺等一系列难题，它们是民营企业发展道路的拦路虎。同时，民营企业在对外发展中也存在盲区。民营企业在助推"一带一路"高质量发展中尚面临融资落实困难和外汇管制严苛、绿色发展意识有待提高、辅助网络建设尚不完善、人力资源短缺等较为突出的问题与挑战。如何破除民营企业发展困境成为当前发展的热门话题，政府和民营企业自身都需做出努力以期获得更广的发展天地，取得更为显著的经济绩效。

---

* 张祺珲，四川大学软件学院。

一、助力民生、创新、社会发展

毋庸置疑的是在多个领域取得进步、成就的时刻，大多时候都有民营企业的身影。

一是民营企业在经济发展中的重要地位。以四川省为例，2021年全省实现民营经济增加值 29375.1 亿元，比上年增长 8.0%，占 GDP 的比重为54.5%。① 纳税户数稳步增长、就业贡献稳中略升、民营企业进出口再创新高、民营企业受投资者青睐度增强。民营经济在经济发展中的重要地位可见一斑，民营经济作为非常活跃的灵活的市场经济的重要组成部分，在我国增加税收、促进经济发展等方面发挥着重要作用。

二是在乡村振兴方面民营企业发挥着巨大作用。2015年10月17日，全国工商联、国务院扶贫办、中国光彩会正式启动"万企帮万村"，该行动以民营企业为帮扶方，以建档立卡的贫困村、贫困户为帮扶对象，以签约结对、村企共建为主要形式，推动乡村振兴和非公有制经济健康发展。大大小小的民营企业在该行动中对接贫困区县，在贫困地区捐助资金、培训技能、吸纳就业，结合当地的发展条件和优势，因地制宜发展特色产业，助力贫困群众增收，助推贫困区县摘帽。中华全国工商业联合会在年度报告会议上对行动中的先进民营企业进行表彰，其中不乏人们熟悉的企业，如石家庄君乐宝乳业有限公司、杭州娃哈哈集团有限公司、上海中梁控股企业发展有限公司等。

三是在科技创新方面民营企业有着举足轻重的影响力。以华为为显著代表的高新技术进步企业，以自我创新为首要，运用云计算、万物互联、人工智能、大数据等先进技术，紧跟国际科技发展潮流，结合新时代科技发展背景，紧抓生产技术革新，如华为投入大量资金到自主研发科技项目之中，近十年投入研发资金已超 8450 亿元，并已自主研发麒麟芯片、鸿蒙系统，努力摆脱被外国科技公司卡脖子的困境，独立自主自强开发配套系统。民营企业为顺应互联网时代发展需求，融入市场，为了不被淘汰，都追求自我革新、自我进步。

四是民营企业承担社会责任亦成效显著。2019—2022年新冠病毒感染疫情期间，不仅威胁到人民大众的生命安全，也限制了社会经济发展速度，打乱了原有企业工作经营秩序，致使大大小小的企业停工停产，甚至有部分企业难逃破产之灾。在经济逆行的境遇之下，广大民营企业没有退步自保，而是积极

---

① 根据 2021 年《四川省国民经济和社会发展统计公报》数据所得。

响应国家政策，向政府捐赠防疫口罩、防疫物资和食品等，支持防疫工作顺利开展。在防疫物资紧张时期，采用全球供应链采购体系，从国外采购物资并运输回国，经由菜鸟绿色通道运输的救援物资就超 7500 万件，京东承运应援紧急物资总重超三万吨。2021 年河南水灾时，国产运动品牌鸿星尔克默默捐赠 5000 万元物资驰援河南，赢得社会民众广泛好评，由此产生了网友帮鸿星尔克微博充会员至 2140 年、鸿星尔克品牌直播间"野性消费"等大众对国产运动品牌的高度赞赏行为。

二、发展困境仍存在，破除难题是关键

虽说民营企业的发展有助于科技创新，但部分民营企业仍然存在创新内驱力不足的情况，能够成功摆脱技术束缚发展出属于自己的生存天地的企业只占少数。

民营企业在数字化经济发展的时代背景下，传统的企业发展战略将不断被淘汰，新的数字经济发展使得民营企业在未来的发展中加快了脚步。因此，关于民营企业发展中存在的问题，笔者总结了以下几点。

第一，2019—2021 年新冠病毒感染疫情期间，民营企业的发展受到了影响。近几年人们的消费方式发生了改变，生活水平也有所变化，对于服务业影响也比较大，对于民营企业来讲，这是一次巨大的冲击。

第二，经营规模小，抗风险能力差。中国的民营企业大多规模小、资金流相对薄弱。数字经济发展的时代，加速了企业的变革，成功上岸的企业极大地提升了自身的经营能力，而中小企业经营规模小，无法迅速紧跟时代发展，有些中小企业在此过程中，逐渐消弭殆尽，这也是民营企业发展出现的新问题。

第三，管理水平不高，经济效益低下。对于民营企业来讲，家族式管理是一种常见的经营方式。企业的关键部门如财务部或人事部，唯亲制度甚是明显，但是这种现象可能会导致企业缺乏规范化管理，一旦出现问题会对公司利益产生较大影响，严重者甚至会涉及企业领导的生活作风等方面，这种制度往往会对企业造成严重的后果，威胁企业的长远发展。

第四，缺乏创新意识，数字科技水平相对落后。当前我国数字科技在不断发展，民营企业在发展的同时缺乏对数字科技重要性的认知，数字科技带来企业效率的提高是企业发展的重要组成部分，数字工具的使用能够使企业业务流程更规范化，能极大地提升效率，但因为民营企业对于数字技术的认知有偏差，较少进行相关研究和技术引进。与此同时，有些做得好的企业已经在数字

化建设方面中有所成就，并提高了企业的经营能力和未来的发展创新能力。

第五，分行业区位熵反映产业结构有待优化。目前，我国民营企业数量占比排名前五的行业为批发和零售业（32.8%）、租赁和商务服务业（13.9%）、农林牧渔业（10.3%）、建筑业（9.2%）、信息传输、软件和信息技术服务业（9.1%），并且这五类行业的区位熵均大于1。① 其中信息传输、软件和信息技术服务业表现十分亮眼，不仅区位熵（1.69）较高且2021年税收增幅高达34.9%。但我国区位熵较高的产业多不是纳税优势产业，而属于纳税大户的产业在我国的集聚度不高，如制造业、金融业区位熵仅为0.46、0.33，且税收增速低于全国民营经济整体税收增速，说明全国产业结构布局仍有待进一步优化。

部分企业不愿直面新的发展趋势，对企业转型具有恐惧心理，面对我国消费结构发生变化的情况，产品无法满足消费者多样化的需求，进而造成大量消费群体流失。科技创新需要高技术人才支撑，而从如今来看，人口红利已然不再，剩下的是老龄化社会问题逐渐凸显，而难以留住高新技术人才也是民营企业的一大难题。民营企业在高新技术人才的就业选择中，或许更多地成了职业中转站，是一个暂时性的就业选择，待寻找到更稳定、更高薪资的工作岗位时，这些人才便会选择离开民营企业。

所以对民营企业而言，要想加快提高企业的经营能力，实现企业的长期发展，引进数字化技术是一项必不可少的关键任务。如今的社会已全力面向数字化，数字化改革是中国乃至世界向前发展的目标和方向，民营企业只有跟上时代步伐，开展属于自身企业的数字化建设，才能在未来面向数字化经济浪潮时不被推翻。

同时民营企业需要加快建设人才组织，未来不仅是科技的进步，更重要的是人类思想的进步，民营企业若孤注一掷依旧组织一群思想落后、不想进步甚至不愿接受数字科技的人才，将会对企业造成严重危害。只有注入高质量、敢于挑战新鲜事物、追求发展的人才，才是对企业帮助最大的人才组织，这也是民营企业最需要关注的一点。应加强完善员工工作福利制度，使企业发展提升的同时，保证员工薪资同步增收，从而激发员工工作的积极性，形成良性循环，更进一步来说，完善员工福利制度才是吸引人才长期就职的长远之计，可

---

① 区位熵是"地区某行业民营企业数量占地区所有民营企业数量比例"与"全国某行业民营企业数量占全国所有民营企业数量比例"之比。区位熵数值越高代表该地区该产业集聚水平越高；区位熵大于1，说明该地区该产业在全国具有相对集聚优势。

以与高校建立合作项目机制,吸引高等院校和研究所人才走向企业,巩固人才资源,推动科技发展。

一个成功的民营企业要拥有独特的发展战略,有符合企业发展的规章制度,存在敢为人先的人才组织,尊重用户的意见和建议,满足社会的需要和认可。面对挑战毫不退缩,面对改革不畏惧,关键发展期间敢于直面挑战,民营企业才会走在发展道路的前端。民营企业要有敢于创新、积极创新的发展理念,才能在时代潮流中赢得发展的一席之地。

改革开放对民企发展的影响

程雨霜*

摘　要：与世界发达国家相比，尽管我国保安行业起步晚，专业化程度低，技术普遍落后，行业发展水平不高，但随着中国社会经济的发展，近年来，在改革开放政策的支持下，国内市场对保安行业的需求迅速增加，推动整个行业迅速发展。本文以保安行业的发展现状为前提，将陕西 S 保安公司作为研究主体，应用 SWOT 分析和五力分析模型工具，在深入分析保安行业的发展和运行形势的基础之上，深入剖析了保安行业市场发展趋势及宏观环境和微观环境，给出了陕西 S 保安公司发展战略框架，制定了公司的战略规划和相匹配的竞争策略，同时还就陕西 S 保安公司的战略实施与控制展开了一系列的研究。最后提出对保安行业现阶段业务和运营模式及发展具有较好启示的建议。

关键词：保安行业；发展战略；陕西 S 保安公司

中国的保安行业正在向着高速发展的阶段迈进。保安行业要抓住行业发展的机会，搭上政府政策的快车，在未来激烈的竞争中赢得一席之地，甚至成为行业的领跑者，保安公司必须在市场和竞争格局变化显现之前看清局势。

一、陕西 S 保安公司发展环境及竞争分析

（一）陕西 S 保安公司基本情况及发展现状

在陕西省公安厅和治安总队的监督和监管下，2014 年陕西 S 保安公司正式成立。

公司成立至今主要服务功能集中在门卫、巡逻、区域秩序维护、随身护卫、公安辅警、协助行政综合执法、临时安保人员派遣及保安器材、安防电子

---

* 程雨霜，四川大学生命科学学院。

产品和通信器材的销售等方面。

在运行模式上，企业推行互利共赢、强强联手、保安服务项目主体多样化发展的我国企业运营模式。在内部管理方面，公司始终坚持以人为本，注重"人才引进、素质为先"，对管理人员的培养要求专业化、科技化；对保安人员的招聘和培训则以专业化、技能化为标准。

（二）陕西 S 保安公司宏观发展环境分析

1. 政治环境

随着越来越多的中国企业"走出去"，市场对保安行业的需求和要求也日益增加。不少国家政局不稳，战乱频发，加之近年来国际恐怖主义加剧，我国企业的驻外机构自身安保能力参差不齐，需要更加专业的保安公司提供技术、物力和人员防范的安全服务。然而国外的保安公司首先不了解中国企业文化和运营机制，加之可能存在的语言沟通障碍，为安保服务打了折扣。要开拓海外市场，同中国企业一起走出去，保安公司必须完善招聘渠道和薪酬管理，加强培训机制，提高人员素质，拓展供应商渠道，引进先进技术和物资，提高管理水平以达到国际标准。

2. 经济环境

近年来，国民经济在新常态下平稳运行，从高速发展转入中高速发展。国家发展和改革委员会经济研究所在《2019 年经济形势分析与 2020 年展望》中表示我国经济长期向好的基本面没有改变，还指出我国现阶段社会经济发展的特点为产业结构持续优化，结构型衰落和结构型兴盛共存，主要表现为工业生产内部构造调节加速，新型产业、业态创新、新品提高快速，尤其是以电子计算机、通信、新能源技术、新型材料药业为代表的国家高新技术发展比较快；以煤炭、钢材、混凝土为代表的资源类工业生产过剩状况显著，且现阶段尚处在调节下探阶段，短时间无法摆脱困境。这些行业必然会经历"部分清理退出、部分重组整合、部分创新发展"的过程。另外，以电子商务、物流快递为代表的新兴服务行业也表现出快速发展势头，连续两年出现高增长率。

3. 社会环境

我国经济发展步入新形势，增长率从快速转到中快速，中国会由中等收入国家向高收入国家迈进。在这个阶段，人口构成和人力资源市场都将展现新特性。社会老龄化将继续加快，劳动力供给从不限量变为相对性比较有限剩余，一般劳动力工资上涨，人力资源市场分歧突出。

一方面，劳动力工资上涨，会增加保安行业的人力成本；另一方面，具有较高学历的青年人口失业率增加，为保安行业人员储备提供了条件。这也反映了保安行业只有通过调整业务结构，增加服务中的技术含量，降低人员配比等方式才是其未来发展的趋势。

4. 技术环境

随着经济发展和科技进步，高科技、新技术在社会方方面面影响着人们的生活，技术革新改变着产业的竞争规则。科技产品价格降低，使其应用范围越来越广泛。数字化革命在监控技术方面的应用实现了监控技术高清化、网络化、移动化、智能化。计算机视觉技术、安全通信技术、现代电子技术的应用和发展实现了监控和报警系统的集成化和自动化。随着网络的广泛应用和大数据时代到来，网络与大数据逐渐渗透到交通、治安、企业和民用领域。云计算将可能改变互联网的技术基础，影响整个产业的格局。二者在安全防范方面的应用，将引起整个保安行业商业模式的变革，使用户像使用电话、互联网一样使用安防服务。未来无人机、机器人等高科技的应用和推广也必然会引发保安行业的一场技术革命。相关保安企业必须转变思路，创新业务模式，应用新技术开发新业务领域才能在这场革命中获得胜利。

二、陕西S保安公司发展战略

（一）总体战略

总体战略定义了公司使命和发展规划，界定了其价值。总体战略设计方案需要考虑销售市场的总体发展与潜在性机会，还需要明确关键经营范围和发展前景，确立公司资源与能力，保证网络资源总体合理配置。在总体战略的前提下，制定公司业务战略和职责战略，使业务流程方面的战略合乎股东财富更大化。陕西S保安公司的总体战略是包含愿景和使命等在内的公司价值定位、细分市场、目标市场公司业务合拼、资源分配环节和各时期的目标。

（二）竞争战略

执行差异化战略规定公司可以为市场提供别具一格的产品和服务。差异化战略一旦能够实现，就可构建起解决市场竞争相互作用力的防御力，使公司在行业内得到较快盈利。差异化战略是企业形成核心竞争力，树立公司品牌，建立客户忠诚度的可行性战略。

目前，在整个西南地区，保安行业的竞争仍是价格竞争和人员规模竞争。保安公司提供的服务种类同质化严重，以巡逻、押运、守卫、门卫的人防服务为主。实施差异化战略有利于陕西S保安公司规避价格竞争的威胁，形成核心竞争优势，树立品牌形象。这也是该公司完成发展规划的要求。

想要实现差异化战略，陕西S保安公司人员务必完成迅速转型发展，提升安全防护的需求分析报告能力、问题诊断能力与技术处理能力，创建服务支持的供应商网络，在地域行业里努力克服智能安防，即人防工程的局限性，尽早提升人防工程、防御、安防紧密结合、优效配备的服务项目能力。

（三）技术战略

要实现陕西S保安公司的发展战略，必须解决的问题是技术支持问题。安防设备技术复杂，项目开发的规模大，所需投资大。建立和机器设备制造商的战略联盟，开展联合投资，完成互利共赢，是陕西S保安公司完成安防服务项目的绝佳方式。同时，战略联盟能够有效防范技术厂商的跨业竞争。

实现与技防产商的战略联盟要求陕西S保安公司形成规模效应，建立稳定、广泛的客户市场，形成品牌优势。只有当陕西S保安公司的采购量形成规模，才能在与供应商的谈判中占有优势。形成战略联盟的概率受陕西S保安公司对市场的占有率的影响，对比硬件配置制造商而言，陕西S保安公司在管理能力方面的优势较突出。

实现与技术厂商的战略联盟，对陕西S保安公司的管理能力提出了很高的要求，陕西S保安公司必须提高技术管理能力，并提升供应链管理水平。

（四）人才开发战略

人才开发是实现陕西S保安公司发展目标的关键。人才开发战略包括人才引进、人才培养和薪酬体系、考核激励机制三个部分。

在人才引进方面，陕西S保安公司应与当地部队建立联系，实现对退伍军人定期招聘，提高人防服务人员的储备能力。利用野鸭湖培训基地的优势，通过挂牌保安技术学校培训基地，提供实习机会等方式与技术专科学校建立合作关系，形成人才引进的固定渠道。利用技术战略联盟，聘请技防设备生产商的技术专家，组建公司自己的技术专家队伍。

同时，陕西 S 保安公司还应为员工提供职业发展平台，完善公司培训机制和体系，形成明确的职业分工，加强技术诊断和实施的培训力度，实现人防训练与技防培训并重。

公司薪酬体系需随公司业务的发展逐步完善，按照业务类别和工种建立全面的、科学考核激励机制。

三、结论

本文以企业战略管理基础理论为载体，运用 SWOT 模型和五力模型对陕西 S 保安公司持续发展的环境展开了深入分析，围绕陕西 S 保安公司发展战略规划及职能战略展开科学研究，总结出了下列见解。

第一，在改革开放政策持续推进下，科技进步和劳动力市场变化将给整个安防产业带来较大的变化和挑战。

第二，与陕西地区同业竞争者相比，陕西 S 保安公司最大的优势在于管理和关系资源网及其求新求变的管理理念。

第三，陕西 S 保安公司应采用差异化战略和集中化战略相结合的方式，以技术发展战略和人才开发战略作为未来战略发展的保障。

数字经济时代下民营企业的发展之路

涂远宁[*]

摘　要：近年来，随着科技的发展，在国家的政策支持下，数字经济迅速发展，深入人民群众生活的各个方面。在新的形势下，我国的民营企业对经济增长做出了巨大贡献，也面临着众多的风险与挑战。民营企业要想实现数字化转型，就应制定与时俱进的发展战略，与科研机构和科研院所深入合作，加强财务和人员管理，实现高质量发展。

关键词：数字经济；民企发展；企业转型；企业管理；高质量发展

一、数字经济发展背景

（一）数字经济的概念

数字经济是以使用数字化的知识和信息作为关键生产要素，以现代信息网络作为重要载体、以信息通信技术的有效使用作为效率提升和经济结构优化的重要推动力的一系列经济活动。它的发展主要分布在四个领域：互联网的建构、企业间的电子商务、商品和服务的数字化传递及有形商品的销售。这四个领域紧密联系，对民营企业的生存和发展产生着深远的影响。

（二）数字经济的发展环境分析

在政策上，国家大力支持数字经济发展。《十四五数字经济发展规划》明确提出要加快企业数字化转型升级，引导企业强化数字化思维，提升员工数字技能和数据管理能力，全面系统推动企业研发设计、生产加工、经营管理、销售服务等业务数字化转型。2022年11月，党的二十大做出了加快构建新发展格局，着力推动高质量发展的重要部署，对推进数字技术创新、深化数字化转

　＊　涂远宁，四川大学历史文化学院。

型、建设数字中国提出了更高要求。从中可知,在战略思维、员工培训、上中下游的生产经营流程方面,我国政府都将为企业的数字化转型发展提供了政策支持。

就数字经济本身而言,近十年,我国数字经济取得了举世瞩目的成就,总体规模连续多年位居世界第二,对经济社会发展的引领与支撑作用日益凸显。2020年,中国电子商务交易额达到37.21万亿元,同比增长4.5%;电子商务服务业营业收入规模达到5.45万亿元,同比增长21.9%。2021年,中国数字产业化规模达到7.5万亿元,产业数字化规模达到31.7万元,正向全球高端产业链迈进。数据表明数字经济已成了稳定经济增长的关键动力。

在社会层面,数字经济深入了人民群众生活的各个方面。2020年暴发的新冠病毒感染疫情,在打击线下零售行业的同时,也为数字经济的发展提供了机遇。宽带的用户普及率提高,电子商务蓬勃发展,移动支付广泛普及,远程会议、在线学习、视频直播、网络购物等生产生活新方式加速推广,广大群众对数字经济这一概念并不陌生。数字经济提高了人民的生活水平,使人民的生活方式发生了较大变化,人民对相关产品的需求逐渐增加。

在科技方面,数据要素在提高生产效率中发挥的作用越来越突出,数字产业化进程加速;区块链、云计算、5G、人工智能等技术迅猛发展,推动了数字经济与实体经济的融合;众多互联网企业积极推动技术创新、管理创新、人才引进,这有利于提升核心产业的竞争力。科技的进步为数字经济的发展提供了强大的支撑。

总之,我国数字经济具有良好的发展条件,有利于激发民营企业的创造力和活力。在数字经济背景下,民营企业的发展路径对实现高质量发展目标具有重大意义。

二、民营企业发展现状

(一)民营企业的发展情况

民营经济是我国社会主义市场经济的重要组成部分。自改革开放以来,民营企业作为民营经济的"细胞",具有生产规模大、设备先进、员工流动性强的特点,在促进经济增长、增加就业、推动创新、积累税收等方面发挥着重要作用。2019—2021年,民营企业通过科技创新来助力新冠病毒感染疫情防控,复工复产,保障供应链畅通,这体现了企业的责任与担当。

　　但是，由于国内外风险增加，民营企业自身面临着防疫成本过高，产业链、供应链受阻等问题。尤其是大量中小微企业，在当前产业转型升级趋势前处于被动状态，难以适应产业升级带来的经营模式、分配机制等方面的变革。而我国的大型企业也面临着世界经济低迷、全球化遭遇逆流、滞胀风险增加等挑战。根据腾讯研究院发布的《2022中国民营企业数字化转型调研报告》，我国民营企业的数字化转型面临着企业转型理念滞后、数字化转型的投入－产出具有不确定性、产业链上不同环节的企业转型不同步、政策传导机制不畅等瓶颈问题。我国的民营企业在完成数字化转型、实现高质量发展目标上，仍然任重道远。

（二）案例分析

　　国美零售控股有限公司（简称国美零售），是中国以销售电器为主的上市公司。2017年，"国美电器"正式更名为"国美零售"，标志着国美零售由单一电器经营向全品类商品零售业务的拓展和升级。

1. 国美的辉煌

　　1987年，黄光裕在北京创办了第一家以经营各类家用电器为主的小店，随着城市经济体制改革的推进，黄光裕着手对旗下的门店进行整合，将其统一命名为"国美电器"，形成了中国家电零售连锁模式的雏形。改革开放不断推进，中国经济的腾飞带动了人民收入的提高，家电作为人民改善生活的刚需商品，需求量大幅增长。后"国美电器"走出北京，在多地开设连锁店。2004年，"国美电器"在香港成功上市。随后，"国美电器"通过多次并购，逐渐确立了在家电连锁行业的领先地位。

2. 走向衰落

　　2010—2021年，拼多多、京东、淘宝等电商平台崛起，逐渐占据了线上销售的赛道，它们所占有的市场份额越来越大。"国美电器"虽然也上线了电子商务网站，打造了电子商务平台，但仍然难掩衰落之势，于是它进行大刀阔斧的改革。2021年，"真快乐"App和"打扮家"App先后上线。而其线下门店也进行了扩张和升级，门店数量由2016年的1628家飙升到2021年末的4195家。两个电商平台与主流平台相比，存在商家数量与体量差距明显，缺乏自身的独特性，战略与自身的资源禀赋并不匹配等问题。加上研发团队对数字化运营模式认识不足，两个App都面临着严重亏损。

3. 原因总结

国美零售的衰落，有自身根基不稳的原因，也有时代浪潮冲击的因素。

在决策层面，一方面，国美零售推出的平台无论是"真快乐"还是"打扮家"，战略定位都是多元的，在物流速度上难与京东抗衡，在价格优势上难与拼多多比较，没有形成自身独特的竞争优势。另一方面，国美零售的改革操之过急，未坚持循序渐进的原则。2021年，黄光裕提出了"18个月复兴计划"，进行了大规模的门店扩张。然而，它自身的业务基础和市场地位不够稳固，盲目扩张也带来了巨额亏损。而且，随着电商平台的线上线下打通、送装一体等物流基础设施逐步完善，其线下优势难以维持。总之，它没有正确认识到数字经济迅速发展、市场格局深刻变化、大众需求逐渐转型的时代背景，难以做出科学决策。

在管理层面，它的财效管理和人效管理也问题重重。在财务管理上，其资产负债率过高，加上黄光裕夫妇的减持事件，股票市值严重缩水，使其陷入资不抵债的境地；在人员管理上，它多次拖欠员工工资，还进行了多轮裁员，其高层组织管理的动荡，使底层员工权益难以保障，注定了其走向衰败的命运。

三、提出建议与总结

数字经济的迅速发展给传统企业带来了新的挑战。从战略层面来看，在新时代浪潮下，传统的民营企业想要进一步发展，就必须要改革现有的营销模式，整合线上线下渠道，不断优化自身服务，提升大众消费体验。同时企业应当制定与时俱进的战略方向，形成数字化转型的战略共识，不断地将产品与服务升级，适应迭代思维，看清数字经济发展带来的供给、需求两端的变化，及时准确把握市场动向。

在技术层面，民营企业应加强与高等院校、各级各类职业院校、行业协会等机构的合作，增强自身创新实力，加快将研发成果向生产力转化；与供应链其他环节的企业联动，提高转型的同步性，减小转型摩擦系数；掌握核心技术，形成独特的市场竞争优势。

在财务方面，民营企业应当加强对企业资金流向的审查，完善财务管理流程，从制度与监管方面减少违法行为产生的可能性。缩减或关闭常年亏损的领域，减少不必要的资金消耗。同时企业应当进一步优化资本和融资结构，争取其他战略合作伙伴支持，加速企业资金运转。政府也应将财政政策和货币政策有机结合，为企业转型提供资金资源支持。

在人员管理上，民营企业应当健全内部按要素分配的体制机制，激发科技、数据等生产要素的活力，引进科研人才；加强对现有员工的培训工作，提升企业整体对数字化的认知，提高员工运用新技术的能力；严格遵守《中华人民共和国劳动法》《中华人民共和国劳动合同法》等相关法律规定，积极保障员工的合法权益。

当然，推动民企转型，实现高质量发展目标需要多方发力。政府作为经济发展中的"有形手"，应该优化政策传导机制，让政策更好惠及民营企业；综合运用税收优惠、政府采购、产品价格补贴等多种政策工具，激励民营企业；同时，政府也要进一步完善监管体系，规范民营企业的市场行为，解决新形势下出现的新问题。

新时代台州市民营企业高质量发展的研究

丁　楠[*]

摘　要： 自改革开放以来，台州市民营企业发展迅速并取得了显著成效，成了浙江省经济发展的强大引擎，在发展过程中也积累了很多宝贵的经验。但在进入新时代后，台州市民营企业的发展也面临着诸多问题。如何推动民营企业高质量发展，成了政府部门和企业需要着重考虑的方向。本文主要围绕台州民营企业发展现状，对新时代背景下台州市民营企业由高速发展转向高质量发展的建设进行了研究。

关键词： 台州；民营企业；高质量发展；创新发展

随着改革开放的实施，中国特色社会主义市场经济逐渐建立并完善，我国的民营经济从无到有，并逐渐发展壮大，这是社会主义市场经济的重要组成部分之一，成了国民经济不可或缺的一大重要支柱。四十年来，民营经济贡献了全国40%的税收、60%以上的国内生产总值、70%以上的科技创新成果、80%以上的城镇劳动就业岗位，有力地推动了中国的城市化进程。历史证明，大力发展民营经济是党中央的正确决策。而浙江省台州市是我国市场经济的发源地之一，民营经济是该市的发展特色和优势。在新时代背景下，要想推动台州民营经济由传统的高速发展转向高质量发展，就必须要立足于当前的台州民营经济发展现状，提出具有针对性的发展方案，为台州民营经济的高质量发展强市建设并奠定良好的基础。

一、台州民营经济目前发展状况

数据显示，台州市有市场主体76.61万家，其中民营企业占比99.57%，

---

* 丁楠，四川大学公共管理学院。

创造了 87％的税收和 77.5％的地区生产总值。① 为了打造"制造之都"的名片，台州市民营经济的最初阶段主要集中在加工制造以及船舶等重工业，各个城镇形成了具有自己风格的工业产业特色，工业集聚的效力显著。台州市民营企业已经开始了生产结构化改革和产业升级，企业的产业已逐渐扩展到社会事业、现代服务行业等领域，并开始向多层次、多方位、多角度方向发展。

台州市政府对于民营企业的高质量发展也进行了很多政策方面的帮助。除了直接的纾困政策，2022 年 6 月，《台州市推动经济稳进提质 40 条》等一系列政策，通过财政资金支持、金融支持等多项举措，为企业的转型升级提供政策和资金上的帮助，极大地激发了民营企业的活力，推动了民营企业向更高层面进步。

但是近年来，受到新冠病毒感染疫情大环境的影响，台州民营企业在转型升级过程中也遇到了一定问题，如资金短缺、企业融资困难、高素质人才短缺、缺乏创新能力等，从而也在很大程度上阻碍了台州民营企业向高质量发展的步伐。部分企业尤其是椒江区滨海工业区的外贸出口型企业，原定的企业规划受到影响，出口产品量大幅缩减，资金严重短缺，企业的生产积极性受到了很大的打击。

二、台州市民营企业高质量发展遇到的问题

（一）民营企业升级遇到瓶颈

1. 企业升级目标不明确

不少台州市民营企业只是将企业升级简单地界定为生产更多的产品、扩大企业的规模，并没有从根本上突破传统加工业的束缚，没有意识到科技型、创新型企业在当今新时代的重要影响力。部分企业甚至会盲目投资，但对市场的调研和分析不足，企业高层对于是否需要、如何进行产业升级没有进行充分的研讨，从而造成企业转型升级失败，同时也使原企业的产业模式发生了大规模混乱，部分企业甚至会破产。

---

① 《"稳经济问经理"：信心何来，后劲何在？——浙江台湾民营经济走访见闻》，《新华每日电视》，2022 年 6 月 19 日，第 4 版。

2. 恶性竞争增加，品牌意识不足

台州市民营企业在汽车制造、医药化工、塑料模具、家用电器等行业的集中程度较高。但是从事这些行业的民营企业对外来企业的依赖性较强，在工业体系中处于中下游的地位，往往是上游企业的产品代工厂，本身只掌握了次要的生产技术，缺乏产品的核心技术，企业自身的能动性不高。同时，由于受到早先台州市政府对于产业布局的政策影响，部分城镇经营的产品较为单一。以路桥区杜桥镇为例，自改革开放至今，杜桥镇已成为全球最大的眼镜生产基地，境内有著名的国际眼镜城。眼镜制造业成了杜桥镇的重要经济支柱。但是，整个杜桥镇有上万家生产眼镜的中小型企业，均为各大眼镜品牌的代工厂，各个企业的产品极为相似，为了增加企业的利润，部分企业开始了恶性竞争。品牌是一个企业长远发展的基础，对扩大企业的市场知名度有很大的影响。但除了部分上市企业，大多数台州市民营企业都没有积极进行品牌建设工作，仅仅进行产品加工，依然停留在代工厂的层面，没有打造属于自己企业的知名品牌，即使有建设品牌的意识，也没有实际的推广工作，市场的知名度和市场的占有率依然较低。

（二）人力资源管理存在问题

1. 缺乏科学的人才引进机制

在台州市民营企业发展初期，大多数企业为家庭式手工业，后逐渐发展为大型的生产企业。在这个过程中，企业的治理以"人治"为主，企业的高级管理层大多数由家庭成员担任、继承，这种传统的家族企业发展模式所带来的人力资源管理方式降低了企业的人力成本和道德风险，稳定了初期企业正常的发展秩序。但是，这样的一种传统模式也使企业内部的优秀员工很难进入企业的管理层，导致绝大多数员工的上升空间较小，这在一定程度上打击了员工的生产积极性。随着企业的发展，过分地依赖家族式人力资源管理模式容易引发人才持续性增长的需求与家族式单一的供给之间的矛盾，从而形成人力资源的内耗和浪费。

同时，企业的人力部门对于人才的引进没有科学完善的机制与计划。企业岗位的门槛较低，这也导致了企业员工普遍素质较低，缺少在科技研发、产品创新方面的高素质人才。对于高素质人才的引进没有相应的奖励机制也导致部分高素质人才流失。

2. 缺乏有效的个体激励机制

企业发展的根本是员工，而企业要想获得持续性的发展就必须要留住更多的具备丰富经验且适应企业要求的人才。人力资本最根本的特性是激励，特别是有效激励。唯有建立对员工的个体激励机制才能留住人才，才能实现企业的可持续性发展。但在民营企业里普遍存在着两个问题：一方面，大多数民营企业过于依赖其所固有的管理制度与管理程序来约束员工完成任务，往往为了完成自身的生产任务而延长劳动时间，甚至拒绝员工合理的请假理由，造成员工内生产动力不足或积极性不高。另一方面，在激励手段的运用上，通常只采用传统的加薪方法，认为只要员工的薪酬提高了就可最大限度地发挥其潜能，但是此类做法也并没有得到很好地落实，员工所加的工资与其付出的劳动不成正比，依然不能拘留住员工。

（三）上市融资困难

台州市部分民营企业的管理模式依然是传统的家族式管理，企业信息对于自身的重要性不言而喻，尤其是企业的财务信息。由于部分企业存在着偷税漏税的现象，因此上市所必需的披露信息一定程度上增加了企业的成本。而对于传统的家族式企业而言，企业的利润掌握在家族手中，家族可以掌握绝大多数的企业利润分红。而上市需要进行股权改制，需要改变原有的股东占股比例，进行股份制改革成为股份有限公司，一旦成功上市，部分中小型企业将占据更多的股权，股权稀释带来的损失是家族式企业所无法承受的。然而企业的发展需要进行融资，部分家族式企业就陷入了融资发展与股权稀释的矛盾。

（四）科技创新水平较低

台州市民营企业目前所招聘的员工绝大多数是学历较低的销售人员及车间工人，具有高科研水平及高素质的人才较少。部分上市公司的产品研发部门也缺乏高水平技术人员。首先，台州市人才储备不足，台州市高等教育力量在浙江省乃至全国都较为落后，本土培养的人才多数选择在上海、杭州等平台更高的城市就业，人才流失严重且对人才引进的相关措施不完善。其次，中小型企业并没有足够的产品研发资金投入，也没有其他配套投入，缺乏一个适合创新人才深度发展的企业环境。部分企业依然是扮演代工厂的角色，自我产品的研发意识和能力均不足。

三、台州市民营企业高质量发展的建议

(一) 升级瓶颈解决措施

1. 积极主动进行咨询

民营企业需要积极主动咨询政府有关管理部门及行业专家，详细地了解政府在企业转型升级方面的措施和优惠政策及行业内部的现状和标准，甚至可以聘请专门的咨询机构人员对相关行业的发展状况进行分析与评估，明确企业升级的目标，在企业升级前期做好准备工作。

2. 做好员工升级工作

企业在升级过程中不仅要注重产品和生产体系的升级，更需要积极鼓励企业员工不断提高自身素质，通过员工的升级推动企业向更高层面发展。对此，企业可以制订详细的员工培养计划，为员工提供必要的技能培训，开展劳动竞赛，增加对优秀员工的奖励，使员工的整体水平与企业的升级目标在升级过程中相匹配。

3. 完善营销模式，注重企业自身品牌建设

营销模式对于企业而言是连接生产与销售的重要纽带，对此台州民营企业需要不断完善自身营销模式，寻找原先营销模式中存在的漏洞和不合理之处，对其进行改革，创新管理模式和管理理念，做到差异化营销，在营销中对市场进行分析和研究，找准自己的市场定位，挖掘企业在国内的重点渠道，销售具有企业独有特征的产品，占据市场份额，扩大企业的影响力，并逐步形成企业自身的品牌。

(二) 增强对人力资源的合理管理

1. 建立合理完善的人才引进机制

企业的转型升级需要从传统加工向科技创新型方向发展，在这个过程中，除招聘保障企业产品生产的普通工人之外，还需要招聘高素质人才进行相关的产品研发。因此，企业首先需要对管理层进行改革，提高企业的管理效率，人事部门需要制定一套专门针对高水平人才的招聘流程与鼓励机制。对高水平人

才的激励可以采取股权激励的方式，奖励其对企业做出的突出贡献。其次，对高水平人才的生活保障福利标准需要提高。政府部门也需要从政策和体制等方面入手为民营企业的优秀人才引进提供便利条件，吸引中国众多高校毕业生到台州民营企业工作。最后，要搭建人才引进平台，完善人才市场的管理，培育优秀的职业经理人，积极做好户籍管理、人事档案及社会保障等相关工作。

2. 采用机制留人的办法

第一，公平竞争机制留人。企业内部建立健全各种必要的规章制度，促进员工之间公平竞争。杜绝"论资排辈"及"能者上、平者让、庸者下"的传统观念，必须为每个员工提供公平竞争的晋升机会。

第二，超弹性工作时间留人。企业对一些员工可以实行超弹性工作时间，可以实行项目包干制，由员工自己决定工作时间与休息时间，而对长期处于工作紧张状态的工作人员，企业可以给予一定时间的带薪假期，使其在正常的工作时间里能更加高效地工作。

（三）拓展企业融资渠道

政府可以从改善该市民营企业融资环境入手，以加强对台州市金融机构的政策扶持，为台州市民营经济的发展吸引更多的资金支持。政府可以加强与商业银行的合作，使其出台新的针对民营企业融资的相关贷款品种。与此同时，还可以积极发展金融租赁业务及票据贴现融资业务，对中间的业务范围和种类进行拓展，使民营企业能够在短时间内获得生产资金。

在民营企业的发展过程中，当地政府部门还要积极引导其实施资本运营模式，通过资本控股参股、转让、收购、品牌入股等方式使投资主体朝着多元化方向发展。政府部门应当协助和引导民营企业通过上市等方式进行融资，为民营企业的健康稳定发展奠定良好的政治基础。

（四）注重产业之间联合

台州市民营企业众多，各产业集中的企业数量较多，各大企业之间可以进行产业联合，聚集多种先进的生产技术，形成高效的集聚效应，提升整体经济效益。各大企业的优秀研发人员可以进行更深层次的交流，实现人才与技术的共通，共同开展技术更新。企业之间可以共同成立对某一项目的研发小组，并针对这一产品生产体系进行分工，发挥企业之间的优势互补。

改革开放以来我国区域经济协调发展情况研究

——以西部大开发为例

张雨菡[*]

摘　要：人作为群居动物，其生存活动离不开特定的空间区域。区域内的自然地理条件会影响当地人文地理的形成，二者之间相互影响、相互交融，最终会形成独具特色的区域经济发展模式。各个区域空间具有不同的比较优势，造就了全球区域经济发展模式的多样性。自改革开放以来，我国区域发展战略经历了由非均衡发展到协调发展的转变。我国进入新时代后，社会主要矛盾变为人民日益增长的美好生活需要和不平衡不充分的发展之间的矛盾，这使党和国家面临着新考验。本文从我国区域发展的历史回顾出发，以西部地区地理条件、过去西部建设政策为切入点，阐释改革开放后西部大开发战略的合理性及成效，分析当今区域协调发展面临的挑战与可行性路径。

关键词：改革开放；西部大开发；区域协调发展

我国是世界上最大的发展中国家，幅员辽阔，地大物博。地理上的三层阶梯使我国的经济发展也分属三个不同的水平。历史证明，各区域的同步发展尚未完全实现，这就需要解决好各区域之间的发展关系问题。

本文以西部大开发战略为视角，梳理新中国成立后我国区域发展由不平衡走向整体协调的经历，从而论述我国关于促进区域经济协调发展战略政策的可行性。

首先，要阐明区域发展战略的内涵；其次，以史为论，论述我国区域发展长期不平衡的历史渊源，以各历史阶段的特定国情为背景，分析自新中国成立、改革开放后分区域渐次发展的经济建设格局，由此引入西部大开发战略提出的合理性、必要性及实践结果；最后，挖掘如今社会实现协调发展所面临的

---

*　张雨菡，四川大学马克思主义学院。

问题和解决方案。

区域发展战略有着鲜明的特征。总的来说，它具有全局性、区域性和稳定性等特征。它以经济发展为主，囊括社会、生态、文化等多方面的综合规划，对区域经济发展有着总体性的指导。同时，区域发展战略实质上是对某一具体区域的发展规划构想，因此它具有很强的区域性特征。此外，各地区的发展战略都是长远的规划，因而要求它必须保持相对稳定性，可以允许有小部分的修改调整，但核心纲领不能动摇。

一、我国区域不平衡发展的地理条件与历史回顾

（一）地理条件

我国的地理环境和历史条件决定了我国区域经济发展长期存在在区域上的发展不平衡。

我国地势西高东低，总体上分为三个地形梯度：以青藏高原为主的第一阶梯，以内蒙古高原、黄土高原、云贵高原、塔里木盆地、准噶尔盆地和四川盆地为主的第二阶梯，以东北平原、华北平原和长江中下游平原为主的第三阶梯。西部地区多崎岖不平，连绵成片的高山和不便联通的自然条件，造成了西部地区交通建设的困难及来往交流的不便利，进而导致西部地区信息较滞后，从而制约着其发展。

（二）历史回顾

早期中华文明多集中于黄河中下游流域，由最初的"星罗棋布、满天星斗"，渐渐扩张连成一片，最终形成"多元一体"的文明格局。

从春秋战国至唐朝中期，前后近一千六百年，经济、政治、文化重心都集中于北方。东汉时政治中心东移，魏晋南北朝时南方得到开发，推动了文明中心的改变。唐朝"安史之乱"爆发，人口流动加剧，经济重心开始南移。904年，因起义频繁，唐昭宗被迫迁都洛阳，长安这座有着千年辉煌的古城遭毁坏。这标志着中国古代政治、文化中心的转移，经历了千年繁荣的陆上"丝绸之路"逐渐衰落。凭借东南沿海的交通优势，海上丝绸之路崛起。

回顾历史，不难发现西部地区，如四川盆地西部、青藏高原、西北地区等地，甚少能跟上时代的发展节奏。为何西部地区会长期落后于东部地区？其原因大致如下：一是地理位置、地形地势的不便导致信息的滞后，二是生态环境

的持续恶化导致生存空间的急剧缩小，三是战乱频繁导致社会持续动荡不安。这些因素综合在一起，最终导致了西部地区十分落后。

二、新中国成立初期西部建设及西部大开发战略

（一）西部建设

新中国成立初期，全国工业基础薄弱且主要集中于上海、天津、青岛、大连、广州、北京、南京、无锡等沿海城市。在全国工业发展都落后的情况下，相较于东部地区，西部地区的社会状况更为贫困，仍处于先天落后的状态。20世纪六七十年代，我国决意加强以提升国防力量为中心的大后方建设，以巩固国防和国民经济。在"有计划、按比例、协调发展"的建设方针指导下，国家采取了三方面的重大措施：一是重点加强内地建设，平衡生产力布局；二是在各区域内建立独立的工业体系；三是开展三线建设。[①]

大三线建设作为三线建设的主要部分，是国家在战略后方的基地建设，以国防工业和基础工业为主体，包括运输、通信、部分燃料动力和农业、轻工业后方基地等。这次三线建设是中国历史上规模极大的工业迁移，在增强我国国防实力，改善我国工业布局以及中国中西部地区工业化等方面做出了极大贡献（如图1、图2所示）。

（单位：亿元）

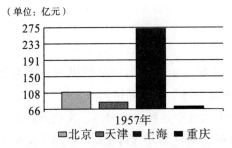

图1　1957年我国部分城市生产总值

（单位：亿元）

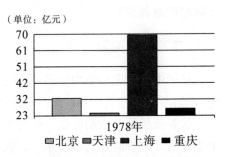

图2　1978年我国部分城市生产总值

20世纪六七十年代的内地工业建设为西部提供了大量发展可能。"三五"计划时期（1966—1970年），三线建设的投资占全国的52.7%，"四五"计划时期（1971—1975年），三线建设的投资占41.1%。直至1978年改革开放前，

————————

① 唐浩、蒋永穆、贺刚等：《西部大开发特色优势产业发展研究》，四川大学出版社，2008年，第8页。

内地的工业产值增加了四十多倍，在全国的工业产值比重由 28％升至 36％。[1]

从 1978 年到 1992 年间，西部地区人均国民收入年增长 7.1％。[2] 该地区实现了短时间内经济的快速增长，极大地改善了人民群众的生活条件，物质生活水平得到了提高，人民群众的幸福感、获得感得到了大大加强。

（二）西部大开发战略

改革开放初期，东部地区凭借沿海的交通区位优势和政策优惠领跑全国，但东西部经济水平差异被进一步放大，并且由于西部地区发展较东部地区十分落后，新建设的或内迁多数企业在长时间内的经营及发展都出现了较多困难，西部地区无力追赶东部地区，从而导致区域经济发展的不平衡状态加剧。

新中国成立后西部地区的各项建设工程为其早期的发展奠定了一定的基础。而沐浴了改革开放二十多年的春风，我国也终于具备一定的经济实力，能用自己积累的财力支持相对落后地区发展。

1999 年，在进一步扩大内需、促进国民经济健康发展，改善全国生态条件，保持全国社会稳定的迫切要求下，党的十五届四中全会通过了《中共中央关于国有企业改革和发展若干重大问题的决定》，正式提出国家要实施西部大开发战略。经过多年努力，主要取得了以下成就。

第一，西部地区经济总量实现巨大增长。

自西部大开发战略实施以来，国家以政策扶持、基础设施建设等工程为手段加大了对西部地区的财政支持力度（如图 3 所示）。2000—2007 年，西部地区生产总值从 16655 亿元增加到 47455 亿元，年均增长达到 11.6％。[3]

---

① 唐浩、蒋永穆、贺刚等：《西部大开发特色优势产业发展研究》，四川大学出版社，2008 年，第 8 页。

② 唐浩、蒋永穆、贺刚等：《西部大开发特色优势产业发展研究》，四川大学出版社，2008 年，第 9 页。

③ 《改革开放的新西部——西部大开发战略成就与展望》，（2008－10－13）［2023－03－23］https://www.gov.cn/jrzg/2008－10/13/content_1119760.htm。

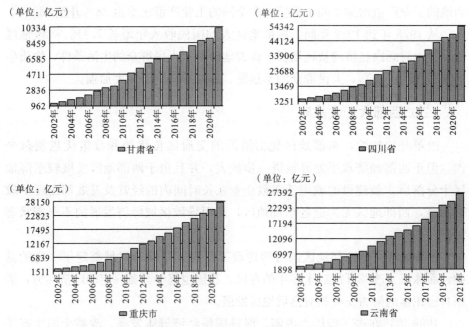

图3 西部大开发战略实施后近二十年西部地区生产总值变化

第二，基础设施和生态建设为全国发展提供了有力支持。

西部基础设施建设和生态环境保护成效显著，为中部和东部的发展提供了有力支持。西部地区在交通上的重大成就，使得其与中部和东部的交通网络相连，形成完整的全国交通网络。西电东送、西气东输工程大大地缓解了东部能源紧张的局面，为东部发展提供了强劲动力。

第三，教育事业起步并逐渐完善。

教育层面，农村中小学教育工程覆盖中部和西部36万所农村中小学校。1999年至2008年，西部累计培养高中及以上学历的毕业生达3275万人，其中高中毕业生有2408万人，高等教育毕业生达867万人，扫除文盲超1400万人。

三、新时代西部大开发面临的问题与对策

过去的二十多年里，西部大开发取得了巨大的成就，但是由于经济运行的深层矛盾依然存在，西部的发展依然面临着诸多挑战，新一轮西部大开发依然任重道远。西部地区的基础设施建设虽然已经基本完善，但与实现乡村振兴的要求还有一段距离；西部有些地区仍然在返贫线上徘徊，未能彻底摆脱贫困；

加强民族团结、维护边疆稳定的任务依然繁重。

十九届五中全会以来，我国已开启全面建设社会主义现代化国家的新征程，在新一轮西部大开发中，西部应积极实现经济发展方式的转变，以自身发展推动国民经济的全面协调发展，在社会主义现代化建设事业中发挥更重要的作用。

在经济全球化程度越来越高的背景下，我国获得了经济发展的新机遇。西部地区应加大开放力度，依托国内国际"两种资源"和"两个市场"，提升内陆地区开放经济发展水平，发展开放型经济。

此外，缩小西部地区与中部、东部地区发展差距，统筹城乡发展形成城乡互动共荣的发展格局，化解城乡二元经济问题，也是破除西部大开发困境的一大对策。

在发展经济、缩小与东部地区差距的同时，完善自然资源开发利用与生态补偿机制，着力提升西部地区的文化软实力，这也是新时代西部大开发战略中不可忽略的一部分。

改革开放过程中智慧城市发展的现状与展望

赵婧如[*]

摘　要：智慧城市作为城市化进程持续推进与构建新型城镇化发展格局的重要引擎，是自改革开放以来基于城市快速发展与计算机网络技术进步的前提下提出的新型城市治理模式。这种模式有利于解决目前广大城市人口过多、环境污染和能源紧缺的"城市病"困局，但在实施过程中仍存在一系列管理问题与提升空间。本文运用管理哲学分析方法，运用价值判断来评价管理现象，以社会对管理的需求为出发点，研究管理怎样满足人的需要，探索管理的价值。以智慧城市建设中出现的问题为导向，提出有针对性的策略建议，以期更好完成智慧城市的规划与建设，为广大市民的生活提供便利。

关键词：智慧城市；城市治理；管理问题；策略建议

一、当前中国智慧城市建设现状及困境

（一）我国当前智慧城市建设现状与成绩

改革开放以来，随着中国城市化的日益发展，当前人民日益增长的美好生活的需要与发展不平衡不充分之间的矛盾日益突出。大城市人口过多、老龄化严重、环境污染、能源紧缺等"城市病"日益凸显，严重阻碍了城市的进一步高质量发展。如何完善城市治理体系，利用新兴的科技手段提升城市治理效能，已逐渐成为民众与城市治理者的共同诉求。2020年3月，习近平总书记在杭州城市大脑运营指挥中心考察时指出："推进国家治理体系和治理能力现代化，必须抓好城市治理体系和治理能力现代化。运用大数据、云计算、区块链、人工智能等前沿技术推动城市管理手段、管理模式、管理理念创新，从数字化到智能化再到智慧化，让城市更聪明一些，更智慧一些，是推动城市治理

---

* 赵婧如，四川大学公共管理学院。

体系和治理能力现代化的必由之路，前景广阔。"① 当前，我国智慧城市建设取得了一定的进展，以成都市"智慧蓉城"工程为例，提出了一个数字基座，一个智慧蓉城运行中枢，三大重点智慧应用领域的建设总体架构。在交通方面，依靠智慧蓉城数字基础设施交通系统背后提供的数据，城市合理调控早高峰和晚高峰的地铁运行和公共交通，迅速疏散密集人流，起到便利人民出行生活的作用。政务服务方面，依靠智慧蓉城网络建设的统一的政务服务平台"天府蓉易办""天府市民云"，实现所有政务公务"一网通办"，让群众让企业少跑腿、多办事，推进服务型政府建设，在便利群众生活的同时破除了经济发展的壁垒，给企业创造了更宽松的政务环境，有效支持了数字经济的发展。在文化学术方面，利用三维建模技术实现博物馆、图书馆藏物藏书全部上网，便利市民浏览相关藏品，在便于高校学术科研的同时有利于促进川蜀文化对外传播，促进中华优秀传统文化创造性转化和创新性发展，提高中华文化核心软实力。

由此可见，让科技赋能社会治理，让技术助力公共管理、城市治理的智慧化将是大势所趋。但伴随着智慧城市建设的深入，其中的缺点和弊端也将暴露出来，因此笔者在学界现有关于智慧城市研究成果的基础上，对我国当前智慧城市建设中面临的现实管理困境进行梳理，尝试提出相应的破解路径以求助力我国智慧城市建设发展。

（二）当前我国智慧城市建设面临的主要困境

1. 智慧城市建设政府负担过重

智慧城市的运行是建立在一套完备的硬件设施，即城市数字基础设施及配套的软件设施的基础之上的，这意味着智慧城市建设需要投入大量资金用于购买及保养数量可观的数据传感器、摄像头等设备，构建储存信息、分析信息的智能中枢系统。而现代电子信息产品更新迭代速度快，每隔一段时间就要进行一次城市设备更新，如此又形成一笔较大的支出。而当前中国智慧城市建设主要由政府主导，政府的资金状况在一定程度上与智慧城市建设水平成正比。从理论上说，如果政府足够重视并有足够的资金支持，那么智慧城市建设将会有不错的成绩；而在一些中部和西部的中小城市，即使政府足够重视智慧城市建

---

① 中共中央党史和文献研究院：《习近平关于网络强国论述摘编》，中央文献出版社，2021年，第143页。

设，它们也会因为资金短缺而限制其智慧城市的建设与发展。

2. 智慧城市建设模板化发展

智慧城市作为一项由国家提出的综合性城市改造计划，其建设离不开中央的领导与顶层设计，这就导致部分城市的智慧城市建设呈模式化发展，建设项目多千篇一律，建设方式较呆板单一，没有结合各地方特色，没有真正解决群众的问题，造成设施建设与当地省情、市情脱节，不能真正地让智慧城市为人民服务。

3. 政府服务智慧化跟不上基础设施智慧化

同时，我们不能忘记智慧城市建设的初衷是要弥补当前社会治理中的不足，其本质是技术为管理服务。因此，在实施过程中我们应当把"以人为本"的基本原则贯彻到底，切不可本末倒置。部分城市政府公共管理与服务水平的智慧化跟不上基础设施建设，政府部门间数据共享程度低。其具体表现为政务审批事项没有完全实现"一网通办"，无纸化办公理念没有深入人心，部分职能部门在政务服务过程中还存在一定程度的纸质文件反复流转等问题，制约了智慧城市的发展。

4. 智慧城市平台重复建设问题严重

当前我国各省市及下属政府部门都建有各自的政务服务平台，虽然有政务服务上网的效果，在一定程度上便利了政务服务，但不同平台的信息格式不对应，数据不互通，造成了虽然办事实现了智慧化，但办事效率并没有相应提高等尴尬局面，导致智慧城市运行效率低下，违背了其建设初衷。

二、当前中国智慧城市建设困境的成因分析

（一）以政府为主导

1. 以政府为主导的现实传统

我国智慧城市建设主要有三个模式：第一是政府直接投资，自建自营；第二是企业建设平台，建设项目；第三是金融机构投资，以第三方的形式参与建设。在实践中，政府直接投资的模式占很大比重。这种政府包办的现实传统，导致企业投资参与公共管理项目的积极性受挫，减少了公共管理项目中社会资

金的流入，也增大了政府的资金压力。

2. 数据资源开放程度低

当前智慧城市建设中的大部分信息资源仍掌握在政府手上，数据资源的开放程度仍然维持在较低水平。而数据信息资源是建设智慧城市的关键部分，没有数据资源，企业就没有真实的数据信息作为参考标准，就难以做出及时准确的数据分析判断，也就难以参与到智慧城市的建设当中。这在一定程度上间接增大了政府的管理压力。

3. 公共建设盈利预期不明确

作为一项公共工程，其根本目的是为人民服务，公共建设的盈利预期可能不明确或较低。且智慧城市建设涉及数量较大的基础设施建设与网络中枢构建，建设周期长，投入资金多，企业出于自身利益考虑可能不愿意在公共项目建设方面投入大量资金，导致政府压力增大。

（二）政府智慧化服务水平与能力欠缺

智慧城市背景下的智慧政务服务是智慧城市的重要组成部分之一，智慧政务服务作为打造服务型政府的重要抓手，是提高政务服务效率，突出服务特点，营造公平、公正良好服务氛围的主要路径。受中国传统政务服务思维的影响，部分智慧城市建设过程中只注重智慧设施基础建设的推进，忽略了对政府管理智能化的转变。大多数政府管理仍然遵循传统模式，如政策文件上网的同时仍使用纸质文件、线上线下层层审批等，不仅浪费了大量不必要的人力、物力、财力，而且并没有提高效率，导致顶层设计与实际执行之间脱节，影响了智慧城市的整体运行效率。

（三）缺乏顶层设计

由于智慧城市建设工程通常由地方政府主导，因此省级政府领导下的各县市政府乃至政府内部的不同部门都拥有各自独立的城市智能治理平台，而这些智能服务平台运行水平的高低和相互兼容程度在一定程度上制约着整体智慧城市的运行效能。受到我国区域化政府治理的行政管理体制的限制，不同等级政府甚至政府内部的不同部门间的智能服务平台通常互不兼容，导致重复建设平台的问题十分严重。而且这些平台通常由不同的公司设计研发，其核心算法不同，导致数据信息格式互不兼容，难以达到"一网通办"的设计目标，导致文件在各个平台上反复传输更改格式，相关报表反复审批，反而使办事效率更低。

三、针对智慧城市建设提出的策略建议

（一）政企联动共建智慧城市

1. 提高项目收益

在市场机制下，提高收益是吸引企业进入智慧城市建设项目最直接的方法，只要政府提高项目建设明确预期收益，适当让渡工程权益，就能吸引更多企业参与工程项目投标，通过竞争实现建设效益和服务水平的最大化。

第一，提高直接收益。政府通过允许企业对公共服务设施进行适当收费，如办理市民卡、城市一卡通等，让企业能够在智慧城市中获得一定收益，从而提高企业参与建设的积极性。

第二，提高间接收益。由于智慧城市具有公共服务属性，政府不可能允许企业通过直接收费完全回收成本，因此重视智慧城市带来的间接收益就显得格外重要。政府可以向企业开放一定的智慧城市数据资源，由此企业可以通过大数据分析精准定位城市人群需要，推出相应配套服务。但出于对公共数据安全性的考虑，这一方法的推行要求政府积极进行相关立法保障公众与企业共同受益，如 2016 年颁布的《福建省政务数据管理办法》率先提出公共数据归国家所有，为公共数据的开发利用确立了相应的权力基础。2021 年 11 月公布的《上海市数据条例》第十二条即规定："本市依法保护自然人，法人和非法人组织在使用、加工等数据处理活动中形成的法定或者约定的财产权益，以及在数字经济发展中有关数据创新活动取得的合法财产权益。"这是我国政府在智慧城市方面向企业让渡权益进行的制度探索。

第三，通过良好运营回收成本。一方面，政府可以通过设立专门公司，由政府和社会资本共同出资统筹智慧城市建设，共担风险，共享收益。另一方面，在当前世界经济全球化的新形势下，智慧城市在我国经济转型方面正发挥着越来越重要的推动作用。政府若充分应用智慧城市中的物联网、大数据、云计算等新型互联网技术，就能为城市经济创造一个良好的发展政务环境，为企业发展创造足够空间，也就间接增加了政府收入，增强了企业投资信心，从而从侧面减轻政府的压力。

2．政府加强引导

当前中国发挥社会主义市场经济体制优势要求政府进行科学的宏观调控的同时，加强与市场调节的联系，因此政府应积极颁布相关法律法规，引导社会资本流入智慧城市建设，以弥补市场调节自发性、盲目性和滞后性的弊端，提高资源的配置效率。

（二）拓展多元建设方式

1．重视前期实地调研

政府前期应注重对整个智慧城市建设工程的顶层设计，通过积极召开专家听证会，开通网络服务热线等方式积极收集民意，引入先进企业进行共同设计等方法，使整个工程更贴近人民的生活，更加的切实可行，更加符合当地具体情况，使智慧城市建设摆脱模式化的困境。

2．畅通后期监督渠道

建设完成后期要注重智慧城市中具体实施过程中的问题，在以政府监督为主体的前提下，积极引入社会监督机制。建立相关投诉网站，畅通民意反映渠道，让来自基层的民意能够顺畅地到达政府的决策部门，让监督更加精准化、广泛化、时效化，推动智慧城市建设即时更新。

（三）推进政府智慧化发展

1．打破"信息孤岛"

政府应加强智慧化思想培训教育，培养政府工作人员的智慧服务思想。让政务服务上网，如进行网上审批、关键文件全部上网等，推进"无纸化办公"建设，减少政府工作程序，打破存在于不同政府部门间的信息鸿沟，让政府建设趋向整体化，建设高效一体的政府，以更高效、透明的方式推进智慧政务建设，让服务水平跟上基础建设。

2．推进"网格化管理"

在政府不同部门间构建"网格化管理"，将涉及城市建设的交通、教育、税收、医疗、卫生等诸多系统部门建立统一的政务服务体系，横向整合治理平台，推进部门权责清晰，提高政府不同部门间协调运行效率，推进政府管理智慧化。

（四）加强智慧城市联动水平

1. 加强不同等级间政府联动机制

各类信息基础设施、管理平台、智慧服务体系、智慧产业经济等协调发展和时空优化布局，是科学建设智慧城市的重要保障和前提。应加强建设顶层设计，构建自上至下系统化的政务服务系统机制，畅通不同等级政府间的联动协调能力。可建立统一的政务服务平台，统一平台间的数据算法，让相关文件在不同平台间相互兼容，让办事一网到底，简化办事流程，减少重复性建设，提高政府智慧化从而提高智慧城市运行效率。

2. 提高共享水平

数据是智慧城市得以正常运行的关键要素。为改变共享水平低的现状，上级政府应给予下级政府对其属地智慧城市数据的归属权与使用权，并统一各县市智慧政府数据收集的格式，让不同城市间的数据能够自由传播，提高共享水平。

当前中国智慧城市建设正处于一个快速发展时期，对中国城市化的推进，提高人民生活幸福水平具有重要作用，已逐渐成为我国经济政治发展的重要推手。然而，由于政府智慧化服务水平低，缺乏顶层设计等现实问题，当前我国智慧城市建设仍存在政府资金负担过重，智慧城市发展模板化，政府服务智慧化跟不上基础设施智慧化，智慧平台重复建设等问题。因此，智慧城市建设要提高收益率，政府应加强引导，推进政企合作减轻政府压力。拓展多元建设方式，结合当地发展特点，畅通社会监督渠道，推进智慧城市建设特色化。同时，要注重政府服务智慧化建设，打破"信息孤岛"，推进"网格化管理"，让智慧城市真正"智慧"起来。在加强横向建设的同时，要注重打通纵向管理，畅通不同层级政府的联动合作，提高共享水平。

从改革开放看收入增长

丁靖童*

摘　要：改革开放四十多年来，中国进入了发展的黄金时期，经济的腾飞，生产力的发展，也带来了城乡居民的收入增长。本文基于改革开放的现实背景，分析了改革开放是如何推动经济及促进人民收入增长的，并从目前存在的收入差距问题分析改革开放对不同阶层人们收入增长速率的影响，进而提出可行的解决方案。

关键词：收入增长；收入分配差距；市场化改革；改革开放

四十余年改革开放波澜壮阔，从站起来、富起来到强起来，世界见证了中国的崛起。从一穷二白到跃升成世界第二大经济体，从技术落后到科技创新，改革开放带来的是科技的日新月异，是经济的步步高升，是人民生活的巨变。回望改革开放的历程，社会消费品零售总额由 1978 年的 1559 亿元增长到 2019 年的超过 46.16 万亿元，年均增长约 15%，消费对经济增长的贡献率自 2015 年以来保持在 50% 以上。[①] 这些令人振奋的数字无不体现着改革开放对中国带来的深刻影响，无不揭示着人民收入显著增长和消费能力增强的事实。

一、自改革开放以来收入增长的原因

经济在改革开放以来快速增长的原因是我们采取了恰当的制度消除生产要素流动的障碍。

首先，我国经济改革从农村开始，家庭联产承包制的推行使个人付出与收入直接挂钩，极大地刺激了农民生产的积极性，解放了农村生产力，使农业生产迅速恢复和发展。相应地为了进一步刺激经济的增长，党的十四大确立了建

---

　*　丁靖童，四川大学机械工程学院。

　①　兰建平：《未来工场》，浙江科学技术出版社，2022 年，第 17 页。

立市场经济体制的改革目标，集中精力加快经济建设。在政策的支持下，各种私营企业如雨后春笋般冒出，普通百姓的生意也越做越大，1992 年也因此被称为"经济的春天"。改革开放解放了生产力，各项推动经济发展的举措收到了显著效果，如设立沿海经济特区、经济的市场化等，老百姓的生活水平在整体经济的猛增下也肉眼可见地提高了。

其次，因为我国劳动力众多的基本国情，劳动力的大量供给及我国持续发生的人口结构变化都在助推经济的发展。在人口红利的加持下，中国的改革开放在经济方面取得了举世瞩目的巨大成就。此外，改革开放让中国打开了国门，走向世界，引进西方各国的先进技术和管理措施并加以本土化，大大提高了企业的生产效率。

劳动力的涌入带来市场的兴盛，科技的发展带来生产力的提高，政策的改善带来经济的良性发展，而这些都是改革开放带来收入增长的直接原因。

二、收入差距问题及其原因

总的来看，改革开放的确带来了中国居民总体收入的大幅提高。但在共同富裕的愿景下，四十多年来收入增长速率的差异带来的收入差距问题也需要我们加以重视。从数据上来看，改革开放以来，我国收入基尼系数由 1978 年的 0.317 上升至 2016 年的 0.465，超过了 0.4 的国际警戒线。[①]

在改革开放前我国实行的是计划经济，追求的是社会主义公有制的目标，强调生产资料占有方面的人人平等，那时虽然贫富差距问题很小，但人民普遍处于温饱线上，经济增长十分缓慢，生活水平也不高。在市场经济体制推行后，由于各方面因素的影响，我国的经济迎来了快速发展，但收入差距不断拉大的主要原因也正是市场化改革的推进，收入分配制度的相应改变使得收入不平衡的现象出现。市场经济相对于公平来说，更注重的是效率，它优化了资源的配置，刺激了生产效率的提高，但资源的倾斜和不再讲究平均主义的分配原则导致了收入差距的出现。在经济飞速发展的时代背景下，收入的增长能在一定程度上缓和收入差距所带来的负面影响。但当改革开放所依赖的人口红利逐渐消失，经济增长速率逐步放缓，收入差距的累积将导致更为严重的贫富差距，这也会加剧不同阶级之间的矛盾，威胁社会的和平稳定和良性发展。

---

① 陆地：《变迁中的不平衡：基于收入空间分布差异的消费特征研究》，吉林大学出版社，2020年，第 3 页。

　　因此，缩小地区之间、城乡之间的收入差距是一个亟待解决的难题，也应获得越来越多人的重视。当我们赞叹改革开放带来的收入增长奇迹时，当我们感谢四十多年后生活水平的巨大改善时，也要注意伴随改革开放而产生的一些社会问题，可能随着时间的流逝愈演愈烈，对社会带来不可忽视的负面影响。

三、可能的解决办法

　　尽管改革开放带来了收入差距问题，我们还是应该继续深入推进改革开放，同时在科技创新领域加大投入，通过支柱产业和新兴领域的技术创新推动经济继续保持高速增长的状态。此外，还应在农村土地制度的改革上下功夫，加快推动城乡融合发展战略，通过深化农村改革，消除城乡二元对立结构来缩小城乡居民间的收入差距。

　　只有在发展中发现问题，才能结合时代背景和基本国情来因地制宜地解决问题，在保持经济发展的大方向不变的基础上，尽可能破除体制机制的弊端，让改革开放的成果更多地惠及人民，我国才能早日实现社会主义现代化的光明前景。

改革开放部分举措落实到收入增长方面的具体原理

刘 喆[*]

摘 要：历史和实践经验证明，改革开放为中国开启了一个全新的时代，国民收入大幅增长成了令人振奋的事实。笔者对实现收入增长的具体原理进行了研究，在经济制度改革、分配制度改革及对外政策改革等方面得到了分析成果。经济制度改革让社会主义中国市场复苏，非公有制经济崛起为中国经济增添一抹亮色；分配制度改革将按劳分配重新搬回台面，国民生产积极性的提升和对创新力的重视使经济恢复正常；对外政策改革主动打开了中国市场对外开放的大门，外资的引入增添了中国市场的活力。一切的成果最终都指向了国民收入增长，而改革开放的进程仍在继续，国民收入这一关乎民生的指标也一定会继续增长。

关键词：改革开放；收入增长；经济制度改革；分配制度改革；对外开放

一、改革开放部分举措落实到收入增长方面的背景介绍

自 1978 年至 2022 年，改革开放已经走过四十多年的历史。这是新中国成立后最伟大的时期之一，是一次伟大的觉醒：中国共产党带领着人民探索社会主义新道路，一扫先前试错时的迷茫与挫败，一系列改革举措和政策的实施，让新中国真正地富起来了。

自改革开放以来，中国全年国内生产总值、人均可支配收入以及消费水平都有大幅提升。从数据来看，1978 年，国内生产总值为 3679 亿元，而到 2021 年，此项数据已增长到 1143670 亿元，从世界第十跃升为仅次于美国的世界第二大经济体。[①] 1978 年，国内城镇居民人均可支配收入仅为 343 元，至 2021

---

* 刘喆，四川大学高分子科学与工程学院。

① 国家统计局编：《中国统计年鉴 2022》，中国统计出版社，2022 年，第 4~5 页。

年城镇居民人均可支配收入已达 47412 元；1978 年农村居民人均可支配收入为 134 元，至 2021 年该项数据为 18931 元。从 1978 年到 2021 年，城镇居民人均消费支出从 405 元增加到 30307 元，农村居民人均消费支出从 116 元增加到 15916 元。[①]

在这四十余年的发展中，我国经济水平迅速提高，人均可支配收入和消费水平也随之提高，人民的生活水平和生活质量也在提高。

作为改革开放成果最直接的体现之一，同时也是最易于定量的数据，收入增长是研究改革开放举措的重要对象。本文将围绕收入增长这一对象，对改革开放部分举措的意义与科学性进行分析。

二、改革开放部分举措落实到收入增长方面的原理分析

收入水平能以数字的形式直接体现国家的发展水平和人民的生活水平，它也是民生工程的重要指标。本文就这一数据进行研究，通过对人民收入增长的原因分析，探究收入增长表层现象背后的经济制度改革、分配制度改革及对外政策改革等部分举措的科学性。

（一）经济制度落实到收入增长的原理

收入增长在这段时期体现于个人身上，从宏观上来看，这代表着国家经济的迅速发展，究其原理，主要为以下几点。

我国曾坚持社会主义公有制为基础的计划经济体制。当时，人们对于社会主义制度的含义不甚清楚，私有经济、民营企业在人民的观念中属于对社会主义的背叛，是不被法律允许的。新中国成立初期，为加快国防体系的建设，国家大力发展重工业，诚然，这样的举措在特定时期促进了国民经济的发展，但资源高度集中在重工业领域必然导致了第三产业等其他产业发展的滞后。资源集中于单个领域也导致经济波动较大，人民的收入低下，生活质量较低。

第一，从计划经济转向社会主义市场经济，实现了企业之间的公平竞争。在计划经济体制下，人们的生产服从中央，只需完成对应指标即可，企业无法自主确定生产目标，导致员工积极性不高，生产水平较低。自社会主义市场经济确立后，不同企业不必拘束于生产指标，生产由企业按市场需求自由调控，企业和员工的生产热情被激发；同时，商品价格由市场决定，相比于国家统一

---

① 国家统计局编：《中国统计年鉴 2022》，中国统计出版社，2022 年，第 168～176 页。

收购，就有了更高的灵活性，商品品质也在竞争中不断向好。社会主义市场经济被激活，人们的生产热情也空前上涨，直接促进了经济发展，最终落实到个人身上，则是收入的增长。

第二，公有制经济的退让为私有制经济等多种经济留出发展空间，为社会主义市场注入了新的血液，个体户、民营企业开始走进人们的视野。而大批民营企业的涌入，不仅避免了国有企业的垄断局面，同时给市场带来了活力。人们的生产积极性得到了提高，个体经济和民营经济则提升了人们的创造力。这些因素最终使国民经济大幅提升，人民收入亦随之增长。

（二）分配制度落实到收入增长的原理

自新中国成立以来，分配制度改革经历了一些具有重要意义的转变，对国民经济产生了积极影响，提高了收入水平，以下就此进行详细分析。

首先，在前期存在盲目实施按需分配制度的弊端。对"共产主义"的强烈渴望让人们忘记了国情，此时的人们过分要求平均分配，希望以此进入所谓的"共产主义"。而"吃大锅饭"的结果就是无论是多劳还是少做，所有人分配的资源和收入等量，在这样的环境里，多劳者并不能得到更多，吃力不讨好的情况使得多劳者消极懈怠，社会死气沉沉。这样的分配制度使生产力再度降低，国民收入降低的结果也是必然的。

其次，不合理的分配方式最终得到纠正，"按劳分配"制度被重新落实。按劳分配的方式重视个体差异，尊重个人生产力，多劳多得、少劳少得、不劳不得，"干多少，拿多少"的方式有效地带动了人们的生产积极性，解放了人们被束缚的双手。同时也十分重视创新这一要素，鼓励技术发展，让更多有志青年积极创业。"先富带动后富""共同富裕"的目标也在此时提出，让人们放开拳脚、各凭本事，先完成个人致富再带动社会走向富裕。按劳分配更注重效率和实际，不再停留于空想，人民也有了努力的方向，市场复苏，人民在积极劳动中提高了收入水平。

分配制度关系到生产、收入等多方面因素，分配制度改革的任务仍在继续，到新时代，我国分配制度已转变成"按劳分配"与"按生产要素分配"且仍在不断完善，力求找到最符合中国国情的分配方式。

（三）对外政策落实到收入增长方面的原理

不同于新中国成立初期时"选边站"的对外策略，改革开放时期的中国已经深刻认识到中国远落后于发达国家这一现状，为此，我国加快了向发达国家学习的步伐。这一刺激拉开了对外政策改革的序幕。

从结果来看，对外开放无疑是成功的。而从其原理来看主要体现在以下两方面。

首先，经济特区建设为体制改革提供了新的方案。在党中央的批准下，深圳、珠海、厦门、汕头先后建立了经济特区，特殊的政策和较高的自主性让经济特区开始了新道路的探索，在体制改革中发挥了试验田的作用。从结果来看，经济特区的试验相当成功，其先进经验得以继续深入推行，先富带领后富，以此来实现共同富裕的目标；假设经济特区的试验以失败告终，也能充分利用社会主义制度优势，由国家及时调整，让城市重回正轨。如此可见，建设经济特区的决策是保险的且具有较强灵活性的。

其次，积极引入外资、改革对外贸易体制为国家经济发展找到了新的增长点。改革开放伊始，我国进出口贸易总额为206亿美元，这样的贸易结构对于一个人口众多的大国来说是极不合理的。而随着对新加坡经验的借鉴，开始吸引外资进入中国市场，并将外贸经营自主权扩大到沿海城市，轰轰烈烈的对外贸易体制改革拉开了帷幕。通过发展外贸，我国有了大量的就业岗位，人们的就业情况得到了提升，国民收入得到了提高；另外，引入外企在一定程度上能够填补一些技术空缺和产业不足，我们也能从中受益；向外企征收税款，这一部分也是实实在在由国家获得，最终落实到个人；通过对外交流，中国国际化进程明显加快，与世界接轨，这才有了一部分人的先富起来。外资看重中国的劳动力与潜力巨大的市场，而国家需要外资提供就业和税款及空缺的技术和产业，双方各取所需，实现了双赢。

总而言之，对外政策改革是改革开放时期重要的举措，通过建立经济特区为现代化城市发展探索出了一条全新但无比正确的路径，又通过吸引外资和改革对外贸易政策来丰富中国社会主义市场，为人们带来了劳动收入，给国家提供了税款。

三、改革开放部分举措落实到收入增长方面的总结

收入是人民在物质方面的基本需求，提高国民收入是有关民生建设的重要工作。显然，自改革开放以来，提高国民收入的工作卓有成效，这样的成果是在探索与实践之后，由一项又一项的改革与政策带来的。改革开放进程仍在不断深化，国民收入也一定会不断提高。

经济制度改革开启了社会主义中国市场，并为私有制经济等多种经济创造

了发展的机会。相比于计划经济时的按部就班，改革开放后的企业百花齐放、相互竞争，中国市场呈一片欣欣向荣之态，经济得到迅速发展，国民收入水平亦随之提高。

分配制度改革否定了绝对的平均主义和按需分配，回到了按劳分配的制度。在生产力不足的情况下，提倡多劳多得的按劳分配制度更能激起人们的生产积极性，让沉寂已久的生产得到复苏，国民收入亦有所增加。

对外政策改革打开了中国市场的大门，经济特区的建设找对了方向、开辟了新道路，而大量的外资涌入为我国经济发展带来了新的经济增长点，对外贸易体制改革深化了对外开放的进程。这些措施均在经济增长方面具有重要作用，为提高国民收入做出了贡献。

共同富裕视野下的收入增长模式探究

郑天昊[*]

摘　要： 在全面建成小康社会后，推进共同富裕成为我国经济社会发展的核心目标。共同富裕的要点一在共同，二在富裕，二者共同指向公平合理的收入增长模式。在共同富裕视野下，我国收入增长的基本模式是在持续推动居民收入增长的前提下，缩小收入分配差距，形成中间大、两头小的收入分配格局。

关键词： 共同富裕；收入增长；改革开放；中国特色社会主义新时代

改革开放以来，党团结带领各族人民，改革不合理的计划经济体制和平均主义分配方式，进行经济体制改革，解放和发展生产力，逐步实现了一部分人一部分地区先富起来和全面建成小康社会的目标。现在已进入实现共同富裕的新阶段。面对共同富裕的宏伟蓝图与当下我国收入分配的现实情况，这要求我们探索共同富裕视野下的新型收入增长模式。

一、改革开放以来我国居民收入增长状况

改革开放以来中国的经济体制改革推动了经济增长，1978—2021 年我国的国内生产总值的年均增长率超过 9%。[①] 2021 年我国人均 GDP 达到 80976 元，按年平均汇率折算达 12551 美元，超过世界人均 GDP 水平。[②] 与此同时，我国贫困人口大幅减少，到 2020 年我国实现全面建成小康社会目标，全面消除绝对贫困。

在取得上述成就实现让"一部分人先富起来"的目标的同时，我国也面临

---

* 郑天昊，四川大学法学院。

① 根据 2022 年《中国统计年鉴》相关数据计算所得。

② 根据 2022 年《中国统计年鉴》相关数据计算所得。

着收入差距加大的现实问题。在过去四十多年，中国人民的收入差距主要经历了两个阶段：收入差距逐步扩大阶段和收入差距高位波动阶段。前者大约是从1978年到2008年，后者为2008年至今。改革开放以前，我国实行严格的计划经济体制，采用平均主义的分配模式，居民收入差距较小。随着改革开放的开展，我国居民收入差距，除改革开放初期因农村先启动改革，城市改革尚未启动而有过短暂下降外，从20世纪80年代中期到2008年一直处于波动上升状态。

第一，改革开放后我国从公有制经济向多种所有制转化，这无疑会引起收入差距的拉大，在此意义上收入差距的部分扩大是正常现象。第二，在改革过程中，我国农村除改革初期实行家庭联产承包责任制外，改革滞后、进程缓慢，相应的农民收入增加较少，农业税与各种费用的存在导致农民负担较重。但是自1983年城市经济体制改革启动以来我国城市改革进程明显、成效显著，带动了城市居民收入的大幅增长。而且在城乡二元体制下，户籍制度严重阻碍了农村人口流动，阻碍了农民收入增长。这进一步加剧了城乡收入差距。第三，改革开放后，东部地区凭借地理位置优势，经济得到了快速发展，居民收入大幅增长，而中西部地区发展则较为缓慢，居民收入增长较慢，二者收入差距逐步增大。

2008年以后，随着人口流动增强，农村劳动力大量转移，农民的收入增长十分明显。与此同时，政府废除农业税的政策落地，农村社会保障制度逐步建立，特别是为了全面建成小康社会政府大力推进扶贫工作。这些因素都促进了农民收入增长，使城乡收入差距有所缩小。但是随着经济发展，不同行业间的收入差距持续扩大加之我国再分配体制尚不完善带来城市内部和农村内部收入差距扩大，积极因素和消极因素相互抵充导致2008年至今收入差距持续处于高位波动。

二、共同富裕的现实要求

党的十九届五中全会提出："到2035年，人均国内生产总值达到中等发达国家水平，中等收入群体显著扩大，基本公共服务实现均等化，城乡区域发展差距和居民生活水平差距显著缩小，全体人民共同富裕取得更为明显的实质性进展。"[①] 这表明2035年中国将进入迈向共同富裕的新阶段，是未来中国社会

---

① 《中国共产党第十九届中央委员会第五次全体会议公报》，人民出版社，2020年，第8页。

主义现代化建设的长期目标。

共同富裕是全体人民的共同富裕，它包含着两个维度：一个是共同，一个是富裕。这意味着共同富裕是富裕前提下的共享，也是共享基础上的富裕，共同富裕首先要求富裕即人民生活水平的提高，其次要求共享即人民生活水平的普遍提高。共同富裕要求富裕者承担更多的社会责任，但绝不意味着"劫富济贫"，共同富裕是发展的富裕，是和谐的富裕，也必然是符合经济规律的富裕。

共同富裕具有明显的特征，共同富裕社会是生产力水平更高的社会，解放和发展生产力是共同富裕的前提条件；共同富裕社会是更高水平的社会主义现代化社会，按照党的十九大提出的战略部署，我国将于 2035 年实现社会主义现代化，到 21 世纪中叶实现共同富裕这一更高水平的现代化；共同富裕是内涵更加丰富的社会主义社会，将为人民创造更美好的生活和更高的生活品质；共同富裕社会是人民全面发展的社会主义社会，人民对美好生活的向往将得到更充分的满足；共同富裕社会是城乡、地区差距持续缩小的社会主义社会，基本实现公共服务、公共设施等城乡一体化、区域一体化、全国一体化。

我们要实现 14 亿人共同富裕，必须脚踏实地，不是所有人同时富裕，也不是所有地区同时达到同样的富裕，不同人群在富裕程度和时间上都会有差异，不同地区也会有差异。

这就给我们在收入增长模式上提出了三个具体要求：一是要让所有人的生活都达到富裕的标准，即居民收入水平的大幅提高；二是要缩小收入差距；三是要尽可能确保机会公平，消除不合理的机会差距，使所有人尽可能站在同一起跑线上。

三、共同富裕视野下的收入增长模式

应该说，共同富裕是全体人民的共同富裕，全体人民共享改革发展成果，共同过上美好生活。持续的收入增长、较小的收入差距是共同富裕的重要基础和重要方面。我们要通过提高发展的均衡性、健全三次分配体系、加大调节力度、增加低收入者收入、调节过高收入、扩大中等收入群体，形成中间大、两头小的橄榄型分配结构。

探索共同富裕视野下的收入增长模式必须坚持：以人民为中心的发展思想，共同富裕是全体人民的共同富裕，要坚持发展依靠人民、发展为了人民；鼓励勤劳致富，共同富裕要靠勤劳和智慧创造，我们必须清醒认识当前我国的人均收入水平与发达国家相比还有很大差距，鼓励勤劳致富使人民收入得到切实增长；尽力而为、量力而行，再分配是调节收入分配差距的重要手段，我们既要积极发挥再分配的调节作用，也要把保障和改善民生建立在经济发展和财力可持续性上；循序渐进，共同富裕是一个长期目标，需要一个过程，不可能一蹴而就，要充分认识到这一任务的长期性、复杂性、艰巨性。同时对于共同富裕下的收入增长要进行正确的战略部署。

第一，要坚持发展才是硬道理。经济高质量发展是收入增长的基础和前提，当前我国社会的主要矛盾是人民日益增长的美好生活需要同不平衡不充分的发展之间的矛盾，我们要通过更平衡、更充分的高质量发展实现居民收入的增长。这需要持续的经济增长加以支撑，与此同时由于共同富裕是要求全体人民富裕水平的切实提高，我们还必须注重发展的平衡性，推动城乡、区域经济的协调发展。

第二，要坚持基本经济制度。党的十九届四中全会进一步明确了我国的基本经济制度包括公有制为主体、多种所有制经济共同发展的所有制制度和按劳分配为主体、多种分配方式并存的分配制度，社会主义市场经济体制等。我国的基本经济制度，既有利于解放和发展生产力，促进经济发展，又有利于促进收入分配的公平，可以很好地统筹效率与公平的关系。

第三，要努力扩大中等收入群体。我国收入分配结构的基本目标是形成中间大、两头小的橄榄型分配结构，扩大中等收入群体是其题中应有之义。目前，我国已形成了世界上最大的中等收入群体，但与此同时我国的收入分配结构还存在很多不足，为此，要采取多种措施促进社会阶层的流动，增加低收入者的收入，使更多人成为中等收入群体，也要加强对高收入的规范和调节，既要保护合法收入，也要防止贫富差距过大，要激励高收入者发挥其在推动经济社会发展中的作用，鼓励先富带动后富。

第四，要坚持推进乡村振兴战略。正如全面建成小康社会最艰巨的任务是脱贫攻坚，推进共同富裕最艰巨的任务是推进乡村振兴。我国农村人口的中低收入群体占比高达90%以上。实现共同富裕要扩大中等收入群体规模，提高低收入人群的收入，而提高低收入群体收入的关键还是提高农民收入。党的十九大报告提出实施乡村振兴战略，作为新时代"三农"工作的总抓手，强调优先发展农业。我们应按照生产发展、生活富裕、生态良好、乡风文明、治理有效的总要求，促进农业发展，增加农民收入。

第五，要坚持完善分配制度。初次分配要兼顾效率与公平，再次分配和第三次分配要更注重公平。由于要素市场化机制还不够健全，在初次分配领域就存在着巨大的收入差距，这直接反映在我国大部分地区最低工资标准较低，但以企业管理者为代表的高收入人群却有巨额收入。为此，应加大再分配调节力度，切实发挥税收和转移支付作用，同时充分发挥第三次分配作用号召高收入人群积极承担社会责任，多管齐下，推动不同社会阶层、不同地区收入的相对均衡。

共同富裕是一个长期的目标，不可能一蹴而就，要充分估计其艰巨性和长期性，共同富裕是一个整体的目标，要全国一盘棋，一个统一指标，一张蓝图绘到底。收入分配作为共同富裕的核心要求，必须长期探索，不懈努力。在这一过程中要使市场、政府、个人协调联动，充分调动各方积极性，利用各种有利因素，最终实现全体人民共同富裕。

专题二

家乡发展

突出重围

——对攀枝花市经济发展的思考

何俣琪[*]

摘 要：2023 年，在经济下行的大背景下，危机与机遇并存，攀枝花市作为一个五线资源型城市需要以明确的自我认知扬长避短，积极响应国家政策，在借鉴其他同类型城市发展经验的同时摸索出适合自己的道路，最终形成攀枝花市发展的良性循环。

关键词：攀枝花市；政策；资源型城市；经济发展

一、攀枝花市发展的主要优势与劣势

（一）优势

作为一个典型的资源型城市，攀枝花市最大的优势就在于其丰富的资源。

攀枝花市有着丰富的水能资源。攀枝花市处于金沙江、雅砻江的交汇处，地势高低起伏，水流量大且湍急，因此其水能资源非常充沛。

除此之外，攀枝花市还是四川唯一的亚热带水果生产基地，因其优越的纬度位置和适宜的气候，攀枝花市盛产优质的热带水果，其中以芒果最具代表性。

（二）劣势

位置偏僻且远离经济中心。北距成都市 750 公里，从东北到重庆市超过 1000 公里，东到贵阳市约 800 公里，南到昆明市约 300 公里。这极大地限制了攀枝花市的经济发展，主要表现在以下三个方面。

＊ 何俣琪，四川大学电子信息学院。

第一，交通不便。航空航线目前有 12 条，并且因为地理位置和气候原因，票价普遍偏高；2022 年年底成昆铁路复线全线计划开通，攀枝花市拥有了第一条途径的动车线；因攀枝花市的地理位置偏僻和火车速度的限制，乘坐火车到四川省会城市至少需十二个小时；而金沙江航线虽然非常便利且更环保，但是由于过去一直在大力发展陆路交通，金沙江航线逐渐因缺乏维护而被搁置。

第二，产业初级。虽然攀枝花市拥有大量的矿产资源和农业资源，但是不管是工业还是农业都比较初级，无法获得足够的经济效益以支撑其进一步的发展。

第三，人才匮乏。缺少高端技术推进发展，这个问题其实是其经济发展滞后导致的副产品，但这又是制约攀枝花市发展的一大重要因素。攀枝花市的经济落后使得人才大量流失，真正能回乡发展的人才不多，更不用说外来人才的引进了。而作为一个工业化城市，攀枝花市又缺乏高端技术支持，这就导致了大量产业发展较初级和易造成资源的浪费及环境污染。

二、国家政策引领

（一）促进区域协调发展

攀枝花市要在国家政策的引领下，推动成渝地区双城经济圈建设，健全主体功能区制度，优化国土空间发展格局。推进以人为核心的新型城镇化，加快农业转移人口市民化。以城市群、都市圈为依托构建大中小城市协调发展格局，推进以县城为重要载体的城镇化建设。坚持"人民城市人民建、人民城市为人民"，提高城市规划、建设、治理水平，加快转变超大、特大城市发展方式，实施城市更新行动，加强城市基础设施建设，打造宜居、韧性、智慧城市。

（二）加快实施创新驱动发展战略

攀枝花市要在国家政策的引领下，提升科技投入效能，深化财政科技经费分配使用机制改革，激发创新活力。加强企业主导的产、学、研的深度融合，强化目标导向，提高科技成果转化和产业化水平。强化企业科技创新主体地位，发挥科技型骨干企业的引领和支撑作用，营造有利于科技型中小微企业成长的良好环境，推动创新链产业链资金链人才链的深度融合。

（三）加快发展方式绿色转型

攀枝花市要在国家政策的引领下，加快推动产业结构、能源结构、交通运输结构等调整优化。实施全面节约战略，推进各类资源节约、集约利用，加快构建废弃物循环利用体系。完善支持绿色发展的财税、金融、投资、价格政策和标准体系，发展绿色低碳产业，健全资源环境要素市场化配置体系，加快节能降碳先进技术研发和推广应用，倡导绿色消费，推动形成绿色低碳的生产方式和生活方式。

三、资源型城市的发展方针

在国内外，资源型城市的转型发展一直都是有待解决的问题。我们不仅要借助国外同类型城市发展的实际经验，也要综合国情，结合国内外同类型城市的转型发展方针，不断探索及找出适合自身城市发展的方式。

（一）国外

20世纪80年代末期以来，全球化、经济危机和跨国公司战略的调整使资源型社区开始面临危机。技术和创新成为经济发展的主要动力，后福特主义的柔性生产代替了大规模的工业化生产和过度的生产分工，资源经济也逐步体现了技术密集和资本密集的特征。

国外资源型城镇主要通过产业重组和转型打破困境，但是产业重组转型过程中会出现许多问题，如就业岗位的减少，居民生活幸福指数下降，失业率上升，人口流失加剧等。因此，多数资源型城镇会采取"企业化发展"的策略，重塑自身形象，发展其他新型产业，如旅游业、养老产业等。这一点与攀枝花市当前的发展方针是相似的，攀枝花市现在正大力发展具有自己特色的康养旅游业，而攀枝花市的冬日暖阳能满足这一基础条件，只是当前的城市不够完善的基础设施建设和地理位置的偏远一定程度上限制了发展，并没有打造出足够大的城市IP以促进这一产业的发展。

（二）国内

以山西省的资源型城市为例，进入资源产业成熟期的太原市、大同市、阳泉市等城市依自身情况走上了不同的产业转型升级的道路。拥有便利的交通和科研力量支持的太原市选择发展高新技术产业，并通过高新技术对传统资源产业进行改革升级;而大同市则是选择多元化协调发展,在推进矿物产业前进的同时不断拓展非矿产业及特色生态农业,将重心逐渐分散,促进其多元化发展;阳泉市则是以生产集中化为方向,大力推进技术改造和产品结构升级,并不断延伸产业生产链条。

四、对攀枝花经济发展的建议

(一)大力发展交通

1. 水路交通

考虑到与陆路相比更为突出的价格优势和自身地理位置优势,攀枝花市的水路运输需要得到大力发展。与铁路运输和公路运输相比,由于攀枝花市本身位置过于偏远及其受地质条件等方面的影响,水路运输不仅运输成本低,而且也更安全,同时还能降低污染,缓解陆路交通的压力。同时,攀枝花市南面可以到缅甸的仰光,向东可以到上海,是长江上游的枢纽,水路运输更能发挥其地理位置的优势,如果发展得足够好,可以争取成为"物流城",由此开发攀枝花的物流产业。

2. 陆路交通

长期以来,攀枝花的陆路交通方式以汽车和火车为主,不仅时间长、污染重,而且效率低下。2022年年末开通的成昆铁路复线无疑打破了这个僵局,从成都南站到攀枝花南站仅需要4小时50分,极大地缩短了攀枝花市与成都市、昆明市的距离,这对攀枝花市的发展非常有利。因此,我们需要再接再厉,开发通往周边城市的高铁,甚至是通往国外,打开进出口交易市场。

3. 航空交通

由于较高的海拔、恶劣的气候,攀枝花市的航空交通发展较慢。攀枝花市要想发展航空交通的话,最好扩大机场的规模,减轻飞机的迫降压力,但是就目前来看,在航空交通的投入可能达不到预期效果。

(二)加快钢铁、煤炭产业的转型升级

基于能源供给侧结构性改革和资源的不可再生的特征,攀枝花市的传统钢铁、煤炭产业的发展前景值得我们关注。这并不是说一定要关闭所有煤矿矿井

才是最佳的解决方式，我们现在要做的是关闭那些不达标、产能低下、浪费资源的高污染煤矿矿井，同时对剩下的合格矿井进行技术改造，提高矿井的安全性和产出效率，并且对产品进行改造升级。

（三）推动钒钛产业、技术的革新

攀枝花市在钒钛资源上占据了得天独厚的优势，而我们却未能好好利用这些资源，因为我们被技术"卡脖子"了。在过去几十年里，我们一直在努力突破技术难关，虽然拥有了相对完整的开发利用体系，但是整体利用水平不高，缺乏核心竞争力。处于这个风口上，我们要好好把握住这个机会，不能等钒钛资源被新的科技产品取代了，再追悔莫及。因此，我们要积极推动钒钛产业的技术革新。

由此，笔者有以下几点建议。

第一，关于技术革新，无非是两个大途径：一是突破自主研发的技术局限，二是学习先进技术。我们在这两个方面都要抓紧。在突破自主研发方面，除在攀枝花学院设立相关专业培养人才和引进相关研究人才之外，我们还需要给予相关资金上的支持，开展更多的研究与实验。在向更先进技术学习方面，要知道钒钛资源并不是我们所独有的，我们可以派人到其他地区学习交流，或者一起合作研究，以突破技术上的难关；而对于国外更先进的技术，我们可以采用"倒推法"，但是这种方法并不是长久之计，努力提高自己的科技创新能力才是最好的方法。

第二，关于产业革新，我们需要建立一个衔接更加紧密的钒钛产业集群和延伸产业链条。现在攀枝花市的钒钛产业过于松散且大多生产较初级的产品，而一个衔接紧密的钒钛产业集群不仅能提高钒钛产业的效益还能促进各类型钒钛企业的共同发展。延伸钒钛产业链条，要求我们向着更高端的领域拓展产业链，提高其产品附加值，拓宽钒钛产业的市场空间。

（四）加快打造城市 IP

近十九年，攀枝花市也在打造自己的城市 IP，如"阳光花城，康养圣地"、"钒钛之都"、攀枝花芒果等。而要加快打造攀枝花市 IP，笔者认为仅在电视上进行广告宣传和在自己的电视频道上进行宣传是远远不够的，在现在这个流媒体盛行的时代，我们也需要考虑通过主流媒体介绍城市的特色、故事、特产等来推动城市 IP 的塑造，从而带动攀枝花的经济发展、增强攀枝花人民的凝聚力、提高城市的知名度。

　　在清晰的自我认知的基础上，在国家政策的引领下，攀枝花市需要把握住机会赶上快速发展的浪潮，借鉴其他同类型城市的发展经验，结合当前环境和自身情况，通过大力发展交通、加快钢铁煤炭产业的转型升级、推动钒钛产业技术的革新、加快打造本市 IP 等措施，探索出一条适合自己发展的道路。

关于贵州省沿河土家族自治县板场镇徐家村乡村振兴战略的调研报告

金林浙*

摘　要：党的十九大报告创新提出的实施乡村振兴战略，是党中央对"三农"工作的高度重视和对新时代国情特征的准确把握，报告要求农村发展以"产业兴旺、生态宜居、乡风文明、治理有效、生活富裕"为目标，城乡关系以"建立健全城乡融合发展体制机制和政策体系"为思路，同时明确了"加快推进农村现代化"的总任务。笔者的家乡位于贵州省沿河土家族自治县板场镇徐家村，所以本文以贵州省沿河土家族自治县板场镇徐家村乡村振兴战略的实施情况为调查背景，总结徐家村在贯彻落实党中央"乡村振兴战略规划"下所取得的成就及其仍需改善的方面。

关键词：乡村振兴；社会建设；文化建设；生态文明建设

一、徐家村乡村振兴战略实施基本概况

2018 年到 2022 年，是徐家村跟随党中央步伐实施乡村振兴战略的第一个五年。徐家村始终坚持党管农村工作，健全党管农村工作方面的领导体制机制和党内法规，确保党在农村工作中始终总揽全局、协调各方，为乡村振兴提供了坚强有力的政治保障。坚持乡村全面振兴，准确把握乡村振兴的科学内涵，挖掘乡村多种功能和价值，统筹谋划农村经济建设、政治建设、文化建设、社会建设、生态文明建设和党的建设，注重其协同性、关联性，整体部署、协调推进。根据笔者的调研内容，以下将从社会建设、文化建设、生态文明建设三个方面展现徐家村在乡村振兴战略规划下所取得的显著成就。

＊　金林浙，四川大学生命科学学院。

（一）社会建设——脱贫攻坚与乡村振兴战略的有机衔接

1. 易地扶贫搬迁政策

实行易地扶贫搬迁政策，将居住环境较偏远、生存条件较恶劣的贫困群众搬迁到生活和生产条件较好的地区，然后因地制宜复垦或还绿原址，增加乡村生产生态空间。以徐家村冉大爷家为例，笔者通过采访得知，搬迁之前他们居住在离主村落群较远的山脚下，夏季降雨量大时整个房屋会浸入泥水，情况非常危险，他们的收入基本靠农田劳作所得，自从他们搬迁到镇上后，生活条件大大改善，政府将其原房屋所在地复垦成农田，与周围农田一并开发为辣椒种植园地，并支付王大爷一家相应的租金，保障其有一定的经济收入。政府也为村里其他贫困户提供看管、照料辣椒种植园地的工作，既能发挥农民几十年的劳作经验，使他们劳有所得，也解决了种植园地的用工需求。

2. 产业扶贫、科技扶贫

与此同时，政府开展以规模化和组织化经营主体带动的产业扶贫，通过合作社、社会化服务组织、村集体与贫困农户，建立联动发展的利益联结机制，与省内高校农学院合作，为农业生产提供科学依据，做到科学种植，提高农产品产量。笔者通过采访徐家村村干部得知，前两年有高校大学的"博士村主任"计划，由高校农学院教师与贵州省农植专家带领学生指导各个村落的产业种植，徐家村也受到了相关指导，师生在村里开展讲座，并到田间实践，为农民传授科学有效的种植方法。进而实现了小农产品与消费市场的固定对接，政府组织开展了农产品的定向直供直销学校、医院、机关食堂，以缓解产业扶贫面临的市场风险。

（二）文化建设——增设幼儿园与修建文化广场

根据中共中央、国务院印发的《乡村振兴战略规划（2018—2022年）》中繁荣发展乡村文化的相关内容：坚持以社会主义核心价值观为引领，以传承发展中华优秀传统文化为核心，以乡村公共文化服务体系建设为载体，培育文明乡风、良好家风、淳朴民风，推动乡村文化振兴，建设邻里守望、诚信重礼、勤俭节约的文明乡村。徐家村为建设文明乡村也做出了许多改变。

1．修建幼儿园

乡民的学龄前教育意识原本就比较淡薄，加上幼儿园所在地离家十分遥远，家长对孩童学龄前教育这一情况就更加不重视了，村里修建幼儿园后，很大程度上满足了村中幼童学龄前教育的需求，也为曾经常花费大量时间送孩子去幼儿园的家长减轻了负担。

2．修建文化广场

村民们往往除了在家里、田间或山上就没有娱乐场所了，文化广场修建后便于村民们的日常锻炼，篮球场、乒乓球台等锻炼设施齐全，也为节假日村里举办各种活动提供了舞台，这里成为培育文明乡风的摇篮。

（三）生态建设——治理生活垃圾提升村容村貌

根据《乡村振兴战略规划（2018—2022年）》的文件要求：牢固树立和践行"绿水青山就是金山银山"的理念，坚持尊重自然、顺应自然、保护自然，统筹山水林田湖草系统治理，加快转变生产生活方式，推动乡村生态振兴，建设生活环境整洁优美、生态系统稳定健康、人与自然和谐共生的生态宜居美丽乡村。

徐家村以建设美丽宜居村庄为导向，以农村垃圾、污水治理和村容村貌提升为主攻方向，开展农村人居环境整治行动，全面提升农村人居环境的质量。

1．推进农村生活垃圾治理

定期开展非正规垃圾堆放点的排查整治，建立健全符合农村实际情况、方式多样的生活垃圾收运处置体系。其显著成效就是走在路上几米便是一个垃圾桶，村民不会随处垃圾成堆。实施"厕所革命"，推进厕所粪污无害化处理和资源化利用，推进生活污水治理，逐步消除黑臭水体，加强保护徐家村饮用水水源地。

2．着力提升村容村貌

科学规划村庄建筑布局，大力提升农房设计水平，原先矮小破旧的平房逐步修建成别墅式的楼房。整治公共空间和庭院环境，消除私搭乱建、乱堆乱放。加快推进通村组道路、入户道路建设，基本解决了村内道路泥泞、村民出行不便等问题。

二、徐家村乡村振兴战略实施中问题分析

根据《乡村振兴战略规划（2018—2022 年)》，以上调研说明徐家村乡村振兴战略实施情况总体上已初具成效，但是离乡村全面振兴、全面实现农业强、农村美、农民富的目标显然还有一段距离，我们也还有时间继续努力奋斗，以下是笔者在此次调研中观察发现的问题。

（一）存在交流藩篱

在产业扶贫、产业振兴中，省内的相关专家和高校的教师来到村里进行帮扶，希望能提高农产品的产量，然而在笔者采访的参与学习的种植园地的农民中，很少有人能完全听懂专家和教师的指导，哪怕是学习模仿，在实践过程中也依然易出差错，还有些比较执拗的村民不愿意相信科学的种植方法，而是坚信自己曾经的种植经验，这些情况对科学种植的效率提高有很大影响。

（二）虚拟网络的沉迷

在乡村的文化建设中仅仅是文化广场的修建亦不足以完全吸引乡村青年，相比之下，他们更愿意躺在家里玩手机，故需要开展其他的文化活动来吸引年轻人。

（三）基础设施建设存在不足

据笔者观察，在提升村容村貌的策略中，村委会忽略了夜晚照明设施建设，到了晚上整个村庄只有几盏微弱的路灯，夜晚走在路上会没有安全感。这说明在乡村的基础设施建设方面还存在有待改进的地方。

三、徐家村乡村振兴战略实施的建议与总结

根据以上观察中存在的问题，笔者有以下几点建议：

（一）村干部积极引导

对于科学种植中很难学习或是不愿学习的村民，需要村干部起到调和作用，可以让村干部与村民一起学习，当文化知识储备不够的村民遇到困难时，村干部也能帮忙对其进行指导，对于不愿学习的村民，则需要村干部耐心劝

导，告诉他们经验种植和科学种植的利弊，亦要适当地给予相应的奖励。

（二）吸引大量人才

推进乡村文化建设需要推动城乡公共文化服务体系融合发展，不能只局限在乡村，才能吸引有眼界的年轻人。增加优秀乡村文化产品和服务供给，活跃繁荣农村文化市场，为广大农民提供高质量的精神营养，如鼓励开展群众性节日民俗活动，支持文化志愿者深入农村开展丰富多彩的文化志愿服务活动，也可以开展寻找最美乡村教师、医生、人民调解员等活动。深入宣传道德模范、身边好人的典型事迹，用奖励和荣誉吸引乡民们积极参与文明乡风的建设。

（三）推进乡村绿化

建设具有乡村特色的绿化景观，让乡村具有可观赏性的绿化。在生活垃圾的治理中，偶尔会有清洁人员缺席的情况也需要改善，加大对清洁人员的管理，适当增加清洁人员，要让村庄时时刻刻处于整洁状态中，同时也要完善村庄公共照明设施建设等。

总而言之，从徐家村乡村振兴战略在五年里取得的初步成效来看，乡民生活幸福指数得到了大大提高，用事实说明了国家乡村振兴战略的先见性和可行性，未来的乡村发展令人期待。中国乡村振兴战略与城市化战略的逻辑关系进一步表明，乡村振兴的战略重点与任务既可以在乡村，又可以在乡村外。要实现城乡人口的交互流动和优化配置必须拓宽乡村振兴战略的视野，既重视乡村内部的建设发展和体制机制的创新，又重视乡村振兴外部环境的改善。由于中国的城乡二元结构具有社会保障和财产权利双层二元的特性，因此，从破解城乡二元结构的体制机制的角度看，以城乡社会保障体制和农村集体产权制度为重点的三大联动改革，即城乡联动、区域联动及中央和地方联动的改革，应纳入乡村振兴的战略框架，并成为乡村振兴战略的基本驱动力。也就是说，破解城乡二元结构，建立城乡一体、城乡融合、城乡互促共进的体制机制，应成为乡村振兴和乡村现代化的必要条件。所以，未来乡村的发展趋势需要更大程度地与城镇有机融合，乡村振兴战略的目标值得期待。

深圳的城市更新路径探索

——以城中村改造为例

李思晗*

摘　要： 为响应国家城市更新战略的号召，深圳市于近年来大力推进城市更新项目建设。本文以深圳的城中村改造项目为例，从独特的本地人感受及相关视角出发，探讨深圳城市更新路径及其优势，也有助于为其他城市提供参考。

关键词： 城市更新；实施路径；深圳；城中村改造

深圳这座城市在历经 20 世纪 80 年代的高速发展后，许多城市问题都开始显现出来。如今，深圳市城市化水平很高，但土地供应却十分紧张，这一问题必然会阻碍未来深圳的可持续发展。而目前，增加土地供应只能通过填海和城市更新两种方案，相较于漫长的填海周期和远离市中心的地理劣势，城市更新能够提升原有土地的价值，更具有周期短的优势。所以，城市更新如今已成为深圳城市发展的主导方式。

一、城市更新的含义及作用

城市更新是对城市中既成地区不良环境进行改造的活动，是对城市功能的重新定位，也是对城市动能的重新发现。城市更新的根本作用在于提高土地和房屋空间的利用效率。城市更新不仅是对建筑物等硬件设施进行改造，也是对各种生态环境、文化环境、产业结构、功能业态、社会心理等软环境进行延续与更新。

而在深圳的高速发展过程中，相信对深圳人的影响最深，让他们感受最多

---

*　李思晗，四川大学法学院。

的就是深圳速度与质量并行的城市更新进程。因此，下文笔者将以深圳城中村改造为例，结合相关政策分析深圳的城市更新路径及其发展优势。

二、深圳的城市更新路径及其优势

（一）坚持规划引领

在城中村的改造进程中，深圳市政府以国土空间总体规划为基本依据，编制城中村专项规划，评估识别更新潜力对象，实施分区、分类管理，明确历史文化风貌等空间管控要求，通过单元管理来实现城中村（旧村）的综合整治。

此外，深圳市政府不仅针对城市更新制订配套科学的计划，还做到了及时总结经验、认识不足并在下一阶段对其加以改进。例如，在深圳市的城市更新和土地整备计划（见表1、表2）中，详细对比各任务指标与完成情况，并在后文列出具体到每一街道与预计整备总规模的下一年的年度项目表。总体而言，这样的规划不仅做到了统筹谋划、突出重点，还做到了不断改进和科学指导。

表 1　深圳市 2021 年度土地整备项目表

实施主体	序号	项目类型	项目名称	街道	整备实施总规模（公顷）
龙岗区政府	1	新建	平湖街道山厦社区山厦地块（香港旭日企业）已出让产业用地土地整备项目	平湖	4.93
	2		平湖街道山厦社区山厦地块（世界家庭用具制品厂有限公司）已出让产业用地土地整备项目	平湖	20.63
	3		坂田街道岗头社区金园片区已出让产业用地土地整备项目	坂田	16.87
	11	续建	九矿企业机械地盘工程公司 G03606－4 宗地收地	——	4.0765
	12		深圳科技博览中心	坂田	32.03

资料来源：《深圳市规划和自然资源局关于印发〈深圳市 2021 年度城市更新和土地整备计划〉的通知》，《深圳市人民政府公报》，2021 年第 40 期，第 1～92 页。

表 2 深圳市 2020 年度各区城市更新和土地整备任务完成情况表

		福田区	罗湖区	南山区	盐田区	宝安区	龙岗区	龙华区	坪山区	光明区	大鹏新区	前海合作区	合计
2020 年拆除重建类城市更新和土地整备备利益统筹用地供应任务规模（公顷）	任务指标	10	33	8	6	54	80	10	10	20	4	—	235
	完成情况	15	34	22	14	57	80	38	11	27	4	—	303
"工政 MO" 类更新单元计划（公顷）	任务指标	12	11	1.5（不含高新区）	5	14	33	15	14	22	6	—	133.5
	完成情况	4.4	7.7	19	0	1.3	5.2	2.9	0	0	0	—	40.5
公共住房（人才房、公租房）和安居型商品房）和配套住房规划筹集任务（套）	任务指标	600	1114	1146	480	4709	13737	2228	2937	860	1645	—	39456
	完成情况	1573	1244	2664	3692	15697	14284	16420	1539	894	0	—	57487
土地整备总任务（公顷）	任务指标	45	24	60	10	291	308	146	161	251	200	4	1500
	完成情况	58	26	78	41	349	358	187	229	393	250	0	1969

资料来源：《深圳市规划和自然资源局关于印发〈深圳市 2021 年度城市更新和土地整备计划〉的通知》，《深圳市人民政府公报》2021 年第 40 期，第 1～92 页。

（二）坚持以政府为主导

就以深圳本地人熟知的城中村——大冲村为例，其旧改最早始于 2002 年实施，因为拆迁补偿等问题一直未能得到妥善解决而导致项目推进缓慢。2009 年政府开始介入此项目，在政府的大力推动下，终于取得了实质性进展。改造前，大冲村楼房破旧且密集、道路狭窄且脏乱，公共设施十分匮乏，与周边繁华的城市界面形成了强烈对比。改造后，大冲村化身为新型、时尚、现代化的重要配套基地。

（三）坚持以公益为优先

深圳市政府践行了"一切为了人民"的思想，要求更新项目无偿提供部分公共用地、配建政策性用房和各类公共设施，规划建设学校用地、社康中心、人才住房等，提升片区城市品质，使广大市民的获得感显著增强。

▲元芬新村微棠新青年社区宠物友好公寓

▲元芬新村微棠新青年社区漂亮如画

以笔者所在的城中村元芬新村为例，由元芬新村所在地的龙华区区政府组织，街道办事处对改造项目进行安全监督；根据相关需要设计建筑产品，物业公司在出租房屋时为租客提供了专业的物管服务，推进物业管理进村理念，投资建设社区食堂等便民、利民设施，建设自修室、健身房等，改善了全村的居住环境，元芬新村由破旧的城中村变成了一个全新的社区。在此期间，政府不仅负责了公共配套部分的投资，还将城中村改造项目纳入了中央财政专项资金补助范围，给予了村民每平方米 300 元的补助。

（四）坚持政务公开原则

作为城市公民的一分子，笔者时常浏览深圳市政府官网，以了解最新政策及城市发展的各方面成果，增强自己对深圳建设的参与感。深圳市政府不仅坚持了将政务主动公开的原则，而且坚持创新政务信息公开的形式，如以可视化的方式公布数据，加强了信息从政府到公民的传递效率。如此一来，深圳市政府便建立了同市民的良好互动，广大市民建设城市、配合城中村改造的积极性也得以提升。

（五）坚持制度保障

深圳市政府基于土地资源开发的特点，坚持将制度设计与实践相结合，及时出台了对应的措施及政策，形成了以《深圳经济特区城市更新条例》为统领的政策体系，为规划的有效实施提供制度保障。以城中村改造为例，2009 年发布的《深圳经济特区城市更新条例更新办法》将旧城改造总体上划分为三类：综合整治类、功能改变类和拆除重建类。拆除重建耗费大量人力、物力、财力，但收益很高，适合地理位置优越、临近交通站点的城中村。而综合整治类更新项目主要包括改善消防设施、改善基础设施和公共服务设施、改善沿街立面、环境整治和对既有建筑节能改造等内容，但不改变建筑主体结构和使用功能，适合容积率高、拆除难度高的城中村。因此，在这样制度保障、科学分类的前提下，深圳市城市更新的效率也得以大大提高。

城市更新是目前积极预防与控制城市积病的重要方式，是城市发展路径升级的标志，是城市可持续发展的关键环节。本文通过分析深圳市城市更新的路径，探讨了深圳城中村更新的长处，深圳的城市更新总体上坚持以政府为主导的原则，同时以规划引导方向、政策干预监督为主要形式，推进市场主体多元化与业主参与高效化，不断创新突破、砥砺前进。2021 年，深圳市完成城市更新计划审批 66 项，完成更新单元规划审批 61 项，成效斐然。而作为生于深圳、长于深圳的一分子，笔者衷心希望深圳这座"奇迹"城市能在其"渐进式"城市更新路径上稳步推进，明晰方向，加强管理，更好地推进城市有机更新，实现可持续性发展。

山西省旅游产业发展战略研究

张雨欣[*]

摘　要：山西作为煤炭大省，为全国的能源供应做出了巨大贡献。但由于山西经济结构较单一，其弊端也伴随着煤炭资源的日益枯竭、生态环境问题的日益严重而逐渐暴露出来。因此，山西经济转型亦迫在眉睫。本文将对山西的经济发展、旅游资源等方面进行研究，并提出了山西省旅游业的发展战略。

关键词：山西省；转型发展；文化旅游业；供给侧结构性改革

山西省煤炭资源趋于枯竭，急需大力扶持替代产业，加快经济转型发展，改善生态环境。如果山西不能升级产业结构、统筹规划，未来的发展只能步步衰退。山西旅游资源极其丰富，但却没有发挥出其相应价值。因此，就要对山西的文化旅游产业进行供给侧结构性改革，提高其有效供给，满足消费需求，实现其转型发展。

一、山西省当前经济发展状况

山西省是能源大省，高耗能的煤炭产业一直都是山西的经济支柱，经济结构较单一，受市场需求的影响很大。山西也意识到单一的经济结构对经济发展的严重制约，煤炭产业造成环境污染严重，人才和资金易流失，创新能力较低下，而接续替代产业亦难以形成，转型发展迫在眉睫。

二、山西省旅游资源发展潜力巨大

现在，人们的物质生活水平有了很大的提高，精神文化方面的需求逐步上升，旅游便成了当今人们放松身心、增长见识、升华精神世界的一个不错选择。

---

* 张雨欣，四川大学艺术学院。

（一）资源优势

悠久的历史为山西省留下了众多宝贵的文化遗产，山西省现存古建筑数量居全国之首，国家重点保护单位有五百多处，省级重点保护单位有四百多处，并且每年在山西省仍在不断发现古代遗迹，因此山西省享有"中国古代艺术博物馆"之称。

山西省有复杂的地势地貌，河流山川也十分壮美。这里有中国四大佛教名山之首的五台山，还有壮丽的黄河壶口瀑布，自然资源也极其丰富。

山西晋商闻名天下，平遥古城、乔家大院久负盛名。山西作为老革命根据地，它在抗日战争中做出了不可磨灭的贡献，其深厚的人文底蕴也是山西省发展文化旅游业的一大有力支撑。

山西省美食众多，山西省面食品类高达三百多种。杏花村汾酒是我国的历史名酒，山西省老陈醋甜绵酸香，沁州黄小米品质俱佳，平遥牛肉色香味俱全。山西省美食种类丰富，游客在山西省旅游的过程中，可尽享美食盛宴，从美食中感受山西省深深的文化内涵。

（二）市场优势

中华民族的祖先在山西省留下了灿烂的中华文明，其特有的人文、自然旅游产品也吸引了国内外一定数量的客源。通过寻根祭祖、宗教朝圣等活动可以吸引一大批海外华人及日、韩、东南亚的居民，著名的晋商文化则在法、德等国有着强大的影响力。山西周边发达的省市如北京、西安、郑州等，有大量的人口基础，为山西省带来很多国内游客。

（三）发展现状

山西省旅游业虽然发展较晚，但也有后发优势。山西省政府积极响应国家号召，把供给侧结构性改革作为山西省经济转型升级的重要方法，而山西省文化旅游业满足不了消费者的文化需求，供给侧改革成为山西旅游业发展的新思路。山西省还重视对旅游资源的开发和思考，这样可以吸取先行地的一些成功经验和失败教训，以避免不必要的失误。在旅游景区方面，A级景区数量不断增加，游客旅游总体满意度良好。

三、山西省旅游业现存问题

（一）旅游资源丰富，开发利用程度小

山西省旅游业供给资源挖掘不够，旅游资源开发利用程度很低，存在着大量的隐性资源。《走西口》《乔家大院》等电视剧为山西的晋商文化做了很好的宣传，还有其他的优秀传统文化资源未转换为资源优势。

山西省很多景区都有着不同的优势，但是目前只进行了简单的规划，仍面临着盲目开发和同质化的现象，如晋中地区的晋商大院，其同质化导致的结果就是每个景点都没有鲜明的特色，对游客的吸引力较小。

（二）市场定位不明显，供给特色不突出

山西省缺乏整体品牌意识，地区景点划分明显，没有进行整体宣传的意识，对市场定位和形象把握不到位。其发展理念相对落后，盲目式开发、粗犷式发展是山西省旅游业面临的一大问题。

（三）交通不便，旅游产业链发展不完善

山西省景点遍布全省，但由于地形等方面原因，交通设施不完善，地面公路主干线和景点支线之间存在连接不畅等问题，空中交通也较薄弱，使山西旅游业发展受到严重制约。不仅仅在行方面，吃、住、游、购、娱等方面也存在严重不足，开发力度不够，管理制度也不够完善。例如，景区酒店、饭店分布不均，卫生不达标，服务水平低，各个景点同质化现象严重，没有发掘出不同特点，无法带给游客满意的体验。还有很多旅游企业运营规模小，运营机制落后，缺乏竞争力，无法在全国的旅游业中获得优势。

四、山西省旅游业改革路径分析

（一）整合旅游资源，发展全域旅游

山西省近年来积极落实全域旅游的理念，搭建旅游发展"331"新格局：五台山、云冈石窟、平遥古城三大品牌，黄河、长城、太行三大板块，大运黄金旅游廊道综合开发。

应深度挖掘山西省历史文化资源，还原古风古貌与历史情境，将本省的历史文化旅游景点联系起来，形成一条旅游路线，使游客沉浸在历史文化之中，切身体会到中华上下五千年的历史文化底蕴。

发展红色旅游，弘扬平型关大捷等红色文化，整合红色旅游资源，学习陕西省的红色旅游经验，或者和陕西省合作打造红色旅游一条线，实现两省的合作共赢。

（二）结合当地风俗，创新旅游产品

将山西省丰富的风俗文化如剪纸、花馍等融入旅游业，增加 DIY 环节，使游客切身感受山西省传统文化的魅力。利用文化资源优势如"关公文化节""晋商社火节"等开办文化节、承办大型会展，提供话剧、戏剧等演出，提高游客的旅游满意度。

加快山西省旅游食品建设，打造以二晋文化为核心的美食产业。根据游客口味合理设计旅游食品种类，同时还要突出地域文化，打开旅游食品的广阔市场。大力开展面食节，让游客近距离观摩面食的制作，亲身体验制作面食，提升游客的体验感和消费力，使山西省的美食得到更加广泛的传播。

（三）加强基础设施建设，延长产业链

顺畅的交通是保证旅游业蓬勃发展的基础，山西省要加强交通道路的建设，使交通线与旅游资源便捷地串联在一起。对于一些偏远的旅游景点，政府要出台相应政策，保证道路建设的稳定。同时要加强信息技术在交通网络中的应用，便于客运司机和自驾游旅客合理地选择出行路线。

除交通建设之外，酒店、餐馆、商店等基础设施也要进行合理规划，完善相关配置以加强监管。

基础设施的建设，除可提供的旅游服务外，还可以与其他产业相结合，如将旅游产业与生态医养产业相结合，可与基础绿化共享资源，还可与教育行业相结合，开展科普教育、自然科学教育等，实现共赢。

（四）树立品牌意识，丰富宣传手段

树立了具代表性的品牌才能更好地吸引游客，山西省完全可以利用自身丰厚的文化资源优势，树立品牌，营造"晋善晋美"的形象，描绘晋商汇通天下的景象，打造晋商品牌；围绕悬空寺、五台山等，发展"古今佛道"的旅游文化……

　　山西省的旅游业不发达很大一部分原因来自宣传力度的不够，我们必须突破传统的服务模式和方法，搭载新媒体、运用新技术对山西省进行全方位的宣传。目前，山西省在互联网新媒体利用方面仍比不上其他地区，旅游业的宣传不能仅依靠官方，应充分发挥互联网传播快、成本低、覆盖广等优点，多渠道展开宣传如组建新媒体营销团队，利用微博、微信等社交平台，请网络主播、明星进行推广宣传，推出景区三维实景介绍、"5G＋VR"、"5G＋AR"等云上智能旅游应用。

　　山西省旅游业虽然发展较晚，但旅游业作为一个朝阳产业，山西省还是有很大的发展空间的。山西省必须要立足于时代和大众的需要，抓住发展契机，打造高质量旅游产品，充分发挥互联网的作用，使文化旅游业成为带动山西省经济增长的新引擎。

改革开放与城市发展

——从临汾市鼓楼南北街变化看改革成果与社会生活变迁

公旭佳*

摘 要：在新的历史起点上，党中央重启了对社会主义经济发展道路的探索，成功地完成了由中国社会主义经济发展道路向中国特色社会主义经济发展道路的主题转换。十一届三中全会决定了全党工作的着重点应该转移到社会主义现代化建设上来，坚持走中国特色新型工业化、信息化、城镇化、农业现代化道路，农村经济体制改革和城市经济体制改革逐步拉开了序幕，地处山西的临汾也开始从一个专门运输铁矿的工业型城市逐步走向发展现代化经济的城市，各类基础公共设施日益完善，临汾市鼓楼南北街作为临汾人民的母亲街承载了许多人的回忆，它的变化正是改革开放时代浪潮下的一处缩影。

关键词：家乡发展；改革开放；经济体制改革；社会生活变迁

康熙时期的《平阳府志》中记载鼓楼南北街最早形成于唐开元年间，距今大约有 1300 年的历史，也是临汾古城南北中轴线上的标志性道路。在明清时期，从鼓楼至南北城门是最早成型的鼓楼南北大街。随着历史的发展，鼓楼南北街也在不断地发展、变化。在解放战争时期，临汾城的道路规划是以楼为中心，分东、西、南、北四个方向向周围分布，从而形成了城市方格网道路骨架。从此，鼓楼南北街正式开启了它的现代发展之路。

一、鼓楼南北街街道变迁的背景与历程

党的十一届三中全会后重新探索经济发展道路，明确提出了全党的工作重点转移到社会主义现代化建设上来，并且明确提出了走中国式的现代化道路，

---

* 公旭佳，四川大学公共管理学院。

明确提出现代化建设三步走战略，明确提出共同富裕的发展思想。在1992—2022年为经济逐步发展的阶段，坚持以经济建设为中心，明确发展是党执政兴国的第一要务，确立社会主义市场经济新体制，提出了走持续快速健康的发展道路，实施可持续发展战略，促进经济建设与资源、环境协调发展，以实现其良性循环。这对于临汾这个资源集约型城市的发展具有重要意义。

在2002—2012年经济发展道路持续深化时期，强调科学发展观，第一要义是发展，核心是以人为本，根本方法是统筹兼顾，推动完善社会主义市场经济体制，加快转变经济发展方式，把推动发展的立足点转到提高质量和效益上来。

自2012年至今，经济发展道路逐渐实现了全面提升，提出了创新、协调、绿色、开放、共享的新发展理念，这说明新时代经济发展转型的主要目标是实现经济的高质量发展，指出建设现代化经济体系是跨越关口的迫切要求和我国发展的战略目标。

改革开放四十余年，历届临汾市委、市政府始终坚持以经济建设为中心，不断解放思想、凝心聚力、砥砺奋进、改革创新，全市综合实力显著增强，人民生活水平不断提高，各项社会事业得到了全面发展，经济社会发生了翻天覆地的变化。市场化进程不断加快，商贸企业无论是从数量上还是从规模上都有了飞跃发展。消费品市场从短缺匮乏、凭证限量逐步向品种繁多、供给丰富发展，消费结构持续优化升级。就业在产业中的分布也发生了较大变化，特别是近年来，临汾市第三产业发展快速，为大量闲散剩余劳动力带来了就业机会，第三产业成为劳动力就业的主要去向。

二、鼓楼南北街街道变迁的主要内容

改革开放初始的临汾四处都是欣欣向荣的景象，在鼓楼南北街上尤其明显。在邓小平同志的正确领导之下，我们开始了农村经济体制改革和城市经济体制改革，而地处山西的临汾也从一个专门运输铁矿资源的工业化城市，逐步走向现代化的经济城市。政策支持鼓励一代代奋勇年轻的创新者开创新事业，临汾的有为青年当然也不甘落后，民间投资逐步活跃，多层次市场体系和多样化产品体系逐步得到建构。政府为了交通便利，也将鼓楼南北街的街道进行了拓宽与整改，经常有大车通行，这些大车主要是运煤，为临汾带来的是繁荣与进步，这条街是过去与现在的汇流，更是古往今来历史变迁的重要见证者。

1997年，鼓楼南北街经历了自产生以来，改造范围和扩建规模最大的一次改造真正实现了鼓楼南北街连接南北的功用。时间就这样来到 20 世纪初期，沿海地区的开放成功影响并带动了临汾这个虽略闭塞但仍在蓬勃发展的城市，各种商业百货拔地而起，肯德基、麦当劳等在当时红极一时的快餐品牌也进入了临汾，鼓楼南北街沿街的居民楼下全部都开起了店铺，汽车也逐渐走入了人们的生活并最终得以普及，人们最终实现了梦寐以求的新生活。

自 1997 年后未再改造过的南北街于 2016 年正式破土动工。在临汾市委市政府的安排部署下，这条承载了 443 万临汾人民民生情怀的"母亲街"，在全市人民的支持与配合下，重现了十里风华。在这次改造过程中，有一处明代的四龙壁被修复，沿街两侧的街巷、胡同、通道等共有 154 处被整改，并且还新建造各类文化墙 51 处。昔日有些杂乱的鼓楼南北街，现如今已成为秩序井然，甚至别有一番风味的文化街道。

三、鼓楼南北街街道变迁的成效与展望

自改革开放以来，我国的经济发展取得举世瞩目的辉煌成就，临汾市的经济建设和社会发展也取得了丰硕成果，呈经济持续快速发展、产业结构不断优化、民生状况持续改善、社会事业协调发展的新局面。鼓楼南北街的变迁与城市的发展息息相关，街道的变迁也反映着城市向好发展的动人图景，临汾市鼓楼南北街一定会更加协调、绿色、开放，向着更加宜居的方向发展。

新时代下的贵州发展

彭明慧[*]

摘　要：本文主要通过研究贵州经济发展和生态环保两个方面来展示新时代下贵州的发展及其所面临的机遇与挑战，并且提出了相应意见及建议。

关键词：贵州经济；生态环保；机遇与挑战；发展意见

在许多人的印象中，贵州就是一个贫穷落后的地方，交通不发达，人民生活没有保障……也许以前是这样，但现在的贵州绝对能让你另眼相看。

贵州地处西南，高原山地居多，素有"八山一水一分田"之说，贵州也是我国唯一没有平原的省。这样的地理环境确实在一定程度上限制了贵州的发展，但也造就了贵州发展的非凡之路。

一、贵州经济发展分析

（一）曾经的贵州经济

1949 年全省的经济总产值仅为 6.23 亿元，人均地区生产总值仅为 44 元，这些数据直观地体现了贵州经济的落后。[②] 但在经历改革开放、西部大开发等国家发展政策后，贵州经济正在腾飞。

（二）贵州当下的经济现状

2018 年贵州省地区生产总值初步核算 14806.45 亿元，比上年增长 9.1％。按产业分，第一产业增加值 2159.54 亿元，增长 6.9％；第二产业增加值 5755.54 亿元，增长 9.5％；第三产业增加值 6891.37 亿元，增长 9.5％，人

---

[*]　彭明慧，四川大学材料科学与工程学院。

[②]　根据《新中国六十年统计资料汇编》相关数据所得。

均地区生产总值达到 41244 元, 比上年增加 3288 元。2018 年高技术产业投资比上年增长 27.7%。2018 年全年全省旅游总人数 9.69 亿人次, 比上年增长 30.2%; 实现旅游总收入 9471.03 亿元, 增长 33.1%。① 这些数据显示, 贵州的经济已经有了很大的增速。

贵州险恶的地势环境虽然在一定程度上限制了经济发展, 但祸福总相依, 也正是由于贵州独特的地理环境让国家决定在贵州省实施大数据战略行动。

首先, 贵州数字经济为贵州吸引了大批的企业。其次, 贵州大数据可与各行各业相结合, 改变产业业务模式, 增长产业营收。尤其是在电商方面, 利用大数据分析收集用户偏好, 向用户推送贵州特色产品, 使更多的产品被售出。最后, 大数据对贵州的产业转型升级有很大的帮助。贵州省的经济以传统产业为主, 新兴行业占比相对较低。依托大数据, 贵州的新兴产业有了较大的发展, 产业转型也在有序进行。

(三) 贵州经济发展面临的挑战

虽然大数据给贵州带来了不少益处, 但在新冠病毒感染疫情的影响下贵州经济仍然面临着许多挑战。从一个普通家庭的角度来看, 贵州的平均工资依旧低于全国平均水平, 人均可支配收入较少, 同时物价比较高, 失业率也较高。另外, 贵州的产业结构不太健全, 新兴产业规模较小, 人才流失十分严重。

(四) 针对贵州经济发展问题提出的一些建议

首先, 要紧抓落实人才政策。对于人才落户可给予其一些经济和政策上的优待, 要让人才觉得可以留下。

其次, 积极进行产业转型。积极向新兴产业靠近, 有效利用大数据, 努力将靠投资拉动经济发展转变为靠消费促发展。

最后, 应该进一步激发民间的投资活力, 大力促进民营经济的快速发展。利用大数据实现精准帮扶和信贷投资, 切实把民间投资优惠政策落到实处。积极培育和壮大贵州省经济发展新动能, 促进新旧动能及时持续转换。

---

① 根据 2019 年《贵州统计年鉴》相关数据计算所得。

二、贵州的生态发展

（一）贵州的生态环境特性

由于特定的地理位置和复杂的地形地貌，贵州的生态环境十分脆弱，一旦被破坏就难以修复。特别是贵州山高坡陡土层薄，易发生水土流失和石漠化等。地表水、地下水相互连通，一旦被污染，将极难治理和恢复。

（二）贵州生态环境在城市化进程中出现的问题

改革开放以来，贵州发展迅速，但城市化的进程中伴随着严重的生态问题。贵州地处西部，以重工业为主。在工业发展中，企业会排放大量的污染物，这大大地影响了生态环境，使生态环境问题变得更加严重。除此之外，乱砍滥伐也使贵州山地生态系统严重恶化，土壤水分流失严重，大大制约了贵州的经济发展。还有一点就是，贵州的垦殖现象严重，此外，居民的环保意识不够强，存在乱扔生活垃圾、随意向河流排放污水等情况。

（三）贵州生态环境的现状

在重工业上针对污染严重问题做出了一些技术上的创新，尽力将污染降到最低，对环境污染过于严重的企业劝其搬离。在耕地问题上，大力倡导退耕还林还草、植树造林，同时开展生态综合治理。以笔者的家乡福泉市为例，政府特别重视对于河流的治理。在最近几年里，政府将全市的河道重新进行了改造，每隔一段时间还会检测水质的好坏。在政府的治理下，笔者家乡的水环境得到了改善。每天都有专用的垃圾车去收居民日常的生活垃圾，不管是在城区还是农村，居民的整体素质也有了很大的提升。除了这些方面，贵州还发展起了生态旅游。利用特有的喀斯特地貌，吸引游客，结合农家乐的消费模式，在环境保护的同时也促进了经济增长。

（四）贵州生态环境的未来发展与挑战

生态环境是贵州经济可持续发展的命根子。贵州要牢牢抓住生态，保护好我们的生态环境，利用生态环境促进经济发展。在生态旅游中也不可避免会遇到一些问题。游客过多，随之带来的垃圾会对生态环境造成负担。政府及景区负责人都需要对此制定一些政策和策略。总之，在党的领导下和政府的管理下，贵州生态会有一个很好的未来。

三、贵州发展的总结

贵州确实在经济上与其他省份还有很大的差距，但在最近几年的发展中，有了大数据的加持及国家政策的扶持，贵州的经济增速一直排在全国前三。假以时日，贵州一定能后发赶超。在生态环境上，贵州的治理是相当不错的。合理利用当地的生态资源发展旅游经济，在保护生态的同时也拉动了经济增长。从经济和生态两方面，我们可以看出贵州的发展之迅猛。

试析改革开放四十年来家乡发展变化

胡家豪[*]

摘　要：随着时代的发展，四川省达州市渠县逐渐有了很大的改变，这里是笔者的家乡，家乡变化的同时，在激励着年轻一代人继续努力与奋斗以建设更美家乡。

关键词：家乡发展；改变；今昔对比

家乡发展是中国繁荣发展的一个象征，也是中国各地适应国际形势、中国发展需求及自身发展需求而产生的改变，这是国家政策与家乡地区明智决策相适应后的产物。

一、今昔对比

笔者的家乡在四川省达州市渠县，上初中前都生活在这里，直到上初中后去成都求学。小学时，家乡的路有一部分是土路，还没有修建柏油马路。再往前，关于家乡的记忆都是听父母一辈口述的，如"1978 年 10 月渠县县城才通电，农村是 1985 年才通电，在此之前农村大都点煤油灯照明"，"交通落后，信息闭塞，条件极差，就是 20 世纪 90 年代初，如果哪家有一万元存款就不得了啦！被称之为万元户"，等等。从父母的话语中我能很深刻且直接地体会到当时县城条件的落后，人们生活的辛苦。父母口述的情况在当时是普遍存在的。

现如今，渠县已经大变样了。县城里的公路全换成了柏油路，新修了几座天桥，万兴广场也翻新了，同时也开发了更多的地方，诸如河边新建的湿地公园、广场附近新建的几处住房集群、新建的地旺广场等。也修通了更多的高速公路，以前从渠县到成都要走 318 国道，现在走南大梁高速、沪蓉高速。

＊　胡家豪，四川大学材料科学与工程学院。

渠县的美化工程也进一步提升了，如今几乎实现了全城绿化。渠县的水质也变得更好了。从前人们常说粗鄙之语，如今人们受教育程度变高了。当然，不仅仅是县城，农村建设同样也开展得很好。农村的一部分土路正逐步变成柏油马路，新农村建设火热，大量的农村居民通过政府的各种优惠政策，生活质量得到了提升。无论是县城居民还是农村居民，都逐渐富裕起来了。他们不仅在物质上变得富裕了，县城里的书店变多了，书的种类也变多了。尽管有着手机等科技产品的冲击，传统阅读方式也并没有被抛弃。同时，渠县针对一些独特民间技艺进行了抢救性保护，如"渠县刘氏竹编工艺""渠县呷酒酿造技术""渠县耍锣鼓""三汇彩亭会"进入了四川省非物质文化遗产名录，其中"渠县刘氏竹编工艺""三汇彩亭会"进入了国家级非物质文化遗产名录，让人们对自己的家乡产生认同感和自豪感。

二、发展契机

（一）严格落实国家政策

渠县高速发展的最主要的因素是渠县各部门严格落实了国家政策。据笔者所知，渠县对于扶贫政策的落实程度相当高。从"脱贫攻坚战"开始，渠县各部门职员对分配给自己的贫困户特别上心，时常下乡帮扶困户。同时农业局的职员不断地向百姓宣传种植知识，让那些没识过字的、文化程度不高的农户能够更了解农业方面的新知识，并结合自身经验收获了产量更高和品质更好的农作物。职员中还有人自掏腰包帮助贫困户购置了生产必需品，帮助他们渡过难关。

2019 年至 2021 年，县政府还制定了帮助中小企业保经营稳发展的十六条政策措施，内容主要涉及了"加大财税扶持力度""加大金融信贷支持""合理减轻企业负担"等相关举措，以支持中小企业应对新冠病毒感染疫情的影响。

（二）深入改革开放

渠县从全县机关单位和乡镇机关抽调精干力量，成立了全新的招商工作专班，并分成多个工作组分赴国内各地，主动承接沿海和成渝地区产业转移，围绕着渠县的自我定位，坚持将"走出去"与"请进来"相结合，坚持驻点招商、以商招商、产业链招商的原则，期待借此提高招商的工作实效。

从"小分队"招商到专班推进表明了渠县把招商引资工作作为发展的生命

线的立场，这也是一种创新尝试。同时，渠县还出台了多个文件，帮助中小企业渡过难关，鼓励电子信息加快发展，用自身优势进行招商引资，这一系列举措使改革开放逐渐深化，保持了自身的经济发展。

（三）全新定位城市

渠县的发展因其全新的定位，同时，还将有更多创新举措，在"文、旅、商"融合发展、推动服务业发展等方面要先行先试，主要包括在沿渡坝打造忘忧岛、打造柏水忘忧湖、升级临巴忘忧谷，融合城坝遗址、土溪汉阙等秦汉文化，盘活果酒厂、火电厂等商业业态，打造川渝"忘忧城"，共同启动"两江夜游"穿越之旅等项目。全新的城市定位为渠县带来了勃勃生机。

家乡发展之快，是国家发展的一个小小缩影。国家强盛，家乡的发展会更好更快。

浅论家乡发展

甘长青[*]

摘　要：四十多年前，天地间下起了一场春雨，如史诗般的改革开放拉开大幕，也因此成就了一个民族近百年的梦想。改革开放是决定当代中国命运的关键抉择，是发展中国特色社会主义、实现中华民族伟大复兴的必由之路。本文通过对比改革开放前后家乡翻天覆地的变化，揭示了改革开放的正确性和必要性。

关键词：改革开放；家乡；变化

1978 年 12 月 18 日，中国共产党十一届三中全会在北京召开，会议上提出将经济建设放到首位，并将改革开放确定为今后引领国家发展的政治纲领，这一决定极大地提升了我国的发展速度，如今改革开放已有四十余年，祖国的发展风驰电掣，家乡的变化有目共睹。

民勤县地处河西走廊东北部、石羊河流域的下游，因其"俗朴风醇，人民勤劳"而得名"民勤"。然而，这里恶劣的自然环境长期以来却没有因为人民的勤劳而改变多少。相反，民勤县被腾格里和巴丹吉林这两大沙漠包围。境内的平原、低山丘陵、沙漠、戈壁等交错分布，这里一直是一个远近闻名的荒漠之地。

笔者的家乡在甘肃省民勤县的一个小村庄里，还是农村贫困家庭。听家中长辈讲，以前只有逢年过节才能吃到肉，平日里以素食粗粮为主，遇到干旱的年份，庄稼收成会锐减，就只能喝稀粥度日。因此，有很多农民迫不得已带着行李外出打工，每年都是辛苦受累，家里的生活却依然捉襟见肘。我父亲有三个姐姐，每当我奶奶缝制一件衣服，总是先大姐穿，再传给二姐、三姐，最后才轮到最小的父亲。那时候穿衣的最高的标准是舒适与干净，鲜艳的衣服颜色和流行的款式是一个贫困家庭均无法企及的。但在 2014 年以后，国家实施精

---

*　甘长青，四川大学电气工程学院。

准扶贫战略和现代化农业发展战略，因地制宜地研究适合本地区发展的措施，分派了农业技术员指导我们科学种树，修建果园，利用温室大棚育苗、种菜，大力发展养殖业，种植棉花等经济作物，兴修水利，农民的收入总体上得到了提升，外出务工的人变少了，拉条和揪片也成了我们的家常便饭。现在我们每年过年时都能置办新衣服、新鞋子，全家都能穿着新衣服跨年。

一、义务教育

以前，我父母上中学时是寄宿学生，每周上学的时候只能带坚硬的干粮。而现在，政府为了帮助贫困地区家庭经济困难的中小学生，实施了许多提升其健康水平的政策。在我上小学的时候，每天学校都会供应营养早餐，每天都不重样，可以喝牛奶、肉汤，比家中做的早餐要好很多。在国家各种政策的支持下，现在每个适龄儿童都有受教育的机会，也拥有很好的受教育环境。以前，大学生在民勤县是非常稀少的，村子里出个三本的学生都要摆席庆祝。而随着时代的发展，大学生的数量不断增加，村子里受过教育的人也越来越多，民勤县人民的整体综合素质得到了极大的提升。

二、基本医疗

以前，农村没有完善的医疗保障制度，一个人生一次大病可能就会拖垮一个家庭。"因病致穷、因病返贫"这句话背后饱含着多少家庭的心酸泪水。农村里的医疗水平也非常落后，即使花了钱也有可能得不到及时的治疗。国家在了解到贫困人群医疗的难处后，出台了《关于开展城乡居民大病保险工作的指导意见》，这一制度基本解决了村民高额医疗费的问题，基本医疗保障制度的深化拓展和延伸切实地帮助了千家万户。多亏了新农村合作医疗报销和重大疾病补助极大地减轻了村民的困难，给予了生病村民顺利治疗和后期康复的制度保障，使农民看得起病、治得了病。

三、住房安全

以前，村子里都是土坯房，冬天取暖靠的是土炕和一个小火炉，只能用身体硬抗冬天的寒气；家中做饭用的是土灶台，用水的时候需要从远处的水井里挑水；照明用的是昏暗的小电灯。听到父母的讲述，笔者根本无法想象那个年代的艰苦条件，但随着改革开放的深化，村民的生活水平得到了质的提升，家家户户筑起了砖房，换上了更暖和的大炉子，冬天不再挨冻。

后来县里也修筑了楼房供我们居住，电冰箱、洗衣机、电磁炉、电视机等电器也慢慢走进人们的日常生活，人民的生活更加便捷。晚上照明的电灯也很明亮，整个屋子都亮堂堂的。尤其是在国家政府的帮助下，家家户户都修了水井，每周都会按时给水井供水，需要用水时就到门口的自家水井打水，父亲再也不用早起排长队挑水了。

四、文化娱乐

改革开放以前的文化和娱乐生活非常的单调，村子里每家的书都很少，平日里男人们打打牌，妇女们聚在一起聊聊家长里短。随着改革开放的深入，村子里修了图书馆，村民可以借阅书籍，电视节目也越来越丰富。晚上村民还可以聚在一起跳广场舞，演一段小曲，人们的文化娱乐生活得到了极大的充实。

"改革开放只有进行时没有完成时"现在的多方面成就已经说明，改革开放是当代中国发展进步的活力之源。习近平总书记在党的二十大报告中明确指出：深入推进改革创新，坚定不移扩大开放。改革开放仍需进行，在以习近平同志为核心的党中央的领导下，我们要坚定不移地推进改革开放，不断创造更大的奇迹。但要将每一步走踏实，将改革开放的浪潮推广到全国各个小村庄，让每一个村民都能享受改革开放的春风，让每个村民都能切身体会国家的进步和改革开放为村民带来的改变。在正确方针政策的引领下，脚踏实地，做好每一件惠民的小事。

专题三

"三农"问题

浅谈我对"三农"问题的理解

黄智奕[*]

摘　要："三农"问题的提出是中国在特有国情下的必然选择。中国农业发展经历了在正确领导下突飞猛进的时期，也进入过低谷期，但不变的是"三农"问题的初衷和目标——改善中国农村、农业的发展，减小其与城镇之间的差距，实现中国农村的现代化。虽然农民问题在之前受重视程度不如农业及农村问题，但随着国家的重视，解决"三农"问题十分迫切。在面对解决问题过程中的各类挑战时，合适的应对措施被提出，为实现中国人民共同富裕指明了方向。

关键词："三农"问题；共同富裕；创新

一、"三农"问题的前因后果

（一）"三农"问题的提出背景

"三农"问题是由时任湖北监利县棋盘乡委党委书记的李昌平最先在给时任总理的信中提出的，内容含有农村、农民及农业问题，反映了当时社会中遇到的问题。2005 年 10 月党的十六届五中全会上"三农"问题被正式提出，从那之后一直受到关注。20 世纪 90 年代初，我国农业进入了一个相对困难的时期，因此也导致农村收入与城镇收入之间的差距加大了，农村发展进入了相对停滞的状态。

（二）我国农业改革的发展历程

安徽省滁州市凤阳县小岗村的家庭联产承包责任制拉开了我国改革开放的序幕，冲破了束缚，提高了农民的生产积极性，使农村与城镇经济收入差距有

---

　*　黄智奕，四川大学高分子科学与工程学院。

了一定的缩减。那之后提出了农村的第二步改革。但从 1985 年以后，我国的工作重心有了向城镇移动的趋势，并且由于一些原因，农村改革一直处于一个曲折前进的状态。1984 年中国农业有了较大发展之后，同时也产生了相应的问题，进而让农村工作者意识到农业问题不只是农业问题，还应该包括农民与农村这两个方面。20 世纪 80 年代后期，中国的学者分析了中国特有的国情，提出了要将中国农村问题分为农业、农村、农民问题，指明了农村的改革方向。此理论的提出受到了领导层的高度重视，并通过十几年宣传和推广已成了中国学界与政界的共识。

（三）对"三农"问题的内容的解读

"三农"问题含有农业、农村、农民三个方面的问题。其中，农村问题包括农村土地问题，如土地归属权及基层政权问题等；农业问题则主要有粮食安全问题及农业政策问题等；农民问题主要包括农民素质问题，如科技文化素质、卫生健康素质、思想道德素质及农民增收问题等。

二、"三农"问题的重要性

2019 年至 2022 年，受新冠病毒感染疫情的影响，国际局势动荡，我国的经济发展亦受到了影响。即便如此，我国农村经济发展仍有显著成效，不少农民收益提升较多，并且幸福感有所增加。但不可否认的是农村与城镇的经济发展仍有较大差距，部分农村低收入人群及一直存在的城乡差距和农村内部差距都是农民实现共同富裕的短板。"三农"问题在中国这样一个农业大国里是十分重要的问题，其与国民素质、经济发展、社会稳定、民族强盛和国家富强都有着密不可分的联系。

三、"三农"问题如何解决

（一）"三农"问题

"三农"问题本应放在一起思考，很多文件都会提到农业以及农村的问题，但农民问题却鲜有涉及。我们在强调农业与农村的时候，也应该注意到农民的需求，以简单易懂的方式帮助农民理解中国对于农业、农村的改革措施，进一步调动农民的生产积极性。周边国家如韩国、日本，都是从社会文化领域起步，为农民提供了全方位、综合性的服务，这是值得我们借鉴与学习的。

同时，提升农民的收益也是十分重要的。三产中的高端部分——金融、保险、期货等产生较高收益的领域，大多数农民是无法介入的。农民在全年劳作，但他们的收益却始终上不去，这也是导致农民生产积极性不高的某些原因。应着手提高农民的组织化程度，发展农村集体经济，推进农地三权分置，提高农民的财产性收入。再深一层，产业留在县域，使农民分享产业的县域化收入，才能使其收入得到提高，迈向共同富裕的最终目标。

（二）挑战及解决方案

1. 壮大集体经济

新中国成立以来，农业经营体制发生了很多变化，但不可否认的是家庭经济在农业经营中有着不可取代的作用。在农业最发达的地区，家庭经营是农业经营的基本主体。故而，壮大农村集体经济对每个农民都有好处，也能提升国家整体经济实力。

2. 因地制宜求创新

农业产品品类十分多样，每一种农产品的生产方式不同，故有目的地选择合适的方式将生产的农产品与本地环境相结合，方能创新农业经营体系。只有不断创新，打开更大的市场，才能使所种的农作物不浪费，将农作物转化成经济效益。

3. 确保农产品供给

由于人口、资源、环境等各方面的压力，我国的农产品供应压力在之后的相对较长的一段时间都会一直存在。特别是2019年至2022年农民生产速度缓慢，农产品运输有困难及经济的不景气等原因，都导致农产品供需受到了影响。要解决这一大难题需要当地政府做好基础设施建设，大力发展高标准农田，提升农业科技创新和推广能力，构筑牢固的生态安全屏障。这样才能保证农产品的高质量快速产出，使国内的农产品能够有效运往千家万户。

浅探"三农"问题

顾子扬[*]

摘　要："三农"问题即农业、农村、农民问题，跨特定的发展行业、地域、工作身份是我国发展的基础性传统问题，这关乎国计民生。在转型发展的新时代下，"三农"问题也应运而生，其中有各种问题，如产业发展失衡、农村劳动力不足、建设人才缺失等。

关键词："三农"问题；乡村振兴

"三农"问题在 20 世纪 80 年代改革开放初期，就被放在了重要地位，中共中央曾连续五次就该相关内容发布了相关文件。要实现民族复兴，乡村振兴是必经之路，国家据此提出乡村振兴战略。2022 年 2 月，中央又发布了《中共中央　国务院〈关于做好 2022 年全面推进乡村振兴重点工作的意见〉》，这些都足以证明"三农"问题的关键性与重要性。

一、"三农"问题及其由来发展

所谓"三农"问题即是指农业、农村、农民的相关问题，这是集行业、地域和身份于一体的核心问题。我国是传统农业大国，农业是第一产业，因此"三农"问题显然是关乎国计民生的根本性问题。

（一）重要性与必要性

重农固本是安民之基、治国之要。如今，农业、农村、农民问题依然是国家具有关键性的工作重点之一，做好"三农"工作对保持社会经济持续健康发展和社会结构的稳定具有特殊的重要性。

"三农"问题的发展并不局限于农业和农村，而是可以造福多行业多层次

---

[*]　顾子扬，四川大学法学院。

人群。笔者想从最贴近大学生生活现实的角度来举例阐释其发展的重要性。就业竞争压力是大学生甚至各年龄层社会群体面临的现实问题，"毕业即失业"反映的是人力人才在目前现实下并没有完全发挥其价值。而农业发展，农业的产业化、市场化，农村的多元化发展等，恰恰能够为社会提供更多的就业岗位，挖掘其发展潜力，亦能促进各种人才发挥聪明才智。

尽管经过全国人民的长期共同努力，我们致力于脱贫攻坚，实现了全面建设小康社会的目标，离共同富裕更近一步。但是，在此过程中，我们也更加深刻地认识到城乡之间的发展差距，不仅存在于经济水平和生活质量，也存在于群众自觉、文化素质等各方面。农业、农村、农民的"三农"问题依然是繁重而艰巨的发展任务。

（二）历史由来

改革开放以来，中国的经济迅猛发展，而农村在采用家庭联产承包责任制的同时，紧跟经济发展局势，推动农业、农村的产业化进程，使农产品投入市场。但是，落后的生产力及以家庭为单位的生产方式显然难以在市场中与其他采用大机器生产的农业大国竞争。而在南方谈话之后，又一次的经济腾飞，使得第一产业远远落后于第二、三产业的发展势头，城镇发展吸引了大批的农村劳动力进城务工，使农业、农村的生产效率降低，欲解决其发展问题更是难上加难。这样的情况导致了恶性循环，更多的农村劳动力向城镇流动，而城镇中可提供给他们的工作岗位也呈饱和状态。

二、"三农"现状与问题

"三农"问题的提出至今已有几十年时间，但仍在继续演变，如有学者继"三农"问题后，提出了"新三农"问题，即"农业边缘化""农村空心化""农民老龄化"等新问题。在工业化和城市化的国际发展背景下，国内存在的工农之间、城乡之间的发展失衡的普遍问题，也是"三农"的具体化问题。

（一）农业

农业是第一产业，是国民经济的基础产业。然而，从近年的发展状况对比来看，在第一、二、三产业中，第一产业明显处于发展落后的态势。根据国家统计局公布的相关数据可见表1：

表 1　三次产业对 GDP 的贡献率比较

指标（%）	2021 年	2020 年	2019 年	2018 年	2017 年	2016 年
第一产业对 GDP 的贡献率	6.7	10.4	3.9	4.1	4.6	4.0
第二产业对 GDP 的贡献率	38.4	43.3	32.6	34.4	34.2	36.0
第三产业对 GDP 的贡献率	54.9	46.3	63.5	61.5	61.1	60.0
三次产业贡献率	100.0	100.0	100.0	100.0	100.0	100.0

数据来源：根据 2017—2022 年各年度《中国统计年鉴》得到相关数据。

从三个产业生产总值的贡献率可知，第一产业远远落后于第二、三产业，农业的发展逐渐出现边缘化的情况。

2018 年的中美贸易战对中国经济造成了一定影响，不可避免地体现在我国的农业领域。通过双方直接的竞争交锋，我们更加清晰地认识到粮食安全的关键性，认识到了当前中国农业发展的短板。

1. 粮食安全

粮食安全的目标为确保所有人在任何时间既能买得到又能买得起所需要的基本食品。而我国作为拥有庞大人口的国家，想要保障高质量的粮食安全，更需要大力发展本国的农业生产能力和生产水平，而不能过度依赖进口粮食。

中国是一个传统的农业大国，人民群众普遍认为我国的粮食、食品基本能实现自给自足。而中美贸易战将人民的视线引致农产品的进口后，大家才有所发觉，为保障粮食安全，农业生产力、生产水平仍有待提高的问题已经十分紧迫了。

2. 产业转型、新型农业有待发展

中国人的饭桌上越来越丰富，如今的果蔬、肉类、豆制品、奶制品等各类食品应有尽有。新时代，人们生活水平普遍提高，对农业产品的需求日益多元化。因此，传统农业已无法完全满足人们的生活需求。与此同时，随着全球对生态环保的重视，我们也逐渐发现传统农业对生态环境不可逆的破坏，如农药化肥过度使用对土壤、水质的破坏，资源利用效率的局限性等。

农业需要转型，农业格局需要进行改善。应大力发展生态农业、绿色农业，并结合数字技术发展新型农业产业，将其成功经验从试点辐射全国。

3. 对外贸易困境

农业生产技术、能力在我国大部分地区仍处于相对落后的阶段，难以大批量生产高质量的精品农产品，在全球市场中无法夺取优势。同时，由于相关产业链的不完善，如用于农产品长途运输的冷链物流技术并未得到普遍运用，更无法满足对外贸易的运输需求，造成我国农产品在对外市场上停滞不前。

（二）农村

农村是农民的聚集地，同时也是临于农业耕地的集群地。可以说，"三农"问题直接影响了农民的积极性与农业生产的效率。同时，农村也具有更多的发展可能性与发展潜力。

1. 生态环境

农村的环境管理由于风土人情、生活习俗等的限制，相对松散且临近农田，环境较乱。除农村生活用地的环境整治，还有农业基础设施建设的不完善等问题。村容村貌有待整治，农村人口的社会保障也需要进一步加强。

2. 建设人才缺失

由于农村与城市的发展落差，农村人口向城市倾斜，造成农村的空心化，如大山里的孩子以"走出大山"为奋斗目标，农村培养出来的具有高知识水平的人才最终会走向城市，致使形成城市人才饱和，而农村却缺少人才的境况。农村的壮年劳动力进城务工导致农村建设发展缺乏可任用的人才。

（三）农民

农民是传统农业发展的主要劳动力，农民问题也代表着中国社会的一个普遍群体的民生问题。

1. 劳动力匮乏

城镇的发展更迅速，收入水平更高。由于生活水平、收入差距等因素趋势，农村的壮年劳动力多进城务工，导致农村劳动力缺失，造成农村建设发展可任用人员的匮乏的情况。

2. 教育资源有待提升

由于农村的小范围聚集和大范围分散，缺乏教师的情况仍然存在，且各生产组的学龄儿童人数并不足以办立义务教育的学校，因而有条件的家庭为了使子女有更好的教育环境会选择进入城镇学习，真正便利化及教育环境的优化。在落后偏远的农村，一些条件较差的家庭，村民不重视知识学习，他们让自己的子女完成义务学习，毕业后他们亦多进城打工。

因此，普及教育重要性及改善村民的观念还是一个根本性问题。

3. 收入差距大，积极性低

纵使城镇与农村的消费水平不同，城镇消费水平约为农村消费水平的 2 倍，但从人均可支配收入来看，城镇人均可支配收入约为农村人均可支配收入的 2.5 倍（见表 2）。表 2 中的数据在一定程度上反映了城镇和农村的收入差距，而城乡的收入差距会影响农民投入农业生产的积极性。

表 2　城镇居民和农村居民的收入比较

指标	2021 年	2020 年	2019 年	2018 年	2017 年	2016 年
城镇居民人均可支配收入（元）	47412	43834	42359	39251	36396	33616
农村居民人均可支配收入（元）	18931	17131	16021	14617	13432	12363

数据来源：根据《中国统计年鉴（2022）》得到相关数据。

三、优化路径

将乡村振兴与"三农"问题的解决工作相结合能共同推进"三农"问题的解决。工业化、城市化、市场化和农业农村现代化的互促互进，是解决"三农"问题的方针。应运用具体问题具体分析的方法，根据不同地区的实际情况，重点保障国家的粮食安全、农业发展的竞争力及农村生态环境的治理问题。

（一）完整和延伸产业链条

从种苗的培育、栽培到食品加工和中间的运输物流等环节，将科技技术转化为实际应用。运用现代传播技术和传播平台，进行大范围的宣传，也可促进滞销产品的市场流动。以农业及农村的资源为依托，融合第一、二、三产业，进行产业融合，实现产业链的增值收益。

（二）用科技手段加速农业现代化

加速推进科研成果向现实生产力的转化。最基础的是要推进农业生产的机械化，有针对性地运用机械化作业，进行大面积的高效生产。在实践过程中不仅是将机械化运用于拥有极大面积的土地承包商或集团耕作，而且要将机械化普及至家庭承包的耕作个体。

同时也要将大数据云计算、物联网等技术与农业运作实体相结合，运用新技术、新能源，致力于建设可持续的绿色农业体系。

（三）发展农村旅游业等

利用农村生态特色，发展农村旅游业，可以为更多的人提供就业岗位，提高其收入水平。同时也能一定程度上改善村容、村貌，提升当地居民的生活质量，从而有效吸引外出务工的劳动力回流。

（四）普及推进大学生返乡

借助鼓励政策的推动，实现建设人才的回流，推动更多的社会资源、人力资源向农村汇聚，促进农村发展，有利于实现其良性循环。

改革开放与我国农村居民生活变革的口述史研究

郝茉含[*]

摘　要：改革开放以来，我国农村不断发展进步，农村居民的生活发生了翻天覆地的变化。本文采用了采访与口述的方式，以农民和教师为例，通过对两位新中国成立初期出生、亲身经历改革开放的农村老人进行采访，从中管窥他们生活的变革状况。

关键词：改革开放；"三农"问题；生活变革；口述史

口述史是存留于人们脑海中有价值的历史信息，将被采访人的个人记忆转化为社会记忆，成为文明传承与历史研究的宝贵资源。改革开放是中国人民和中华民族发展史上的一次伟大革命。因此，笔者通过访谈老一辈人对改革开放的记忆研究改革开放给人民生活带来的改变。

一、访谈对象介绍

王玉山，河南郑州人，1949 年出生，党员，1978 年退伍后做农民。

高葡萄，河南洛阳人，1949 年出生，小学语文教师。

第一次采访时间：2022 年 4 月 23 日；第二次采访时间：2022 年 4 月 24 日。

二、第一次采访

采访者：您是怎么知道改革开放这一政策的？

---

[*] 郝茉含，四川大学艺术学院。

王玉山：当年有收音机，后来出现了电视机。那时不是很清楚这件事，20世纪80年代才从电视机里了解到了这些事情，而且政策是逐渐落实的。当年电视机还是一个稀罕物，一个村里往往只有一台。

1958年，我国生产出第一台黑白电视机。1970年生产出第一台彩色电视机。1977年，我国电视机年产量20万台，到1987年，短短十年我国已成为世界最大的电视机生产国。20世纪70年代，电视机多数为单位所有，20世纪80年代电视机开始逐步走入家庭，虽然当时技术落后、电视频道也较少。

采访者：有没有了解为什么实施这个政策？

王玉山：没怎么了解过，但是当时生活确实变得更好了。既然对我们有好处，上面说什么我们就跟着干什么就对了。

采访者：当时村子里都发生了什么落实政策的事情？

王玉山：当时好像没发生太多事。就是20世纪80年代以后分地了，个人种个人的地。然后也允许我们发展副业了。

采访者：当时您是从军还是务农？

王玉山：当时已经退伍了，1978年我就退伍了，正好改革开放的时候就开始务农了。

在改革开放以前，中国农业以低水平养殖为主，养殖产品种类有限，加工程度也不高，难以解决人民群众的基本温饱问题，更谈不上人民群众饮食的种类丰富、营养均衡。我国于1988年由农业部提出"菜篮子"工程，初步建立了一批农牧业养殖、生产、加工基地。在保障人民基本温饱的同时，也逐渐解决了市场生活供应单一和供应不足等问题，如今已经有多种丰富的产品可以供人民群众挑选。

采访者：退伍那年，军队里面有什么变化吗？

王玉山：我退伍的时候，军队里没啥变化。但当时又开始考大学了。当时军营附近村里的有些村民会问我们问题。

采访者：务农的话，当时政策上有什么改变？

王玉山：就是把地分给个人种了，没什么变化。当时就开荒之后，允许发展副业了。

采访者：改变之后，农民的收成增加怎么样，有没有给农民带来幸福？

王玉山：收成基本上稍微增加了一些，但当时技术水平较落后，不会增加很多。现在可不一样了，都是大机器生产，产量增加了不少。

采访者：对改革开放的落实您有什么看法？

王玉山：挺好的。咱老百姓的生活越来越好了，以前可从来没想到生活会是现在这个样子。

我国家庭联产承包责任制首先在安徽省滁州市凤阳县小岗村展开。随后1980年9月27日，中共中央在北京召开了各省、市、自治区党委第一书记座谈会，专题讨论加强和完善农业生产责任制问题，得出了以下结论：实行包产到户是联系群众，发展生产，解决温饱问题的一种必要的措施。在生产队领导下实行的包产到户是依存于社会主义经济，而不会脱离社会主义轨道的，没有什么复辟资本主义的危险，因而并不可怕。由此，家庭联产承包责任制在全国广泛展开，分田包产到户、自负盈亏的方式使得当时农民的生产积极性得到大幅提高，农村生产进入了一个新阶段。

三、第二次采访

采访者：您是怎么知道改革开放这一政策的？

高葡萄：我当时也没看过电视，我是政策落实的时候才知道这件事的。比如说，在学校的时候，有的老师也会讲一点，我就知道了些。后来村里分田给个人了，我也就知道了。

采访者：有没有了解过为什么会实施这个政策？

高葡萄：不了解。那个时候的人思想单纯，领导说什么就是什么。领导让干什么，我们就干什么。

采访者：当时村子里都发生了什么落实政策的事情？

高葡萄：在教学上，老师开始领着学生做活动，如勤工俭学。当时老师带着学生捡棉花、捡羊屎，然后捡回来卖能挣点钱。

采访者：当时学校有组织学生了解改革开放的相关政策吗？

高葡萄：我现在只能想起参加了各项活动，领着学生参观康百万庄园，到烈士陵园，参加勤工俭学等活动，也挺多事的。

采访者：学校里有没有发生规章制度方面的变化？

高葡萄：原来商量事情是一个学校开会。20世纪80年代就开始分成调研组，分组开会，和现在很像，但有优化，不像以前那么麻烦了。

采访者：改革开放给农村教育带来了什么？

高葡萄：改革开放给农村教育带来的好处不少。20世纪80年代开始九年义务教育都不交学费了。原来交学费的时候，很多人都不上学，上学的也随时都有可能不上学了，家里也不重视他们的教育问题。后来普及九年义务教育，好多人有上学的机会了，条件不是特别困难的也能上学了。现在的教育，学生不仅有学习任务，还参加各种活动，学生的知识面也广了，学生的见识也多了，但他们不吃苦了，也不珍惜学习机会好好学习。我们那个时候走很远的路去上学，现在的学生参加各种各样补习班，家长开销很大。

1985 年在《中共中央关于教育体制改革的决定》中首次提出实施九年义务教育。1986 年颁布实施《中华人民共和国义务教育法》。按照法律规定，我国各地区统一实行义务教育，国家对教育的投入成本大大提高，给无法上学、没有经济基础上学的适龄儿童、青少年一个读书和改变命运的机会。这也是给许多农民家庭对未来的一个期盼，而这一政策的实施为国家在这一时期培养了大量人才，这不仅推动了国家的发展，也大大提高了人民的素养。由于义务教育的相关政策，许多人的命运因此发生改变，整个国家也形成了尊重知识、尊重人才的风气。这一时期的教育和文化都有了极大的发展。农村也因此在文化和教育上都有了一定进步。

采访者：您对改革开放的落实有什么看法？

高葡萄：大趋势是好的。像我只是一名小学老师，知识水平一般，都过得很满意，生活也越来越好。我有退休金，像那些没有退休金的老人，现在国家都给养老保险的，也是很满意的。

采访者：那么，当年改革开放期间，有没有什么记忆深刻的事情？

高葡萄：有，当年一放假，校长就带着我们去旅游，北京、南京、西安，去了很多大城市呢。搭车去，走着看。坐那种绿皮火车、坐船，从南京到上海坐轮船，开阔眼界。坐车、看景点都是学校出资，吃饭的话我们都是去的时候背一袋子馍，或在目的地稍微买一点。

四、访谈总结

以邓小平同志为核心的党中央针对当时国内的现实情况进行了客观分析，在党的十一届三中全会上，冲破"左"倾错误的影响和两个凡是的方针，确定把发展重心转移到经济建设上来。从此以后，我们确立了正确的发展路线，改革开放就这样拉开了大幕。

中国的改革从农村开始，农村的改革经验和成果为城市的改革发展提供了经验和基础。在农村，从安徽省滁州市凤阳县小岗村开始，我国实行家庭联产承包责任制，分田包产到户、自负盈亏，建立和完善以家庭承包经营为基础、统分结合的双层经营体制，夯实党的农村政策基石。在这些政策的基础上，农民生产积极性得到了大幅提高，粮食产量也极大地提高了。农业税等税务的取消也使中国农业、农村发展走上一条崭新的道路。随着家庭联产承包责任制的普遍推行，1983年中央决定撤销国家政权在农村的基层单位人民公社，建立乡、镇政府；撤销作为行政机构的生产大队，建立村民委员会以促进农村经济的发展。

同时，由于解放思想，正确认识到了经济发展中的问题，我国开始大胆向外学习吸收借鉴。随后，我国建立了社会主义市场经济体制。邓小平的南方谈话和党的十四大成为我国社会主义改革开放和现代化建设进入新阶段的标志，如今我国不仅解决了温饱问题，而且已全面建成小康社会，并朝着新目标迈进。

改革开放的同时，我国逐步恢复教育，提出了科教兴国战略。1985年之前教育的主要工作是恢复和重建，自1986年《中华人民共和国义务教育法》颁布实施后，国家开始实行九年义务教育制度。从法律上规定了适龄儿童受教育的权利。在二十世纪末，我国已经基本普及了九年义务教育。它实实在在改变了许多人的命运。

农地三权分置的法律保障

朱尤琛[*]

摘　要：2014 年，我国实行农地三权分置土地制度改革，使农户拥有自主选择权，这既增加了农户的收入，又提升了农业生产效率，与市场经济接轨的同时，又兼顾对农户的保障，是深化农村改革的重大制度创新。2018 年农地三权分置上升到法律高度，为承包农户和经营主体的权益提供了法治保障，有利于解决"三农"问题。

关键词：三权分置；改革开放；法治保障

一、农地三权分置出台的背景

改革开放后，中国处于一个风云变幻的时代。随着中国经济发展，城市化进程加快，将农民土地权利和农民身份捆绑的两权分置制度难以适应农村现实和经济社会发展的需要。几十年来，中国的农村已发生了巨大的变化，大多数人正走向城镇。他们的故乡正在逐渐消失，传统的耕读文明再难寻觅。青壮年从农村出走，老一辈农民正逐渐逝去。但土地在流动：大量的农田从农耕用地变成了非农用地（大部分变成建设用地），承包地的经营也十分粗放。热爱土地的农民终于愿意放下承包地，但问题也随之而来：搬到城市的农民的土地该如何处理？他们进入城市后留下的土地由谁来耕种，又要以何种形式进行经营？

承包农户在进入城市从事第二、三产业时，可能很久没有耕作其在农村的土地。转让给本村的村民耕作可能出价太低，这就需要体现土地作为财产性资产的属性。但同时我们生活在一个风险社会中，当他有一天在城市无法立足，回到农村时也需要一块可供耕种以维持生存的土地，土地是农民的命根子，在体现土地财产性资产属性的同时还要保证农户对土地持续的享有，否则他就没

---

* 朱尤琛，四川大学法学院。

有了立锥之地。历史经验也告诉我们，不能让农民失去土地，只要还有一个宅基地，有一个承包地，那么生活的希望就还在，倘若任凭其将承包地转让、抵押，失地之后他就失去了生活的保障，也就容易走向极端。

经营主体则寻求稳定经营预期以保护其投资。一方面，现有的土地承包经营权的流转限制了农地权利财产价值的实现，很多农户土地过剩，同时导致很多经营主体生产力过剩，农地做不到市场化配置，各项生产要素没有得到很好的配置，活力也就不能被激发。特别是家庭联产承包责任制下，农户的土地较为分散，很难做到集约化经营，农业生产的效率较低；另一方面，农地实际经营者的权利得不到法律保障，其内心并不确信是否应当在一块不属于自己的地上加大生产投入。因此，对农地权利进行新的分配以突破体制上的困局有其迫切性和必要性。

"三农"问题是关系国计民生的根本性问题。如何实现农地流转，提高农地配置的效率的同时又不能让农民失去土地，是一道难题。于是农地三权分置这一政策便应运而生。由于其模式需要经验与探索，因此带有一定的模糊性，三权分置在全国多地开展试点，便可以观察试点中的问题并及时调整。当然，最后其目标的实现还有赖于三权分置的法治化，农地立法必须精确，经过长达四年试点和众多学者热烈讨论后该立法终于确立。

二、农地三权分置的规范解释

三权分置是土地所有权、承包经营权和土地经营权分置并行的农用地的流转制度。

在农村，土地的所有权任何时候都归集体经济组织所有。《农村土地承包法》第四条就体现了这一点。这深刻地体现了我国的国家性质，在我国土地只能归国家或集体所有。问题在于，既然所有权都是公有的，那么经济活动中的私人主体如何利用土地？这就需要在集体所有的土地上设立一个用益物权——土地承包经营权。

土地承包经营权是集体经济组织赋予本集体经济组织农户的一项权利。农村集体经济组织作为发包方与农户签订承包合同，农户便取得了对农用地的承包经营权。原则上这种发包具有无偿分配性。土地承包经营权虽然规定了期限，如耕地的期限为三十年，但是到期后将进入下一轮承包周期。自动续期并保持长久不变体现了所有权具有永久持续性，其派生的用益物权也具有一种稳定性，同时这是稳定土地承包关系的制度化。承包经营权可以出让，但无论如何流转，集体土地的承包经营权都只能属于本集体经济组织农户。《农村土地承包法》第九条对这一点也加以了确认。

农户又作为集体经济组织中的个人享有对承包地的承包经营权，具有财产价值。三权分置改革增加了土地经营权，实际上也就赋予了享有承包经营权的农户多种选择。农户可以选择自行耕种农地，也可以通过设定和转让土地经营权来实现承包地作为一种财产性资产的价值。农户的承包经营权实际上给农户带来了土地经营权流转的收益，经营主体也可以得到经营的土地，提高了土地利用的效率。值得注意的是，由于承包经营权承载着保障农户基本生存的功能，因此不能让农户失去对土地的承包经营权，但同时又让农户从土地承包经营权中切实得到了收益，三权分置的巧妙便体现于此，也展现了立法者的智慧。

土地经营权是一般经营主体与享有承包经营权的农户签订流转合同而取得的一项权利。一般经营主体不是农村集体经济组织的成员，不能让其取得承包权，否则农户便有失地的风险，但是为促进农地的利用，增加农户的财产性收入，一般经营主体可以取得土地的经营权，自主开展农业生产经营并取得收益。土地经营权主体没有身份限制，各种类型的经营主体均可取得土地经营权。土地经营权流转方式多样，承包方可以自主决定。《农村土地承包法》第九条和第十七条都说明土地经营权可以再次流转。由此我们可以看见，土地经营权是一种财产权，可以根据当事人的意愿自治进行买卖、流通，实现其效率的最大配置，这体现了市场经济与民法的一般原理。

三、农地三权分置的法律保障及其制度意蕴

《农村土地承包法》第五条说明了农户稳健地享有土地承包经营权，不被剥夺和限制。土地是农民的根，因此一定要守住底线，不能让农户失地。

《民法典》第三百四十条规定土地经营权人可以自主开展农业生产经营并取得收益。农地也就更加有效地利用，可谓一举多得。同时《民法典》第三百四十一条和《农村土地承包法》第四十一条规定了五年以上的土地经营权的登记对抗。这就赋予了土地经营权物权的效力，登记之后便可以对抗善意第三人，保护了买受人（经营主体）的交易安全，更好地保障了经营主体对农地的稳定利用。同时，《农村土地承包法》第四十三条规定经营主体可以用多种方式利用农用地。这就给经营主体吃下了一颗定心丸，其对经营农地的改善得到了法律的保护，从而促进了农业生产效率的提升。经营主体得到了土地实际的

经营权，这也为经营主体开展农业适度规模经营提供了法律支持。

　　土地承包经营权与经营权的分离就是土地承包经营面对日益迫切的现实需求和人地分离的现实困境所需要的。我们必须从关注权利的所有转向关注权利的利用，而市场在促进资源配置和利用中发挥着决定性作用，农业供给侧结构性改革也要求我们有一套农民自愿、产权清晰的流转制度，立法者巧妙地在土地物权制度上安排了可供自由交易的土地经营权，将土地经营权放活了。在土地承包权不受损害的前提下，土地承包经营权人可以根据自身的特定情况来决定是自己经营土地还是将土地经营权出让，这样土地承包经营权才可能真正活跃起来。这样的制度创新体现了立法者高度的智慧。农地三权分置不但保障了农民拥有更多的财产性收入，而且还促进了农业集约化、规模化、机械化经营。随着农村市场经济的推进，市场化的推进可以缩小城乡差距，尽可能地让农民集体经济融入全国大市场，减少城乡二元体制带来的问题，从而为我国解决"三农"问题提供可行路径。

　　那些先辈们的光辉成就我们无缘见证，但"一切历史都是当代史"，身处改革开放历史其中的我们看见了农地三权分置这一创制。农地三权分置是对国家改革农地制度的成果的法律确认，具有划时代的意义。

新时代农村中小学教育问题

卢正帅*

摘　要：改革开放后随着中国经济的腾飞，地域与地域之间、城市与农村之间、产业与产业之间的发展差距逐渐扩大。农村在改革开放后所享有的时代红利远远逊于城市，以家庭联产承包责任制为核心的农村生产方式解放了生产力，带动了农村经济发展，但是在收入、教育、医疗等很多方面，农村地区整体发展不够完善，城乡差距日益扩大，发展现状不能满足人民日益增长的需要。农村教育就是其中备受瞩目的一个方面，良好的教育是提升人民综合素质，培养人才，促进国家和社会长期稳定发展的必要前提，而如今普遍存在着农村教育资源不足、教育环境差、教育方法落后和教育意识薄弱的问题，为提高农村教育质量，妥善安置"三农"问题，缩小城乡差距，促进农村乃至整个社会的发展，关注和改善农村教育刻不容缓。

关键词："三农"问题；城乡差距；教育质量；农村人才引进；社会发展

一、在当今时代背景下农村教育的重要意义

我国目前的历史阶段是实现民族复兴和社会主义现代化建设的承上启下的重要阶段。向前看，改革开放四十多年来，中国取得了举世瞩目的成就，完成了众多前人未竟的功业：其中经济方面，1978 年中国 GDP 只有 3679 亿元，2022 年达到 1210207 亿元，增加了 328.9 倍①；文化生活方面，中国人民的精神面貌发生了巨大的改变，向着现代化、国际化靠拢，并产生了众多让世界倾倒的文化产品；在公民生活条件改善方面更是如此，交通、医疗、教育基础设施设备的大量建设极大地改善了居民生活条件。在 2020 年绝对贫困被消除，中国进入全面小康社会，人民生活发生了翻天覆地的变化。向后看，中国人民

---

　* 卢正帅，四川大学法学院。
　① 根据《中国统计年鉴（2022 年）》数据所得。

正在为实现中华民族伟大复兴、建设社会主义现代化强国而准备。

2019 年至 2022 年，新冠病毒感染疫情严重影响了世界各国的经济发展和正常的国际联系，全球经济整体呈下行的态势，各国之间矛盾摩擦不断，经济制裁、政治孤立、恐怖袭击、局部战争仍在不断发生，霸权主义、强权政治仍然在影响社会和平，在和平与动荡的背后，全球势力格局正在逐渐产生变化。而国内经济发展的同时，一些矛盾和问题也在逐渐显现，逐渐进入了人口老龄化阶段，难以满足人民的物质文化需要及精神文化需要。

教育是立国之本，强国之要，是培养人才，促进社会产业转型升级，提升经济发展活力的必然要求。在城乡差距拉大、农村经济发展水平较低的情况下，教育更是实现乡村振兴的关键，是促进乡村长期稳定发展的关键。

二、我国目前农村教育主要问题

教育是农村振兴之关键，可农村教育现状却不容乐观，存在诸多问题。农村发展落后，其所拥有的教育资源相较于城市来说过少，地区重点高中、国家重点大学中，农村学生所占的比例逐渐减少，尤其是中西部偏远地区，教育现状更是不容乐观。下面将集中分析我国农村教育存在的主要问题。

（一）农村教育师资力量弱

东北师范大学中国农村教育发展研究院根据综合利用国家统计数据及全国 19 个省份调研数据，发表了《中国农村教育发展报告 2019》，从中能发现一些农村教育存在的问题。根据调研报告可以得知，在 2017 年，全国各地区中小学教育点（含教学点），乡村教学点数目存在下降的现象。2017 年，在乡村地区中小学教师相当比例低于国家标准，并且，在乡村中小学从事教育工作的教师晋升"二级、一级、特级"教师年限均显著高于县镇教师。

其中，在中小学生的通识教育、美学教育、体育教育等方面，一些较为落后的农村，往往存在着一位教师一人身兼数职的情况，存在一位教师既担任主科教师，又担任音乐教师和体育教师的现象，而且大多兼任的教师并没有相应的教育经历，其对应学科的教学水平不足以满足学生对通识教育、美学教育等方面的需要。而且兼任其他学科会加大教师的工作量，加大教师的工作压力，反过来又会形成吸引优秀教师进入乡村中小学工作的阻力，形成恶性循环。

由此可见，乡村教师行业吸引力不足，晋升和发展前景较差，并且教学点普遍不足，综合教育资源相对薄弱。

（二）乡村中小学管理水平不高

在中国相当数量的农村小学中，校长等管理者管理观念较为落后，管理水平普遍不高。一些学校照搬其他发达地区学校的管理方式，却罔顾学校发展水平和地区经济水平的差异，如一些学校照搬"衡水模式"，每天军事化管理造成学生学习积极性下降、教育成绩变差等。学校管理方式因人而异、缺少客观规则，形式主义横行。一些学校食堂被外包给商业机构用于盈利，餐品卫生条件难以保障，菜品营养和风味良莠不齐，难以保证正处在发育时期的学生对用餐的营养要求。学校教育水平较低还体现为学生在小学、初中时期打架斗殴、翘课停学、拉帮结派等现象，学校对于这种现象无力管理，最终导致教育效果变差。

而较低的学校管理水平同时也意味着对教师的培养、管理、激励等机制落后乃至失灵，缺乏对于教师行为的限制，难以保证教育教学质量。缺乏对乡村教师的培养和奖惩机制，使乡村中小学教师缺乏工作积极性和工作创造力，并且乡村教师未来能力发展的前景预期较差，难以期待短期内乡村教师的能力会有很大提升及乡村教育水平会有很大改善。

（三）农村教育经费不足

根据国家相关部门统计，关于农村地区中小学生教育经费投入，我国农村中小学生年人均投入平均仅有28元，在中西部一些地区的贫困县甚至低于20元或更低。我国教育经费地域之间差距极大，集中体现在东西部教育经费投入方面，我国财政对农村教育经费的投入东中西部差距非常巨大，西部很多地区政府财政收入较低，国家的经费倾斜又很难补足，在经费的投入不足等情况下，很多西部地区的中小学校缺乏足够的资金用于改善其教育水平，不能满足改善农村教育的要求，也不利于乡村振兴。

（四）教育观念落后，留守儿童过多等

改革开放以来，随着经济社会的快速发展，部分农村人民的思想观念没有跟上时代和社会的发展。而且由于各地区发展的不平衡和不充分，新的思想观念在这些地区没能占据主导地位，还有一些其他现实和文化原因导致很多人不能认识到教育的重要性，或者即使有所认识也认识不足，仍然抱有"学习无用论"的观点，认为不如让学生早些进入社会打工以补贴家计。这种故步自封的思想观念很明显会成为农村教育发展的阻力。

目前我国农村留守儿童呈持续增长的态势。甚至在一些经济发展比较落后的农村劳动力输出大省，农村留守儿童在当地儿童总数中所占比例已甚高。这些留守儿童是因城乡经济发展不协调、地区发展不均衡而产生的社会群体。由于父母多外出务工，与爷爷奶奶生活在一起，缺乏父母的陪伴及沟通，缺乏对教育的重视，甚至对上学时期被管教产生了抵触的心理。这一庞大的群体是需要整个社会予以关注和重视的，对于他们的教育也是提升整个中国农村教育水平的重点。

三、对于当今农村教育问题的改进对策

（一）提高农村中小学义务教育的经费投入

由前文可知，中小学普遍存在资金短缺的问题，而教育在这种前提条件下是很难发展进步的。我国农村教育无论是师资力量的提升还是学校基础设施的改进，都需要大量经费支持。首先应当加大当地政府对于教育的资金投入力度，提高教育经费的投入在政府财政支出中的占比，进而补足地方中小学发展所需要的资金。目前存在的问题是部分偏远、发展落后的地区，地方政府财政不足以支持地方中小学教育所需要的资金，为了应对这种问题，应当对一些相对贫困的区县中小学给予一定程度上的政策支持，以平衡东西部教育资金的分配，从而缩小东西部教育资金投入的差距。从国家层面来讲，应充分贯彻落实十八大关于教育公平的相关结论，资金投入要向农村教育倾斜，投入的角度主要有基础设施建设，教师待遇和教学环境的改善，提升小学教育的经费补助等。从各级政府层面来讲，应该将管辖区的教育经费充分使用，不得挪作他用，严厉打击各类挪用、占用教育经费的行为，将教育经费的使用落到实处。

（二）吸引高素质人才投入

人才是改善农村教育水平的关键，非人才不足以成大业，非人才不足以振乡村。而实现人才投身乡村教育岗位的关键就是改善农村中小学教师的福利待遇、生活条件、薪资收入和未来发展前景。通过切实的报酬和福利政策，让他们感知党和国家对于其所从事的农村教育事业的重视，对于乡村教师的重视，提高其工作参与感和工作积极性。

应切实保障乡村教师的基本生活需要，如建立专门的教师宿舍，提供住房和购车补贴，建立教师食堂等，并以此提高教师生活工作幸福感。在保障其基

本生活需要的前提条件下，应当逐步提高乡村教师的福利待遇和薪资水平，让乡村教师"劳有所得"，通过工资收入奖励机制鼓励提高其教学质量，进而改善乡村教育现状。还应当关注乡村教师未来发展前景，如在评"特级教师"等职称时应有所优待，避免乡村教师发展前景过差等情况。

此外，应经常性地对在职乡村教师进行培训、考核，保证其教学专业性和积极性，避免出现乡村教师"入职即躺平"的现象，开展教师之间的教学成绩竞争，并以此为依据进行评奖、评优等。

目前存在的支教政策和公费师范生乡村从业政策都是人才输入乡村教育振兴之典范。未来应当扩大和丰富此类政策，如大学生支教将获得工作优惠或求学优惠等，从而缓解乡村教育人才不足的现状。

（三）改善农村教学管理体制

为避免教育管理体制僵化，应切实反对形式主义，根据地区经济文化特点"因地制宜"管理学校。学校应有学生和家长监督、举报的渠道，反对官僚主义荼毒乡村中小学教育，应设立专门的校内监督机构，并保障中小学监督举报热线畅通，创建一个自由、民主的校园；应创新管理体制，防止生搬硬套，防止唯分数论等，基于乡村学生多样化为其打造发展空间。

（四）改善农村人民教育观念

通过文化体育活动加强宣传，刷新农村地区人民群众的教育观念，在人民心中播下教育的种子。

对于留守儿童的问题，应当关爱留守儿童，留意其诉求，让留守儿童健康成长。学校应健全关爱儿童机制，创建多主体联合关爱留守儿童体系，家庭、学校、社会共同发力。与此同时应保证父母作为监护人切实履行好法律监督责任，增加对留守儿童的关爱和监护。还应当加强文化体育设施和乡村福利建设，根据地方具体状况，建设儿童学习、玩乐和休闲场所，如整合资源，设立农村少年宫、农村农家书屋、农村公园等场所，为留守儿童设立心理辅导场所，改善其生活现状。

教育是提高人民能力和素质、促进人的全面发展的重要途径，教育兴盛则国家兴盛，教育进步则社会进步。教育是社会主义建设的基石，是对中华民族伟大复兴具有建设性意义的。

教育决定着社会的今天，也决定着社会的未来。我国是一个农村面积广大、农村人口众多的国家，而目前农村教育存在的诸多问题制约了农村发展，也制约了"三农"问题的改善和乡村振兴。所以国家、社会应当将目光更多地放在农村教育方面，切实分析其现状并力求解决相关问题。

谨以此文，希望可以为农村教育的改善起到一些作用。

我国农民收入增长的原因分析及前景展望

鲁星垚[*]

摘　要：农村经济是我国经济改革发展的起点也是基点，在党中央的高度重视关注下，随着乡村振兴战略和"三农"问题的不断推进，近年来我国农民收入呈现相对乐观的发展态势，推动促成着农村经济的发展。本文将从农民收入现状、农民收入构成的不同方面对农民收入增长问题的主要原因进行简析，寻找其关键点和突破口，展望农村经济发展的前景，寻求其发展方向。

关键词：农民收入；农村经济；乡村振兴；"三农"问题；乡镇企业

一、农村经济发展背景

改革开放后，我国农村经济在政策扶持和自身发挥下获得了较大程度的发展，就农民收入层面而言，农民收入按来源分为工资性收入、经营性收入、财产性收入和转移性收入四类，从改革开放至今，农民收入经过了"超常规增长—增长缓慢—增长停滞—增长回升—增长持续下降—增长恢复—十四连增"的阶段，且四十余年来工资性收入稳定增长并逐步取代经营性收入成为拉动农民增收的最大动力。由此得出结论，农民收入增长过程有一定波折，但总体上实现了高速度的增长，并走向收入结构性改革和优化。

而当前，我国经济发展已经步入新阶段，城乡经济进入高速发展的阶段，由此带来的是经济的结构性矛盾及经济发展的不平衡与不充分。这样的结论也适用于有关农村经济和农民收入的讨论，主要体现在农民收入来源的分布和农民收入的分配不均、城乡居民收入差距大等方面。这些问题对农村经济的后续发展产生了不利影响，可能成为农村经济发展后劲不足的因素。因此，以建设城乡一体化格局为目标，坚持对农村经济发展的重视，落实"三农"问题具体解决措施，是进一步促进农村经济发展、提高农村居民收入水平的必由之路。

---

　* 鲁星垚，四川大学艺术学院。

二、农民收入增长的主要原因

（一）农村体制机制改革

改革开放后农村体制机制改革以家庭联产承包责任制为起点，1978—1984年间，家庭联产承包责任制改革对农业产出增长的贡献十分巨大。这个根本性改革解放和发展了农村生产力，带来了农村经济和社会发展的历史性变化，提高了农民收入和民生水平。

改革开放后党中央对于深化农村体制机制改革持续给予高度重视，持续下达中央一号文件对"三农"问题的相关指示、颁布政策，如农业补贴、税费改革等，不断加大在农业上的投入，调整农业结构，着眼于供给侧改革，扶持农业持续性发展，实现农民增收。

自 2018 年起，中央文件持续关注农地三权分置问题，将其作为乡村振兴的重要内容，致力于放活经营权，赋予经营权应有的法律地位和权能。形成所有权、承包权、经营权三权分置，以达到提高农村土地的经营效率的目的，真正实现农村土地的经济效益和社会效益，为农村、农民创造更多的收益。

（二）乡镇企业的发展与农村现代化

农村地区乡镇企业的发展从多方面促进了农民增收。其一，乡镇企业的建设为农村剩余劳动力提供了就业机会，同时扩大了其生产规模。据统计，自 2006 年开始，农村就业人口加速向城镇转移，2016 年已累计减少了 9173 万人。转移就业扩大了农民的非农收入比例，同时增加了其工资性收入。其二，促进农业生产现代化，支持乡镇企业发展可以延长农产品生产的产业链，解决农村生产效率低的短板，对农产品进行更高效、更深层次的加工，将供给侧结构性改革深化落实到农村生产过程中，提高加工后农产品的质量和价值，在一定程度上增加农民的收入，尤其是经营性收入，最终更好地解决"三农"问题。

（三）发展农村金融服务

农村金融的发展体现在农村信用社、农村商业银行、农村小额贷款的发展上，银行贷款和民间贷款可以直接短时间内解决农民的经济困难，也可以为农民的农业经营提供起始资金和可流转资金，支持农民的投资生产，对农民的自身发展起一定程度的鼓励作用。我国农村信用社已基本实现全地区覆盖，同时有政策提出"积极发挥小额贷款公司等其他机构服务乡村振兴的有益补充作用"且小额贷款公司不应当与农村商业银行、农村信用社、村镇银行进行同质化竞争。这体现了国家对于农村贷款乃至农村金融运转的支持态度，能有效发挥农村金融的作用，为农民进行现代化规模化生产提供发展空间，让农民在农业生产经营中实现增收。

三、未来提高农民收入的方向性措施

由上文对农民收入的来源性分析及对农村经济的发展状况分析可知，当今农民收入整体趋势向好，但仍存在内部结构、差距、发展模式上的问题，距离实现乡村振兴、城乡一体化的目标尚有距离。针对问题可归纳出以下发展建议：

第一，均衡农民各类型收入。完善农村土地流转制度及各项产权制度，明确土地所有权和使用权的归属，有效利用、开发土地资源，挖掘农民财产性收入的发展潜力空间；同时加强政府财政对调节农民收入的作用，对政府针对农村的转移性支出适当进行调整和增补，进而对农民收入与农村进行调控，从民生保障的角度提升农民收入水平。

第二，推动城乡一体进程，发挥城市对乡村振兴的作用。利用城市工业化的发展将技术引进农村，推进农村职业技术教育，有利于实现农村生产的转型升级，节约人力成本，由劳动密集型生产转为技术导向型生产，深化供给侧结构性改革，推动农村第一、二、三产业的融合发展，从而进一步提高农民的经营性收入和工资性收入。

第三，国家进行合理的资源调配，因地制宜且合理分配生产要素，并制定扶持政策。尊重地方个体情况差异，提供不同方面、不同层级的扶助，做到资源分配体系向低收入农民群体的合理倾斜，引导农民从依靠社会保障扶助到自主创收的有机过渡，避免因政策层面的不足加剧资源分配不充足、不均衡的情况，对农村发展起到阻滞作用，从区域协调发展战略的层面最终实现农民收入均衡、平稳增长。

农村经济发展态势与我国整体经济进程实际上具有高度的重合性，农民群体的收入问题也是我国整体民生问题的具体体现。改革开放后，不论是中国国家经济还是农村经济都实现了跨越性的增长，并在产生问题、解决问题的过程中持续展现出生机勃勃的面貌。农村经济发展之路道阻且长，国家在促进农民增收、生活改善上的调整与努力，是对于"三农"问题和乡村振兴战略的深刻思考，是对于建设中国特色社会主义市场经济的积极回应，是在经济民生层面上对于建设社会主义现代化强国不可或缺的助力。

古井村关于利用民宿改善"三农"问题的报告

黄诗晋[*]

摘　要：在《国务院关于做好 2022 年全面推进乡村振兴重点工作的意见》中提到，党中央认为应推动经济社会平稳发展，必须着眼国家重大战略需要，稳住农业基本盘，接续全面推进乡村振兴，确保农业稳产增产、农民稳步增收、农村稳定安宁。基于上述情况，笔者决定去往地处偏远的一个彝族村——古井村探访村民的脱贫之路，感受乡村振兴为村民带来的巨大变化，探索乡村发展，收入增加的新方式。

关键词："三农"问题；收入增加；乡村振兴

一、古井村基本情况

古井村位于峨边彝族自治县东部，距县城 63 公里，距离乡政府所在地 12 公里，东邻黑竹沟镇依乌村，南界西河村，西连罗索依达河，北与黑竹沟景区相连。地处高山地带，平均海拔高度 1200 米，其中马里冷旧海拔高度为 1400 米。

近年来，峨边彝族自治县黑竹沟镇古井村依托其独特的区位和民族风情资源，发展乡村文化与旅游产业，统筹推进生态、文态、业态"三态合一"，打造具有彝俗风情的多彩古井，既保住了绿水青山，又实现了穷山沟蜕变成"看得见山、望得见水、留得住乡愁"的特色村庄，为绿水青山生态价值转变为金山银山经济价值寻找到一条现实路径。

---

* 黄诗晋，四川大学计算机学院。

图 1 调研团队

2018 年古井村成功获评"一村一品"乡村旅游品牌，2019 年入选第二批国家森林乡村名单，2020 年被评为全省"十大最亮眼村居"，2021 年被评为四川省首批省级乡村文化振兴样板村镇。

由于古井村山高路远、交通不便、基础设施落后，贫困曾深深困扰着这里的人们。借着"绿水青山就是金山银山"的东风，古井村走出了一条独具特色、可持续发展的生态旅游扶贫之路。

自 2015 年以来，古井村实施彝家新寨建设，108 户红、黄、黑三色相间的新房子依山而建，与此同时，通村公路蜿蜒到家门口，全村实现路灯全覆盖，文化广场、体育馆等基础设施一应俱全，村容村貌焕然一新，村民的幸福感、获得感显著增强。

图 2 古井村村貌

二、采访古井村相关人员

（一）采访古井村书记

在脱贫以前，古井村书记谈到，村民土地被征收，还需要建房子，所以大多数人没有外出务工，主要收入来源是上山寻找药材或是挖竹笋，会有人专门收购。村民的收入很不稳定，运气好的时候收入能过万，运气不好的时候几乎没有收入。古井村没有耕地，无法进行大规模种地，脱贫攻坚主要依靠的是旅游产业，依托游客带动其收入增长。

在谈到村委会为扶贫攻坚所开展的工作时，古井村书记提到，村委会会带动大家进行脱贫思想建设，让村民从思想上认识到主动创造财富的重要性。同时村委会也会组织村民尤其是年轻人外出参加培训，感受峨眉山市或乐山市的民宿水平。文化上，村委会希望将古井村建设为一个具有彝族文化内涵的村落，利用彝族特有的服饰、语言、食物等文化元素向游客展示彝族风情。古井村书记还提及，在大凉山、小凉山的彝族地区，仅有峨边地区不庆祝火把节。

在发展旅游业的同时也会遇到很多困难，古井村书记说首要的问题就是最初村民没有预想发展民宿，所以自建房大多是按自己的居住标准而建设的，因此不便于后续民宿规模扩大。同时，最初许多村户不愿意开办民宿，都处于观望的状态。因此，政府会补助每家开办民宿的村户一万元，并对其提供了相应的支持，进而带动其他村户开办民宿。

2020年古井村已全部脱贫，那古井村是如何奋力开展乡村振兴的呢？古井村书记谈到，目前村子的发展还处于起步阶段，未来将继续围绕"农业稳产增产、农民稳步增收、农村稳定安宁"展开工作。首先，要解决交通问题，未来规划建设一条辅道；其次，要继续发展民宿，如加强管理、提高服务水平等。

在谈及2019—2022年的新冠病毒感染疫情时期是否对村民收入有影响时，古井村书记说在此期间，大家更青睐于省内旅游甚至是市内旅游，因此乐山市内来黑竹沟景区游玩的游客不减反增，对古井村的发展来说反而是一个很大的契机，2021年和2022年是村子民宿生意最火爆的两年。

（二）采访古井村民宿协会会长

2020年9月22日，在峨边彝族自治县文体旅局、黑竹沟管委会、自治县旅游发展中心的指导下，古井村民宿协会正式成立。古井村民宿协会的成立标志着峨边民宿的经营告别了"单打独斗"的局面，广大民宿将在县级相关行业部门的科学指导和民宿协会的有序组织下实现了规模化、规范化发展，开启了峨边民宿发展的新篇章。

古井村民宿借助古井村全市第一个彝族婚俗沉浸体验式实景演出、全县第一个民族文化舞台展演、全县第一个有组织经营民宿协会的历史机遇，全面加强民宿行业的内部管理，不断提升管理水平和服务质量，统一着装、挂牌经营、热情待客，为国内外游客提供舒适、舒心、舒畅的食宿环境，努力打造民族地区民宿发展典范。

"民宿带动经济发展，促进农民增收"是古井村在脱贫攻坚继而奋力在乡村振兴中走出来的特色道路。政府带头首批发展带动其余村民发展，并借由发展壮大之机成立古井村民宿协会，统一管理全村的事务，为乡村发展注入新的可能。为了调查古井村民宿发展的实际情况及古井村民宿协会的相关问题，笔者找到了古井村民宿协会副会长李里军体，对其进行采访。

民宿的发展给村子带来的变化是巨大的。正如李里军体所说，"变化太大了，无法描述，过去的生活很艰难，现在的生活是以前无法想象的"。村子民宿发展是政府精准扶贫的成果，政府组织人员对村民进行培训并提供相关物资及资金支持。李里军体说道："政府提供我们培训的机会我们已经很感激了，更何况还给每户参与培训的村民 50 元补贴，这个政策真的是太好了。"政府是真正地服务于人民，为群众谋幸福。笔者了解到政府组织的培训主要包括烹饪、礼仪、文明素质等方面，并出资让村民去峨眉山等民宿较发达的地方考察、参观。

古井村民宿协会也是由政府牵头创办的。古井村民宿协会会长等职位需要得到其他民宿成员的认可，民宿规模过大，大家一致认可组建协会来统一管理民宿，处理相关问题。古井村民宿协会成员由所有民宿成员公平投票选举。在谈到古井村民宿协会成立以前村子的发展状况时，李里军体用了一个"乱"字来形容。而古井村民宿协会成立以后，由于村民得到了统一管理，使得客流分配较均匀，村民之间收入差距缩小，同时约束了村民的行为，未曾出现不合理收费的现象。作为副会长的李里军体主要负责客人与民宿的纠纷问题。他的做法是在淡季时挨家挨户进行通知，若出现纠纷情况则不再允许此家开办民宿，因为这不仅影响的是一家的生意，更会影响整个村子的形象。而在客人与主人达成一致的情况下允许自行定价收费，但不允许不合理收费的情况。

在谈及曾经以及未来的发展困难时，李里军体讲述了他艰难的开办民宿之路。为了给游客们良好的民族风情体验，李里军体家最先开始带着游客们跳彝族舞蹈——达体舞。但"由于民族情况复杂，彝族受教育程度低，素质普遍不高，最初开始带着游客跳舞受到其他村民的嘲讽。且这个过程很累，需要教自家小孩也需要教游客"，但是李里军体仍然坚持了下来。最终，李里军体家的民宿成了村子中生意最好的一家民宿，同时带动了周围民宿发展。

（三）采访古井村村民

古井村从 2020 年全村脱贫进而实施发展乡村振兴战略以来，村貌得到了焕然一新的变化，带动村民人均旅游增收在 20000 元左右。村民收入不断增长，村民的幸福感不断增强。

古井村 2017 年先后被评为"市级四好村""省级四好村"；2018 年被评为"一村一品"乡村旅游示范村；2019 年被国家文旅部作为旅游扶贫典型案例刊发全国予以推广；2020 年被国家林业和草原局评为"国家森林乡村"；2021 年被评为"四川省十佳最亮眼村寨"。在乡村振兴的发展道路上，古井村交出的答卷成绩显然是卓越的，那作为政策受益者的村民有些什么真实感受呢？为此笔者及团队人员专门对古井村的村民进行了采访。

由于村民的受教育程度较低，在问到乡村振兴政策时，他们普遍的回答都是不太了解。但问到这几年来政府的帮助所带来的变化时，村民都露出了喜悦的笑容，并感叹这几年的变化是很巨大的，通过开办民宿，他们的收入提高了很多。

由于古井村所处海拔高度为 1200 米左右，进村的路蜿蜒曲折，因此笔者及团队人员十分关心村民的教育和交通的问题。村民告诉我们，过去进村的路泥泞曲折，极不方便，"那时候都是走几个小时的路下山去镇上上学"。但是这几年随着精准扶贫政策及乡村振兴政策的开展，进村的道路已建了沥青马路，路面十分平整。村里的小孩子在黑竹沟镇上读书享受着企业捐助的奖学金，相比曾经的教育环境，如今已经是天翻地覆了。

此外，我们还遇到了几位来古井村居住的游客。当我们问起他们对古井村居住环境的看法时，他们纷纷表示很满意。其中一位十几年前曾来过古井村的游客感慨道，"村子的变化很大，发展太迅速了"。

三、古井村发展的突出问题

（一）乡村建筑破损，传统风貌遗失较重

随着现代化、城镇化的推进，村民外出打工、进城经商、发展民宿产业实现致富以后，改善居住条件的愿望更加迫切。并且由于政府补助，村民普遍盖起了新房，导致许多具有彝族特色的房屋被推翻，取而代之的是现代的水泥砖瓦房。原生态民族建筑和传统村落渐渐消失，民族特色淡化甚至消失的趋势较明显。

图 3　民宿特色建筑装饰

（二）乡村旅游基础设施相当不完善

旅游基础设施欠缺，乡村旅游基础设施十分不完善，水、电、手机网络、乡村厕所、游客服务中心、旅游停车场、景区游道、标识标牌等旅游基础设施和公共服务设施建设严重滞后。村子里没有高标准的游客服务中心和停车场，交通也不便利，很难留住游客。

（三）乡村旅游同质化严重，差异化不够

黑竹沟景区生态文化资源优势虽然突出，但同质化情况严重、相似程度极高，差异化发展难度较大。首先，在黑竹沟游玩的游客只是在景区内逛，除了

风景外没有更多新奇的体验，与其他的风景区差异化不够。其次，旅游开发依赖自然资源，缺乏文化内涵，地域特色文化不突出，还存在整体接待水平偏低，配套设施不完善等现象。依托于黑竹沟景区而发展起来的古井村民宿受此影响巨大。

（四）乡村特色产业没有得到充分开发利用

古井村有很多彝族特色产业，但都不强。产业规模小、市场小、抗风险能力弱，无法支撑乡村旅游发展，尚待通过乡村旅游来提升产业发展。古井村的旅游食品及餐饮，如坨坨肉，缺少与乡村旅游的有机对接，没有把特色餐饮产业转为强势餐饮产业。黑竹沟丰富的旅游资源还没有得到充分的开发与利用，乡土特色不明显，形式单一，缺乏市场竞争力，不能满足旅游者多层次、多样化的休闲旅游需求。

四、发展建议

古井村未来的目标任务为切实把握发展机遇，以堡垒工程建设为基础，激发群众内生动力，依托帮扶单位力量，全面落实乡村振兴战略。首先，夯实基层堡垒建设。进一步加强党组织在基层的建设，以党建为切入点，充分发挥党员干部的传帮带作用，夯实基层基础工作，切实为群众服务。其次，提高贫困户综合素质。进一步通过农民夜校、基层夜话等形式，通过亲情工作法、双高治理、民间德古调处等方式方法摒弃陈规陋习，倡导良好风尚，让贫困群众养成好习惯、形成好风气，全面提高贫困户综合素养，激发内生动力。最终让全村老百姓实现脱贫奔康，共同富裕。

（一）紧扣黑竹沟景区旅游资源优势，走好产业兴旺发展的路子

一是乡村旅游，在现有的发展基础之上继续完善民宿建设，让民宿及旅游产业收入成为全村老百姓的主要收入来源，引导发展民宿旅游客栈，综合发展与相关企业公司的合作，全面带动旅游产业发展，促进群众增收。

二是电商平台，完成旅游服务站电商平台建设，培养熟悉电子商务的当地村民，辐射全村发展特色产业。

三是劳动就业，依托县就业局每年组织开展厨师、焊工、刺绣等就业培训，专项培训旅游综合服务，结合黑竹沟景区旅游发展提供岗位，组织劳动力外出务工。

（二）紧扣彝族传统文化，走好乡风文明兴盛的路子

一是移风易俗，积极开展移风易俗整治活动，建立健全奖励机制，倡导乡风文明，养成好风气、形成好习惯。

二是彝族文化，围绕彝族文化，深挖彝族人文历史，总结彝族发展历程，结合民俗文化展示馆的要求，形成彝族特色的文化。依托应急广场，打造观景平台，发展彝族特色乡村旅游。

三是环境卫生，进一步完善《公共设施管理办法》《村规民约》等规章制度，积极开展城乡环境"脏乱差"的治理工作，切实养成村民良好的环境卫生习惯，打造优美的人居环境。

（三）紧扣堡垒提升工程，走好治理有效管理的路子

一是加强古井村"两委"班子建设。培养双强村干部，增强干部凝聚力，储备村级后备干部若干名。加强党员教育管理，重点培养发展年轻党员积极分子，严格落实"三会一课"制度和"两学一做"活动，规范主题党日活动，健全党组织生活。

二是紧扣美好生活需求，走好生活富裕充实的路子。壮大农村集体经济，采取"村委＋村集体经济＋农户"模式盘活集体资源，古井客栈常规运营、古井垂钓附带发展，村级集体收入稳中求进，带动群众日益增收。

三是加大农村服务力度，建立多层次社会服务体系，结合古井二组高标准建设，依托占位优势，以乡村旅游为引擎，不断提高社会服务能力，增强群众幸福生活指数；紧扣黑竹沟景区旅游资源优势，走好产业兴旺发展的路子；紧扣彝族传统文化，走好乡风文明兴盛的路子；紧扣堡垒提升工程，走好治理有效管理的路子。

通过走访、调查古井村发展的方方面面，我们感受到了党和政府在基层群众中的高大形象，对于当代社会有了更深的思考。总结古井村的发展经验，我们认为实现乡村振兴，首先，必须有好的基层党组织特别是带头人。火车跑得快，全靠车头带。农村情况千差万别，农民素质参差不齐，但只要有一个坚强有力的党组织，有一个素质过硬的带头人，就能带领群众走上致富路。古井村有一套为人民服务的领导班子，有像李里军体一样愿意带动邻里致富的优秀村民，古井村的村民迅速走上了致富之路。

其次，要实现乡村振兴必须因地制宜找准方向、走对路子。古井村几年来自力更生、艰苦创业，建成了美丽乡村，走上了振兴之路，关键在于能够从实

际出发找准符合新发展理念的路子。他们没有一味搞掠夺式开发，而是加强生态建设，实现人居环境、投资环境的不断优化；他们没有因循守旧，而是始终坚持改革创新，探索实施民宿带动经济，促进农民增收。该村党支部书记吉克汉干表示在村容村貌升级改造时，村里明确规定一切以生态旅游为标准，不能兴建大型基础设施，不能发展大型养殖业。为还原彝家特色，家家户户统一规划彝家新寨，为深度挖掘和展示彝族传统民族文化，彝家新寨建设中保留了部分彝族旧居及文化展示区。村民在家中开起了彝家民宿，依托黑竹沟景区的旅游资源，民宿成为村民增收的重要来源。"游客们白天游玩黑竹沟，晚上就来寨子里围着篝火跳达体舞，品尝彝族风味的美食。"

最后，实现乡村振兴，必须既重"面子"更重"里子"。走进古井村让人印象最深的，是村容的整洁、村风的文明和村民身上淳厚进取的精气神。通过建立健全自治、法治、德治相结合的乡村治理体系，倡家风、育乡风、养民风，振人心、聚人心、美人心，实现新乡村的振兴，有助于"三农"问题的解决。

专题四

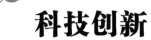

科技创新

论改革开放以来我国的科技创新

黄　赟*

摘　要： 自改革开放以来，我国的科技事业迅速发展，科技研发的投入增加，科技研发的条件改善，科技产出的量质齐升，科技创新的支撑力得到提高，创新体系逐渐完善，为经济、政治、文化、军事的发展提供了重要动力，为改善人民生活做出了巨大贡献。中国科创事业发展的成就不可否认，但与此同时，也存在人才缺乏、投入产出比较低、创新动力不足等问题。我们不仅仅需要肯定其取得的成就，也应该反思我国科技创新中存在的这些不足，并着力解决科技创新中存在的问题，以改善其不足。本文研究立足于我国科技，首先简述了改革开放以来我国科技创新取得的成就，然后指出我国科技创中存在的不足，再通过分析原因提出了相应的发展建议。

关键词： 科技创新；自主创新能力

一、改革开放以来我国科技创新之成就

（一）科技投入增加，创新研发条件改善

改革开放以来，我国科技创新人才迅速增加，科技人才队伍不断壮大，自2014年以来，研发人员总量连续八年稳居世界首位；国家在科研方面的财政支出不断增加，研发经费投入规模达到世界第二；科技创新经费投入强度也大大增加，科研条件得到极大改善，一系列实验室、科创中心、学术研讨组织形成，科技创新设备设施逐渐增加，数据库资料库更加完善。总的来说，改革开放以来我国科研条件得到了极大改善。

（二）科技产出数量质量双提升

改革开放以来，我国科学论文产出快速增长，2017年中国的科学论文被

---

* 黄赟，四川大学法学院。

引用次数达到世界第二；专利的申请数量成倍增长，跃居世界第二；量子科学、医学等基础研究领域取得突破性的进展；大飞机、高速铁路、新能源汽车等高技术领域快速发展，实现了从"跟跑"到"并跑"再到"领跑"的提升。

（三）科技创新支撑作用增强

我国的科技创新能力不断提高，对国家发展的支撑作用也越来越强。科学技术在经济增长、自然灾害预测、生态环境保护、基础工程建设、体育事业发展等方面都发挥着不可忽视的作用。特别是"互联网＋"、云计算、大数据的深入推广，为各行各业带去了新的活力；推动经济发展数字化，政务公平公开高效化，军事领域高科技化……同时科技创新也为我们的日常生活带来了极大的便利。若没有科学技术的支撑，很难想象如今的中国会是怎样的中国。

（四）创新体系日益完备

自改革开放以来，我国的科技创新更显活力，创新体系也更加完善。国家强调通过科学和教育振兴国家，鼓励大规模、全方位地创新；企业方面，各类市场主体都投入到创业创新中，利用科技创新成果实现自身的经验发展；科研机构、教育机构也进行了深刻的改革，调整发展模式，为科学技术研发做了充足准备；公民自主创新意识得到很大的加强，逐渐开始重视培养创新意识和专业技能……与科技创新相关的各个方面都在朝着向上的方向发展，使科技创新的体系更加协调完善。

二、中国科技创新之不足

（一）研究人才素质有待进一步提升

在科技创新的人才储备方面，虽然我国人才总量并不少，但仍缺乏先进人才。我国青少年受高中以上教育程度的指标已经超过了世界平均水平，这说明我国初等人才资源充足。但将初等人才转化为高等人才的数量明显不足，相比美国和日本尚有差距。近几年我国每千名劳动者中，从事研究开发活动的人员不超过三名，与发达国家相比仍有较大差距，这也表明了我国缺乏尖端科研人才。在当前和以后一段时间，这会成为制约我国科技创新能力提升的主要原因之一。

（二）企业的技术创新能力有待加强

企业是科技创新的重要主体，但目前我国的企业自主创新能力还有待加强。在我国，一些企业长期实行买进战略，以高昂的价格从国外买进芯片、电子元件等核心设备及一些生产加成技术。成本高昂使得企业投入大量资金在购买设备和技术上，压缩了研发的可用资金，使得企业投入自主创新的资金不足，难以取得实质性发展；长期的对外依赖也使得我国企业形成发展惰性，不愿付出时间、精力、资金在取得成果较慢的技术创新上。不重视技术创新的企业文化氛围也导致科研机构和高等院校科技人员的隐性失业，这又反过来进一步降低了创新能力，形成了恶性循环。

（三）科创成果市场转化率低

根据中国科技成果市场转化的平均水平，转化率低于20％，只有约6％的产业形成，与发达国家科技成果市场转化水平存在相当大的差距。根据全国科技工作者状况调查课题组的调查，我国科研成果没有转化成产品或者应用于生产生活领域的项目占了70％以上。科技创新最终目的是要服务于国家发展，服务于大众生活改善，科创成果如果不能进行产出，那么其真正意义也难以实现，提高我国科技创新成果的市场转化率已刻不容缓。

（四）科技创新体系有待进一步完善

在我国，目前生产、学习、研究、管理政策的资源联系不够密切和顺畅，这使得资源流动和资源互补存在较大阻力。首先，作为科技创新重要支撑的企业之间缺少技术的交流合作，使得企业之间难以形成优势互补，相反，很多企业之间还形成了恶性竞争，这极大限制了企业的竞争力和技能的提高；其次，企业与大学、研究院校之间的交流合作不足，使得人才难以在各领域流通，也使得研究成果难以转化到生产生活领域；再者，一些繁重的管理政策和程序使企业、高校、研究机构的科技创新面临着较大压力和阻碍，难以大胆地进行创新。总而言之，我国的科技创新事业在生产、学习研究、管理方面尚未形成一个畅通无阻、相互促进的良性循环体系，还有待进一步的提升。

三、中国科技创新发展之路

（一）加强人才队伍建设

人才，特别是尖端人才，在科技创新领域发挥着不可替代的作用。无论是学术理论的创新，还是理论创新成果的转化，抑或是科技成果的跨领域应用，都需要大量的高素质人才。想要增强我国科技创新能力，务必要培养更多具有高专业水平和高创新能力的人才。为此，首先，需要改革压制创造力形成的传统应试教育，逐渐发展更加注重创新精神的素质教育，促进学生的全方位发展和个性化发展，从而为学生掌握广博知识，塑造创新能力打好基础；其次，增强创新人才的家国情怀。如果我国的创新人才不具有强大的责任感和使命感，那也会导致人才的流失，并不能转化为我国科技发展的动力；最后，完善人才发展机制，以尽可能自由开放的模式管理人才，以更加开放公正的方式评价人才等，进一步激发人才的创新活力。

（二）增加科研资金投入

我国科技创新发展涉及方方面面，再加上科技创新本身存在周期长、出成果慢等特点，使得科技创新需要大量持续性的资金投入。所以，国家有必要调整财政支出的结构，进一步增加科技创新的经费投入，为科技创新提供更强大的经济基础，特别是在一些高端前沿领域。除有国家经费投入之外，我国的各企业也应该减少对技术引进的依赖，减少购买国外技术的成本，转而增加技术研发创新的投入，改善企业经费支出结构，提高自主创新能力。

（三）注重科技成果转化

科技创新不能仅仅是知识的突破，学术论文的产出，不能仅仅是一种文字上的思想理论，更重要的是要将新知识、新理论运用到生产领域，并孕育出一系列的高质量产品，最终为我国政治、经济、军事、人民生活等领域所利用，实现知识与应用的良好互动循环。加强科技成果转化，一方面要突破制约科技成果转移转化的制度牢笼，强化企业的主体地位，发挥市场在经济中的指导作用，利用市场机制鼓励技术创新发展，利用价值规律促进科技成果的转化；另一方面，要建设现代产业体系，培育新兴产业，加快信息化和工业化的融合，把数字化、智能化、网络化引进企业生产中，使得创新技术与生产经营相结合，实现双向促进，促进科技成果的高质量高效率转化。

（四）破除科技创新体制机制障碍

只有拥有良好的外部环境和制度支持，才能更好地进行科技创新。破除体制机制障碍需要加快构建客观公正的科技评价体系，避免简单粗暴的量化标准和绩效考核，更多地注重科技创新的质量；完善科研诚信建设，加大对学术不端的打击力度，营造良好的学术环境；加强战略引领布局，注重关键领域的科技创新，针对公益性研究等见效慢、经济效益不突出的领域加强布局、引导及资金支持，避免出现发展不平衡的情况；提高政府管理决策水平，完善科技决策管理机制，坚持"去行政化"改革，营造公平透明的学术生态环境，为科技创新提供良好的政治环境。

科学、技术和创新已经变成了促进各国政治、经济、军事、文化发展的关键因素。面临百年未有之大变局，在国际竞争愈加激烈的今天，为了能赢得主动权，屹立于世界民族之林，我国必须着眼于科技创新，针对其存在的不足及时进行调整和完善，提高我国自主创新能力，依靠科技创新提升国家的综合国力和核心竞争力，建立国家创新体系，走创新型国家之路。

改革开放以来中国科技创新道路的发展历程与经验

康瑞义 *

摘 要：自 1978 年 12 月十一届三中全会中国开始实行改革开放政策以来，我国在科技创新的道路上一路疾驰，取得了举世瞩目的成就，向世界上公认的创新型大国不断迈进。在即将步入新一轮科技革命与产业革命的新时代的关键时间节点上，研究如何进一步延续我国科技创新的发展势头，是学术界对于当下所面临的国际技术封锁所做出的积极响应。本文发现从科技创新发展规律和战略角度，要严格遵照科技创新与经济发展配合的原则；从科技创新的运行机制和战略角度，要平衡好企业经济效益与国家发展的关系；从科技创新整体战略政策角度，要注重整体布局对区域发展的影响。本文通过对改革开放以来科技创新道路及科研成果的综述，结合改革开放以来科研创新道路上所遇到的困难及解决方案，提出在国际新形势及国内大环境当中延续科技创新的展望。

关键词：科技创新；改革开放；战略政策

一、研究背景、意义及方法

（一）研究背景

2021 年，中国共产党喜迎百年华诞。回望百年发展，各族人民在中国共产党的领导之下砥砺奋进，让中国加快步入了社会主义现代化，取得了前所未有的成绩，令世界瞩目。在国际领域，中国在国家发展相关的关键科技领域中受到了严格的技术封锁，在国际上处于不利的地位。因此，解决如何突破国际

---

* 康瑞义，四川大学高分子科学与工程学院。

技术封锁，打破技术壁垒，将科技话语的主导权掌握在自己手中的问题，是当前科技创新路线的主要标靶。

当下要打破以美国为首的科技霸权体系，实现高水平科技自立自强的重要机遇。此外，党的十九届五中全会也指出：坚持创新在我国现代化建设全局中的核心地位，把科技自立自强作为国家发展的战略支持。由此可见，定位于国家自身的发展，研究如何保持国家科技创新与发展迭代频率，有利于国家综合国力的提升，进而提升国家置于复杂国际环境中的抗逆性；放眼国际发展格局，实现国家的独立创新，既有助于打破科技霸权所带来的局限，促进国家之间的交流，最终提升科技创新与科技交流之间的正反馈，也有利于提升我国在国际化科技平台的地位，提高国民对于我国科技创新的感知度，进而提高国民对于科技创新的热情，这既起到了良好的知识宣传效应，又有利于提高国民的综合素养。

回归当下国内科研发展环境，国内自主创新领域主要显露出如下特征：第一，我国的科研创新在不同领域逐渐显现出不平衡的态势，例如，在诸如航空航天、军工、石墨等相关领域的科研成绩斐然，屡屡破圈；而在传统无机材料、理论科学等领域的科研成果却难以出现重大突破。第二，我国在一些尖端科技领域已经逐渐从追赶者的身份转变为引领者的身份。第三，国内部分科研工作者自身内驱力不足，出现科研工作创新乏力的情况。第四，我国科技人才流失较为严重，虽然此类现象相较于前几年有所缓解，但是我国优秀科技人才外流仍然占据较大的比例。第五，人才市场过饱和导致研究者学历与研究成果评级较扁平化，最终使得科研工作者将更多精力放在对论文及成果数量的追求上，而在一定程度上放弃了对论文质量的追求。

（二）研究意义

本文以改革开放为时间节点，回顾自改革开放以来我国科技创新的飞速发展，进而对这一段时间科技创新的特点与形式进行了综述与精炼。以此为出发点，明确了当下我国科技创新所处的时代背景，明确了目前科技创新的发展路径。借助对改革开放以来科技领域发展优秀案例的分析与经验凝练，展望未来的科技创新发展思路。同时通过聚焦当下我国在科研创新过程中所显露出的弊端及关键问题，实现对我国当下主要矛盾的定位，从而完善其在政策、环境等方面的顶层设计，对痛点进行集中发力，为相关领域的研究提供参考。

（三）研究方法

本文主要采用查阅文献法，通过翻阅相关文献和对文献信息的精准定位，整理出改革开放以来我国所取得的重大成就以及在伟大成就背后优秀的战略政策支持，同时通过类比归纳法对背后的优秀战略内核进行提炼，总结归纳其所使用的环境与范围。最后采用类比法，将凝练出的政策内核对当下环境进行套用，从而逐渐形成对于当下痛点的打击思路及对于未来的展望。

二、改革开放以来党领导科技创新的历史进程

（一）改革开放以来党领导科技创新过程中的战略整体布局演进

改革开放以来，我国在航空航天、交通运输、国防军事等领域取得了重大成就，且科技创新能力也在极为显著且迅速地提升，在 21 世纪显现得尤为突出。根据郑蔚、李成宇等人的报告，从科学创新维度来看，我国科技文章数量于 2018 年就已经超过了 50 万篇，是 2000 年的近 10 倍，此外，截至 2019 年 9 月，中国热点论文的数量为 1056 篇，超过世界总量的三成，位列世界第二；从技术创新维度来看，我国在 2019 年提交的专利申请数量直逼 6 万件，位列世界第一。[①] 由此可见，中国的科技创新之路在改革开放所引领的这条快车道上不断向前奋进，这与我国改革开放以来的政策演进以及战略布局息息相关。

本文采用历史逻辑与历史轨迹相统一的方法，将改革开放以来科技创新战略的演进分成了以下四个阶段。

从 1978 年到 1994 年面向经济建设方面的追超战略。在这一战略的思想指导下，我国首先恢复并调整了经济创新制度，并主张用科技发展规划的工具去指导科技创新工作。经过线路调整，我国通过高效的投入，在农业与工业领域收获了可喜的成就。但是，在科研政策的不断发展和深化过程中，我们也发现了其中存在的问题和隐患，如我国除了在科研领域顶尖的一些科研人员外，对其他科研工作者的研究经费投入略显不足，不仅使我国科研工作存在人才断层等隐患，更导致了我国的科研人才外流严重等问题。

1995 年到 2005 年的科教兴国战略。在这一阶段中，我党延续了经济建设

---

① 郑蔚、李成宇：《中国共产党百年科技创新事业发展的思想脉络、辉煌成就与趋势探析》，《经济研究参考》，2021 年第 22 期，第 47~56＋76 页。

与科技创新工作领域发展紧密结合这一中心思想。通过提出对近三百家企业进行改革，将企业向高科技创新型及高科技服务型转化，培育科技创新土壤。此外，鼓励高科技企业与中小企业入场，例如通过"火炬计划"等政策指导中国高新产业的发展计划，同时通过建立科技企业孵化器（创业服务中心）等加速高新技术成果的转化，对推动科技型中小企业的发展发挥了积极作用。这一经济投资优化政策使得科研费用的来源逐渐多样化，一方面在减轻国家财政支出的同时在一定程度上改善了科研工作人员的待遇问题，另一方面通过科研企业的入场激发了科研工作人员的自发性，提高了科研成果的转化效率。通过建立国家科技创新基地，面向世界科技发展前沿，进而推动我国科技进步，实现整体科技水平由"十二五"初期的跟踪追赶到现阶段领跑、并跑和跟跑"三跑并存"发挥了重要作用。"211 工程""985 工程"战略政策的提出提升了我国高效的自主研发能力，为高校和科研院所的科技创新产出注入了新活力。科教兴国战略的实施在一定程度上改善了科研人员的待遇问题，提高了科研水平和企业技术创新能力。但是理论层面上的原始科技创新能力仍处于落后态势，此外，科技转化能力的稚嫩使得科技创新对经济增长的促进作用不明显。

2006 年至 2011 年的建设创新型国家战略。通过提高自主创新能力，建设创新型国家的战略方针和对顶层设计的进一步完善，激励国际自主创新能力的发展。在这一阶段，国家通过诸如《中华人民共和国科技进步法》和《中华人民共和国专利法》的颁布及相关政策的实施跟进，提升科技创新工作配套设施，并进一步加强国家对于当下企业参与科技创新项目的激励，初步搭建了产业、教学、研究的完整科技创新构架体系，并最终落脚于企业与市场之上。在这一阶段当中，国家投入成效及投入政策等方面仍然存在不足。一方面，我国的科技创新过程通过产业的不断深入扎根增强了个人（研究团队）的自主创新动力的同时，赋予了科研成果以经济属性，这意味着企业的经济效益成了科技创新产品的重要影响因子，但逐渐偏离了科技突破与发展这一目标。另一方面，自主创新模式固化强调在原始创新结果上的再创新，并没有把科技创新机制和机制创新本身纳入自主创新的政策当中去，这使得国内自主创新主体的自主创新能力和效益低下，对外依存度较高，最终导致了企业在国际对抗中表现出较差的抗逆性。

2012 年至今，我国主要实行了创新驱动战略。创新驱动战略对于科技创新体系的顶层设计实行了再改进，明确了科技创新体系将彻底以企业为主体，以市场为导向，将研究与产业进行深度融合。此外，在细化政策落实方面，国家强调了区域联动发展，详细说明了当下东西部区域创新发展严重不均等问题，并给出了在创新驱动战略下的新思路。一方面，将北京、江苏、广东等经济繁荣、科技发展态势良好的省份作为领航者与排头兵，使其成为国际竞争和国家科技发展的主要力量，从而保证国家在国际话语权的主动性。另一方面，主张中西部地区仍以模仿为主，走学习与创新并存的道路，实现区域发展的稳步推进。创新驱动战略明确了创新与发展，整体与区域之间的关系，为各地方推进科技创新发展战略提供了抓手，为地方制定相关政策与法律提供了根基与参考，同时进一步激发了个人与科研团体的科技创新活力，为我国科技产业发展提供了原动力。

（二）改革开放以来党领导的科技创新过程中的战略区域布局演进

改革开放以来，我国各区域在党中央的整体战略布局下制定了独具特色的区域发展战略。其中，根据国家的创新驱动战略指导，每一个区域在国家发展中所肩负的任务也有所不同。在本文中，笔者选取了代表科技发展迅速的东部地区的北京、深圳及代表科技发展水平较低的西部地区的新疆作为聚焦对象，通过对三地改革开放以来的发展政策的归纳、总结，为后续的定位分析与展望提供参考。

北京作为我国的政治中心、文化中心、国际交流中心，其科技创新政策风向对于其他科技创新高水平发展的东北地区城市乃至西部地区都有着极大的参考价值。根据曾春水、林明水、伍世代的研究，北京从改革开放以来至今主要经历三个时期：低效期、成长期、高效期。在低效期，北京以政府投资主导的科技创新项目为主，这种投资方式所带来的成果转化率低，科研人员对科研项目的热情不高。此外，基于这段时期北京市内以资源型产业、劳动密集型产业为主，使得北京科技创新市场的建立尚不完善，对科技创新成果的需求并不强烈，随即而来的研究团体与市场之间的交互并不活跃，导致政府的投资回报率始终处在较低水平。步入发展期，搭乘我国进入工业化中期的便车，北京在科技创新发展的模式和规模上都有了较为显著的跃迁。在科技创新发展模式上，北京市政府精准捕捉我国进入工业化中期所带来的产业升级这一需求，发挥科技创新对产业升级的供给作用，进而转化为首都发展的竞争优势；在科技创新发展规模上，北京市政府通过对中关村科技创业园模式的复制，将科技创新产业向外延伸至丰台园、电子科技园、苹果园等园区，拓展了北京科技创新发展的空间，营造了一个良好的科技创新发展氛围。在高效期，北京市政府通过市内各科技创新基地的联动，促进科技创新产业与市场的交互，加快了科技创新成果在市场和企业之间的流动。此外，北京各大高校在城市外围开设校区，一定程度上拉平了北京市城乡科技创新区域发展差异，实现了北京市的整体科创进步。[①]

深圳市作为中国自改革开放以来发展速度最快的城市之一，其发展模式具备很强的借鉴价值与意义。根据陈红喜、姜春、罗利华等人的研究，深圳产业科技创新自改革开放以来经历了五大阶段：科技体制调试、发展高科技、区域自主创新、综合创新生态系统和引领式全面创新。在深圳科技创新产业发展伊始，深圳市政府依托改革开放所带来的政策支持以及自身所占据的区位优势，布局前沿科技领域建设，同时不断引进以及自身培养科技创新人才队伍，从而将深圳企业向产业上游推进。此外，深圳将"双创"思想深度融合到科技创新产业发展当中，有力激活了科技产业发展热情，同时倒逼自身科技创新成果交易市场的体系化形成。深圳借助自身地理和政策双向优势，打出一套资源整合、核心技术研制、跨产业融合的组合拳，使得深圳科技创新产业得以在当今紧紧地跟随互联网和金融产业的发展，逐渐形成学习、研究、产出的链状体系结构。[②]

与深圳市、北京市相比，位于我国西部的新疆维吾尔自治区科技创新发展土壤较为贫瘠，科技创新成果交易市场还有待完善。但是新疆在科技创新产业环境不够优越的条件之下，仍然为党和人民交出了一份令人满意的答卷。近些年来，在规模化农业、滴灌技术、植树业、天气测控等领域都取得了令人瞩目的成绩。

（三）改革开放以来党领导科技创新道路所带来的经验与启示

改革开放以来，我国的科技创新政策跟随着环境的不断发展和演变，但是"创新是发展的第一动力"的原则宗旨没有变。这意味着，我国过去、现在及将来都会把科技创新放在核心地位，于是从党中央对于科技创新政策的顶层设计到地区政府对于地区发展规划的统一布局，再到区域内部的微观调控对于当下国家的发展都发挥着至关重要的作用。

在国家的宏观政策调控方面，我国逐渐从改革开放初期的政府主导局面向企业主导局面转变，伴随着科技创新企业从入场、深耕到主导的过程，我国的科技创新成果的产出量也连年呈上升趋势。此外，改革开放以来，国家努力通

---

①　曾春水、林明水、伍世代：《改革开放以来北京科技创新发展历程及经验启示》，《经济研究参考》2021 年第 9 期，第 38～53＋84 页。

②　陈红喜、姜春、罗利华等：《改革开放 40 年产业科技创新动态演进的"深圳模式"》，《科技进步与对策》，2018 年第 35 卷第 24 期，第 46～55 页。

过促进企业与科研团体相融合，提高产、研、学的融合，进而催化科研成果的产出，为科技创新产业赋能。因此在国家宏观科技创新战略演进过程当中，应当注重经济发展与科技创新的共同发展，衍生出二者的互促效应，从而助力我国整体发展。

在地区的科技创新布局当中，首先要响应国家对地区发展的统一思想指示，即东部发达省份要与其他地区实现资源整合，平衡好科技创新效益与科技创新经济效益，实现产业多维度、深层次、高收益的推进；西部地区坚持创新与模仿并存的道路，总结经济发达省份的发展规律，结合地区区位优势以及自身特色产业发展，实现短周期、高效率、快收益的推进，进而为后续的长远发展打下坚实的基础。

三、当下科技创新形势的定位与对未来的展望

（一）当下科技创新局面

改革开放以来，我国科技创新产业不断发展，我国已然成了一个在世界上具有一定科创话语权的科创大国。我国在当前科技创新局面下具有如下突出优势：第一，我国具备强大的基础设施支撑，在诸如科技创新基地、交通运输等领域已经具备强大的网络支撑，这为我国的科技创新产业发展打下了良好的地基。第二，我国对于外资企业有着较强的包容性，对我国中小科技企业的规划与相关领域的合作具有很强的指引作用。第三，我国科研环境与科研待遇对于顶尖人才有较强的吸引力，这使得人才回流现象明显，科研创新人才团队逐渐壮大。第四，我国政策保障力度较大，在国家重点扶持的热点行业显得尤为突出。第五，我国具备深厚的历史文化底蕴，历史上遗留下来的许多知识宝藏尚未挖掘，有待来人进行深入研究。

但是，不可否认的是，目前我国的科技创新之路在国内与国外均受到了一些阻力牵制，这些阻力在一定程度上拖慢了当下中国科技创新前进的脚步。在国内层面：第一，国内企业人才市场竞争严重，使得年轻一代科研人员追求周期短、效益高的科研项目，对待科研项目过于功利化。第二，我国对理论科学的研究关注不够，导致理论科学与底层科学逻辑理论领域难有突破。第三，科技创新企业的自主研发能力不足，多是对现有开源技术的套用，追求短期经济与利益使得科技创新成果难以有重大突破。第四，科技创新企业与高校的交互关系多停留在供需合作关系而非研究合作关系上，这会使项目组更趋向于研究

具有高经济价值的科技创新产物而非高创新性产物。在国际层面：第一，当下种族主义、孤立主义、知识霸权主义势力有所抬头，这使得我国高校和科技创新企业在与他国的科技创新交流中受到阻碍。第二，我国面临着以美国为首的西方国家的技术封锁，在国际知识话语权的竞争上处于不利位置。

（二）立足于当下科技创新局面展望未来

为了面对国际新形势，同时进一步完善国内科技创新政策制度，我们应当在继承改革开放以来的思维脉络的基础上进行一定程度的调整。第一，我们要坚持创新驱动战略，坚持企业对科技创新的深度参与合作，但要注意合作关系的调控，鼓励提升企业在科技创新与研发过程中所占的比重。第二，坚持根除限制创新人才发展的不良思想，同时对人才持开放和包容的态度，扩大人才队伍，提升人才质量。第三，鼓励企业作为科技创新领域的破局者，与各大科研院校共同作为打破知识壁垒的先锋。第四，鼓励企业与科研院校走出科研舒适区，增加对于基础科学研究的关注与投入。第五，通过鼓励科技创新中小企业的发展为科研突破提供更多可能性，同时完善人才市场结构。

当前我国正处在百年未有之大变局，国际局势变化无常。面对纷繁复杂的社会，在科技创新领域要同时掌握国内环境、国际环境的局势，使其有可调整的空间。此外，我们要借助对困局的多维度剖析，寻找突破口，并依托于当下自身所具备的优势，实现对痛点的精准打击，从而走出一条具有中国特色的社会主义科技创新发展道路。

对我国改革开放以来的科技创新发展的回顾及思考

马荣蓬[*]

摘　要：随着新一轮技术革命的持续推进，科技进步与经济增长良性互动发展的新趋势已如滚滚洪流势不可挡，以经济、科技实力为中心的综合国力的竞争已成为目前竞争的新态势。随着外国对我国高新科学技术的封锁，人们对于科技创新的关注也越来越多，本文对我国改革开放以来的科技发展做了简要的回顾，分析科技创新的必要性并提出了相关建议。

关键词：科技创新；发展历程；改革开放

随着改革开放的号角吹响，中国积极融入了科技创新和文明进步的潮流。如今，高铁飞驰在沃野之上，共享单车穿梭于街巷之间，天眼系统掀开了宇宙神秘的面纱，北斗卫星连接着地球的脉络。资本的注入令市场迸发出无限活力，无人驾驶、载人航天、区块链、清洁能源、孵化器……改革开放四十余年以来，我国在科技领域的资金投入不断增加，科技创新机制持续优化，基础学科创新成果迭出，高新技术发展迅猛。然而如何在我国未来的科技发展中进一步取得更大成绩，在关键技术领域突破发展瓶颈，逐渐成为党和国家的关注重点。

一、自改革开放以来科技发展历程

（一）科学冰释春归（1978 年以后）

1977 年，邓小平远瞻性地意识到中国要想实现现代化，要想在世界强国中占据一席之地，就必须重视教育和科技。在邓小平的全力支持与推动下，

---

　　* 马荣蓬，四川大学法学院。

1977 年 11 月，尘封十余年的高考考场大门重新被打开，无数求知若渴的学子进入高等学府进行深造，为我国的科技创新做了铺垫。1978 年 3 月，邓小平在全国科学大会上发表讲话，强调没有科学技术的高速发展，就不可能有国民经济的高速发展，也就不可能有中国的现代化建设，我们必须正确地认识到"科学技术才是第一生产力"。邓小平的讲话解开了广大科技工作者的思想包袱，掀开了中国科学技术发展的新篇章。

（二）科技与经济的合奏（1985 年以后）

我国改革开放前的科技研究，实行的是中央计划体制。在新中国成立初期，我国的工业基础薄弱之时，这一体制有力地推动了我国科技的发展，一时取得许多令人瞩目的成就，"两弹一星"彰显国威、核潜艇潜航深渊、杂交水稻造福人民、长江大桥横跨南北……这种带有浓厚计划色彩的科研体制能够在我国科研基础薄弱的时候，将国内有限的资源向关系着国安民生的重点领域大量倾斜，如航空航天技术需要耗费大量人力与财力的研究等。但随着经济体制改革的持续推进，我国原本的科技体制逐渐与经济发展难以协调，科技与生产脱节、科技成果有偿转让机制薄弱等一系列问题接踵而至。因此，科技体制改革势在必行。

1985 年 3 月 13 日，党中央主动破局发布了《中共中央关于科学技术体制改革的决定》，面向市场、适应经济发展的科技体制改革正式拉开了序幕。文件指出科技发展，既要"推动"，也要"拉引"。"推动"方面，要逐步改革科研机构的拨款制度，努力"推动"研究机构从市场渠道获取研究资金。"拉引"方面，要鼓励竞争资助，对于关系国运民生的基础研究，由中央和地方进行财政拨款，同时面向社会公开招标。文件还提出要进一步开拓技术市场，建立高新技术产业开发试验区，鼓励民营科技企业发展，形成相对合理的技术结构。①

1985 年的《中共中央关于科学技术体制改革的决定》为我国确立了全新的科技政策，使得我国科技发展从坚守计划逐渐面向市场，科技进步与经济发展共同奏响了一曲和谐的圆舞曲。

（三）科教兴国（1995 年以后）

1995 年，中共中央颁布了《关于加速科学技术进步的决定》。该文件首次

---

① 中共中央文献研究室：《二十大以来重要文献选编（中）》，人民出版社，1986 年，第 661~674 页。

提出了科教兴国战略，强调要把我国的经济增长由"享受人口红利"逐步收缩为"拔尖式提高"，让中国走上一条"依靠科技进步和劳动者素质提高而实现经济增长"的正确道路。① 实施科教兴国战略要全面落实科学技术是第一生产力的思想，增强国家的科技实力及将科技转化为现实生产力的能力。自此以后，中国科技政策开始表现出向国家重点战略项目倾斜资源的趋势，如世界一流大学计划、中国科学院知识创新工程等，我国政府决心要把中国科技发展提升至世界一流水平。

科教兴国战略进一步深化了我国的科技体制改革，促进了我国的创新体系建设，为中国科学技术的发展与创新抹上了浓墨重彩的一笔。

（四）拉开自主创新的帷幕（2006 年以后）

我国的经济态势虽然在持续改革中一直向好，但在 20 世纪 80 年代，我国的就业增长率却不断趋缓，20 世纪 90 年代则几乎停滞，就业压力空前严峻。与此同时，中央也发现我国的制造业科技含量较低，产品处于价值链低端位置，无法在市场中取得话语权，并且由于国际贸易顺差巨大，我国面临着贸易战的巨大压力。

在此背景下，党中央决定要探索一条以自主创新为重点的发展新路径。2006 年，党中央和国务院做出了关于实施科技规划纲要、增强自主创新能力的决定，明确提出今后的科技工作要坚决做到自主创新，重点跨越，支撑发展，引领未来。在此期间，国家对于科技创新的重视程度越来越高，资金投入也越来越大，进一步落实了科教兴国战略，促进了科技与经济的协同发展。

十九届五中全会中总结并归纳了世界科学技术发展经验，并为中国未来的科技发展指明了一条具有中国特色的创新道路。在十四五规划中，党中央再次强调要实现创新能力显著提升，坚持全面深化科技体制改革，进一步明确了加快建设科技强国的重点任务。

二、科技创新的必要性

新一轮技术革命正在如火如荼地展开，高新技术发展迅猛，科技进步与经济增长之间的良性互动、协调发展新趋势已愈演愈烈，势不可挡。国际竞争也逐步由军事霸权转向以经济、科技实力为中心的综合国力的竞争，高新技术的

---

① 《中共中央　国务院关于加速科学技术进步的决定》，人民出版社，1995 年，第 1～27 页。

经济制高点作用也日益彰显。

对于国家而言，科技创新是国家强盛、中华民族实现伟大复兴的关键。在现代社会中，经验的重要性逐渐被理论取代，科技以其强大的预测能力摒弃了人工的重复试错，传统手工业被大机器的批量化生产取代，科技以其超乎寻常的加速度掀起了新一轮工业变革。随着高新科技的经济效益不断显现，高新技术竞争日益白热化，世界各国相继提出高新科技计划，为未来的竞争做好准备。科技创新能力是国际竞争的关键，在日趋激烈的竞争形势下，坚持科技创新是我国提高综合国力的必然选择。

对社会而言，科技创新是推动社会发展的核心动力。无论是追求物质发展和精神发展的双丰收，还是平衡经济增长与生态保护，创新都是一剂不可或缺的灵丹妙药。从社会的高速发展到社会的高质量发展，我们不仅需要意识上的转换，更需要通过创新转变发展模式，从而真正使其落实到行动中。

我国科技发展起步晚且起点低，不像西方发达国家那样有着前两次工业革命留下的积累，并且随着国际竞争日益激烈，我国还面临着多方技术封锁、缺乏科技知识共享等困境，因此要想在重重困难下建设一个现代化的强国，我国必须坚持走以自主创新为主的道路。

三、对我国未来科技创新的思考

（一）坚持自主创新

中国历经数十年的艰苦攻坚，多项科技领域已实现重大突破。可实际上，我们在科技创新方面与西方发达国家仍有很大差距，大量核心科技仍受制于人，如芯片、发动机等领域。高铁作为我国新"四大发明"之一可谓是光彩耀人，这是我国的一张科技创新的名片，中国高铁的自主化率已经达到很高的程度。但实际上，即使是我们引以为傲的高铁领域研究，我国仍存在一些关键性的技术问题有待解决，如大功率的功率转换器、高铁轮对、高铁轴承等。目前，这些对高铁有着实质性影响的产品我国尚无力独立制造，一旦断供，我国的高铁研究可能会直接陷入滞缓状态。地球村虽然把各个国家拉的越来越近，但核心技术竞争却愈发激烈。我们绝不能在核心技术被围堵封锁之后，才被动地开启科技创新，而是要未雨绸缪，主动开辟创新道路，坚持提升原始创新、集成创新和综合创新能力，掌握关键核心技术，着力突破重大关键技术。

（二）不拘一格，广纳人才

在持续推动科技创新的过程中，我们还应秉持"识才、爱才"的原则，不拘一格，广纳人才。自改革开放以来，"神舟"飞天、"蛟龙"下海、5G信号连接世界，一切成就都是党和国家重视创新型人才带来的成果。我们要想在科技创新领域中攀登高峰、摘取桂冠，高素质的科技创新队伍必不可少。而为了招揽天下优秀人才，我国必须在全社会营造鼓励大胆创新、勇于创新、包容创新的良好科研氛围；要进一步加强对创新人才的培养力度，出台各类政策，完善教育条件，从思想上到物质上都将人才发展作为一项重点任务，使人才有滋生的土壤；要严格人才选用的机制，坚持以公开、公正、公平、择优、竞争为导向，让人才有扎根、发芽的土壤。

（三）加强科研制度保障

自改革开放以来，国家在科技领域颁布了诸多法律条文，如《中华人民共和国科技进步法》《中华人民共和国科普法》《中华人民共和国商标法》等法律法规。要推进中国创新科技的进一步发展，就要从国家立法、全民意识、企业家思维方式等方面进行彻底变革。国家应给予科技工作者足够的物质和精神上的支撑，让学术自由的氛围更加浓郁，给广大科技工作者更大的成长空间，激励他们勇攀高峰。另外，要加强对知识产权的保护，知识产权是保护创新专利的重点。如果能保护好创新科研者的知识产权，各种资本、企业家想必也会乐于在创新方面充分发挥作用。

浅析改革开放后的科技成就

李若柳[*]

摘　要：改革开放四十多年以来，我国科技事业迅猛发展，在政府推动与市场促进的双重作用下，我国科技研发投入不断增加，科研环境一片向好。四十多年以来，我国科技人才数量倍增，科技产出水平、科技创新水平均不断提升，实现了我国科技水平的跨越式发展。中国已逐步成为具有全球影响力的科技大国。

关键词：改革开放；科技发展；科技成就

新中国成立之初，我国各行各业的基础较薄弱，百废待兴。直至改革开放前，我国科技发展水平还相对滞后。改革开放以来，我国科技政策适应了改革开放的总体部署，保证了科技体制改革的稳步前行；同时政府及企业等多方联合促进了科技进步。我们需要了解我国科技的高速发展历程，了解我国科技事业实现的巨大进步。同时，这也可以使我们更加深刻地认识改革开放为我国科技发展带来的巨大转变，使后人能更加全面地认识改革开放后的这一段历史时期。

一、科技研发投入不断增加

随着科技体制的不断变革，我国多样化的科技创新主体不断增加，不同类型的创新主体的研发投入在持续增加。同时，随着我国经济水平和综合实力的稳步提升，政府对科技研发与科技创新的扶持力度持续加大，国家财政资金方面不断加大科技研发资金支持，我国科技研发活动经费规模持续扩大，科创研发主体不断增加。据统计，2017 年，我国科技研发经费投入已达 17606 亿元，每年我国的研发经费投入对全球研发经费投入贡献巨大。

---

[*] 李若柳，四川大学机械工程学院。

如图1所示，在加入世界经济贸易组织后，国内企业通过整合国内外技术资源，开始进行自主研发创新，R&D经费支出大幅增加，不仅如此，近年来我国R&D投资增速均保持世界领先。

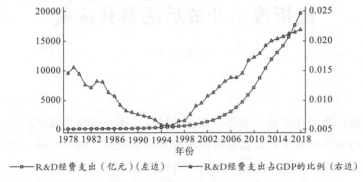

—□— R&D经费支出（亿元）（左边）　—△— R&D经费支出占GDP的比例（右边）

图1　1978—2018年中国R&D经费支出及其占GDP的比例

资料来源：由相关年份的《中国统计年鉴》计算所得。

二、科技人才辈出

随着科教兴国和人才强国战略的大力实施，我国大力推动教育改革，重视科研人才培养。改革开放以来，我国科技人才辈出，科研创新队伍规模不断扩大。同时，我国也注重相关科研人才的引入，推动我国科技人力资源多样化、全方面发展。如图2所示，截至2018年年底，我国科技人力资源总量已达10154.5万人，仍然稳居世界第一。

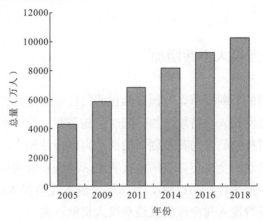

图2　2005—2018年部分年份我国科技人力资源总量

资料来源：由相关年份的《中国科技统计年鉴》计算所得。

三、科技产出量质齐升

随着我国科技水平的提升以及科研技术的进步，一系列关键技术难关被攻克，我国航空、民生工程、交通运输、国防武器等方面均取得了一系列重大成果，南水北调、西气东输等工程逐步建设运行，惠及上亿民众……同时，各类高水平科技论文发布篇数也在持续增加，论文质量在大幅提高，截至 2017 年，中国科技论文被引用次数已超过德国、英国，跃居世界第二位。各类专利产出率也得到大幅提升，仅 1992—2017 年，我国专利申请数年均增长率已达 18.0%。

不仅如此，在国家诸多科研计划及发展政策的支持下，我国高新技术领域成绩斐然。5G 领跑世界，天问一号探测器成功着陆火星开启火星之旅，"嫦娥四号"首次登陆月球背面，中国空间站天和核心舱成功发射，九章计算机 200 秒的"量子算力"创造中国速度，"奋斗者号"载人深潜实现万米新突破，中国首次实现淀粉的全人工合成……中国科技产出持续增加，科技成果质量亦在不断提升。

四、科技惠及人民

科技服务民生，亦能惠及人民，为人民生活水平、生活质量的提升做出巨大贡献。自改革开放以来，我国的综合经济实力、综合工程实力等稳步提升，有力地支持了三峡工程、青藏铁路、西气东输、南水北调等重大工程建设。随着科技水平的发展，智能扫地机器人、智能家居等各种新兴电子产品应运而生……各类高新科技产品进入千家万户，为人民的生活提供更大便利的同时，也更好地满足了人民日益增长的消费需求和文娱需求。现如今，得益于科技水平的提升，我国抢险救援设备实现了因地制宜式创新，地震、台风、沙尘暴等自然灾害检测技术不断进步，在应对自然灾害、气候变化、抢险救灾、公共卫生问题等重大问题方面，科技发展及创新带来的成果也发挥了巨大作用，为人民的生活提供了更多有力的保障。

同时，科技的进步也促进了我国经济的发展。高新科学技术不断投入企业生产活动，大大提升了企业生产力与竞争力，推动着我国的工业化进程乃至数字化进程。科技进步与创新对产业转型升级、产品供给优化、新动能培育等方面的支撑引领作用也在日益增强，成为引领经济发展、提升国家核心竞争力的重要源泉。

改革开放以来，科技体制及相关科研政策不断变革，从研发环境、研发投入、研发人员培养等多方面促进了科技发展。同时，改革开放后，我国经济水平、综合国力的提升以及社会生产关系的改善也进一步促进了我国科技的发展。改革开放是一个历史性的节点，是决定当代中国命运的关键一招，它带来的从来不是某一方面的巨大变革，而是一系列息息相关的变化。

中国改革开放四十余年来科技的发展与创新

王庆宇*

摘　要：改革开放是中国历史画卷上宏伟壮阔的一笔，也是中国共产党历史上具有深远意义的伟大转折。改革开放的春风吹拂并温暖了整个中国大地，全中国人民的生活水平从此达到了一个新的高度。这也是一个人才辈出、生活日新月异的时代。在国家政策的鼓励下，我国的科技发明、科技创新层出不穷；各种外国的先进设备也被陆续引进。我国整体的科技水平达到了几千年以来前所未有的程度。

关键词：改革开放；国家科技的发展；专利与产权

改革开放带给人民生活和国家发展层面的改变无疑是巨大的。改革开放以来，中国做到了快速从"文化大革命"的影响中走出来，真正融入了世界的大舞台中，并且更加有底气、有能力与世界上的其他强国同台竞技。

改革开放以来，在国家的大力鼓励下，我国在科技层面的进步速率达到了一个前所未有的水平，科技成果产出的总量也达到了极高的数值。在很多科研人员、有志青年的努力下，整个国家在"对内改革、对外开放"的改革开放进程中，逐渐产生了很多前所未有的科技创新点、科技创新成果及很多的新型科技发明创造。如此多的科技成果的产出及引入不仅在生活的方方面面惠及了广大百姓，也推动了国家整体的进步。这让中国能够更多地观察并了解世界的发展，并为中国科技的长足进步奠定了坚实的基础。

改革开放以来产生的很多科技成果，至今在很多领域仍有使用。此外，在一代又一代的科研人员的不懈努力下，那个时代的成果也在当今得到了很好的继承和发扬。值得一提的是，21世纪以来的很多新科技成果都可以从20世纪改革开放大潮中产生的科技成果中找到原型。在20世纪改革开放以来科技成果的辅助下，中国科技水平增长速率正在逐年升高。可以说，改革开放惠及了

---

　*　王庆宇，四川大学机械工程学院。

中国的新一代。

一、改革开放以来我国科技的进步与成就

（一）科技成果的产出及转化情况

首先，从科技成果的产出、我国科研人员在科技成果方面所获奖项及表彰力度层面来讲。在我国对于科技创新和科技成果产出的大力提倡下，我国的科技创新水平明显提高，科技创新成果的数量也较之前增加了很多。在科技成果呈"指数爆炸"增长的同时，我们也能看到有很多先进的我国自主研发的成果都被运用于人民生活的方方面面。

在这些科技成果中，对于民生建设最突出的领域便是工程及其应用，其中最主要且最值得一提的便是三峡工程。三峡工程是我国自主设计、制造、完成的一项重点民生工程，代表了我国在工程应用领域内最先进的技术。从水库蓄水成功、永久船闸通航、首批发电机组全部投产到三峡工程全面竣工并为民生做出了建设，这其中的许多指标都突破了世界水利工程的纪录。除此之外，作为杂交水稻之父的袁隆平院士的科技成果也可谓是通过"一己之力"哺育了万千民众，解决了粮食问题。

其次，我国的科技创新成果在高精尖武器的研发、国产大飞机的研制中也发挥了很大的作用。其中最值得国人骄傲的便是我国自主研发的银河系列巨型计算机，这项研发在超算领域独树一帜。除此之外，还有我国自主研制的深潜机器人，可下潜到 6000 米深的海底，突破了之前我国在这个领域的短板。此外，我国自主研制的商用客机的成功首飞，也标志着我国的制造业正趋于世界先进水平。这些在国防军工、商用或民用尖端技术和产出等领域应用的科技成果，也都在向世人展示着我国科技的进步及科技成果产出和应用的增加。

由此可见，改革开放以来的科技成果呈现了一种"百花齐放"的态势，并且在我国民生、科研、教育、温饱等许多问题上都意义较重大，这是值得每一个中国人骄傲的。

（二）我国在专利事业和知识产权保护方面的进步

改革开放之前和之后最主要的变化之一也当属知识产权、专利权等科技成果权益方面的保障。专利保护状况的好坏直接决定了能否很好地正向激励科研创新。

保护知识产权、鼓励发明创新、促进技术交流是每个国家都必须要做的事，因为这无疑会增强科研人员的积极性。1985 年正式实施的《中华人民共和国专利法》就是一个很好的例子。该法实施二十年来，我国的知识产权保护的整体大环境明显改善，全体科技人员的知识产权意识也正在普遍且逐年地提高，自发性专利申请和授权的数量逐年增加。

由此可见，我国在专利和产权保护的意识上也有了很大的进步，对于这些权利的良好保护是我国对科研创新等重视的表现。因为专利和产权保护对于激发科研人员和在岗研发者等的科研积极性有很重要的作用。

二、对于改革开放以来我国科技发展的认识

改革开放以来，我国在科技及科技创新领域的发展对国民生活的影响很深远。我们要在此基础上进行讨论，并思考其背后的原因，这样才能将我国的科技创新之路走得更好。综合分析我国科技创新的发展历程，笔者认为原因主要有以下几点。

（一）科技经费投入的快速增加

随着国民经济实力的不断增强，政府在加大财政支持的同时，采取了有效措施，积极引导全社会加大科技投入。大量科研资金的投入让科研人员不用再担心生存及发展问题。这样可以稳定军心，让更多的高科技人才投入祖国的科技建设中去。

（二）创新体系建设的良好进展

我国改革开放以来科技创新领域的长足进步和发展，首先要得益于创新体系建设。在这期间，通过国家的大力扶持及在政策和经济层面的资助，我国在科学创新体系层面上的建设取得了很长足的进步和进展。其中以建立企业技术中心为主要形式的企业技术创新体系得到了加强，国有重点企业中几乎所有工业企业都建立了企业技术中心。

（三）基础研究工作不断加强

由我国及世界历史可知，基础学科的建设对于国家整体科技实力的影响无疑是巨大的。欧美等国早已在 18 世纪或更早的时代里创立下了牢固的基础学科根基，这为他们在今后的长足发展奠定了丰厚的基础。以至于某些欧美国家

比世界上其他的国家早进入工业社会几十年甚至上百年。因此，欧美与其他国家产生的差距将在后续的发展中越来越大，可能会造成私有制泛滥和霸权主义的产生。

所以，我国加强基础学科建设的意义无疑是重大的。可喜的是，在国家这几年的大力倡导下，基础学科建设的浪潮已在大江南北兴起。其中，各个高校的基础学科建设更是国家所抓的重点。从 2020 年前的自主招生，到后来的强基计划，无不彰显着国家对于基础学科建设支持的力度及改革的决心。在这一政策下，很多从学校中走出来的基础学科人才，全身心地投入到祖国基础学科的建设中去，为我国科技实力的发展奠定了良好的基础。

三、对科技及科技创新发展的总结与展望

（一）总结

当今世界，科学技术与科技成果的转化与应用正处于一个飞速发展期。科学技术已成为支撑和引导经济发展和人类文明进步的主要动力。掌握先进科学技术的人将在经济和社会发展中发挥主动作用，这既是一种机遇，也是一种挑战。

改革开放是我国科技发展道路上的春天。从对科学技术的认识来看，全民完成了从科学技术是第一生产力到创新是引领发展的第一动力的转变；从人才教育的层面来看，国家在改革中完成了从科教兴国、人才强国的人才教育和发展战略到深入实施创新驱动发展战略的转变；在这个过程中，我国已然变成了一个大力鼓励自主创新能力的建设创新型国家。科技改革在这其中起到了无与伦比的作用，其已经无疑成了改革开放的一个缩影，发挥了"科创先行"的引领作用。

改革开放的四十余年来，我国的科技及科技创新事业蓬勃发展，在与生产力有关的各个方面都取得了举世瞩目的成就。科技发展为国家整体的经济发展、社会进步及人民生活的改善和国家安全等方面都提供了重要支撑。中国的科学研究整体水平已然走在了发展中国家的前列，在一些其他国家涉足较浅及尚未涉足或者成果不显著领域的科学研究已达到国际先进水平。

（二）思考与展望

但与此同时，我们也应该看到，中国的科技发展还存在着许多问题，如许

多领域的科技水平与世界发达国家相比还存在着相当大的差距，在很多科技成果的运用和转化层面还存在不足之处。我们还需要在很多高科技技术及应用领域投入更多的人力、物力、财力。这样才能弥补中国与世界其他国家在高精尖技术层面的差距。在这个过程中我们要从客观事实和规律出发，正确认识和引导科学技术的发展，力争我国在 20 世纪中叶成为世界科技先进国家。

此外，对于我们大学生来说，作为国家重点建设高校的一分子，作为国家未来科学技术建设和发展的生力军，我们更应该做到牢固掌握专业知识，努力提升科学意识和科学素养，要胸怀祖国和人民，把自己的青春奉献于祖国的建设和需要我们的地方去。

从我国科技发展角度看改革开放

杨麟杰[*]

摘　要：21世纪，科技深刻地影响着人类文明发展的进程，真切地决定着国家发展的轨迹。自改革开放以来，我国科技发展可谓日新月异。我们的生活得到了改善，而让我们最引以为傲的便是国家在科学技术上从百废待兴到一步步发展，最终达成了我们现在所拥有的全面赶上国际水平，部分赶超国际水平，部分引领国际的成就。除了科学技术进步，我们也迎来了与科学技术发展有关的相关制度法律进步，二者相辅相成，构成了如今良好的科研环境，从侧面造就了我国如今的成果。通过对改革开放以来我国科学技术发展的历史和成果的学习和研究，我们能更全面地了解我国科研发展的投入及其取得的成果。

关键词：改革开放；科技发展；创新改革；反思科学进步

改革开放开启了我国科学发展技术进步的春天。改革开放政策实施以后，我国的主要发展动力和主要生产力得到了转变和提升。其中，我国主要的发展动力转变为创新，主要生产力进步变成了科技。政策方面，党中央接连实施了科教兴国、人才强国等战略。这些战略在总体上起到了引导的作用，为其他方面做了表率，向着提升我国人才在科学研究领域上的自主研发能力和建设创新型国家的目标迈出了实验性的一步。四十余年来，我国科学发展日新月异，技术实力和科技实力同步发展。经济发展为提高我国综合国力提供了重要支撑。此外，党的十八大以后，我们积极全面地实施了许多创新的实验性的发展战略，在科研体制和机制的改革上进一步具体落实，国家在针对科学研发上的投入不断加大，不断突破原有的做法和思路，从而收获了丰硕的科研成果。随着我们与科学研究技术研究的制度建设一步步完善，中国科技开始走上快速发展的道路。我国有望成为具有世界影响力的重大科技创新国家。

---

* 杨麟杰，四川大学高分子材料与工程学院。

二、改革开放下我国科技发展的投入

改革开放后，我国经济实力得到了显著增强。经济的高速发展让我们有底气、有能力发展科学、革新技术。中共中央随即出台了许许多多强有力的助力科学技术发展的政策和措施。这些措施针对当时我国科学薄弱环节和落后技术等痛点，以基础学科为重要抓手，逐步扩展至高新科学领域，争取做到努力赶上西方国家，尽力赶超国际先进水平。在这些措施的保障下，我国对科学技术研发活动投入持续加大，很快科学研究的框架条件得到了明显的改善，科学研究领域工作者的难处得到了解决。政策上的改革和条件的改善为各项科技活动的蓬勃发展和大量科研成果的涌现创造了良好的发展条件。如今，中国已成为世界科技投资的重要国家。

从国家科技创新的成就中，我们可以了解到，改革开放的春风积极推动着科技发展，这既展现了我国发展科学技术的决心，又促使各种科学研究成果如雨后春笋般涌现。除此之外，我们还积极引进国外先进技术设备，特别是有助于企业技术改造的适用的先进技术，以此助力企业的技术革新。

三、改革开放以来科技发展所获得的各项成就

改革开放的春风拂过，历经多年的探索和努力，我国的科技研究水平得到了质的飞跃。随着我国科学研究人员的科研论文的数量和质量的稳步提高，在国内外的引用数量都得到了快速增长。同时，我国的立法进程的推进大大提高了我国科学研究工作者和我国各界学者获取、保护和利用知识产权的可能性。我国科学研究在基础领域的研究和战略高度领域的研究同步取得了进展，并取得了重大成果。一转眼，我国科技发展已经从过去的艰难起步，转变为如今在某些科学领域的世界领先。

通过政府和各方机构的努力，《中华人民共和国知识产权法》得以建立，属于科研工作者的知识产权得到了更加充分的保障。随着《知识产权强国建设纲要》的发布，我国知识产权保护也进入了新时期。知识产权得到保护就意味着科研工作者的劳动成果得到了保障，他们的努力不再会被他人窃取，这极大地激发了科研工作者的科研热情。这些举措有力地改善了我国的科学研究环境，从制度上保护了科学研究技术研发工作者的研究成果，从而营造了有利于中国科学技术发展的氛围，有利于产出科研成果。

更重要的是，我国的科学发展能够成功地转化为生产力并最终转化为人民的财富，在这个方面我们的成绩斐然。如果说企业是国民经济的细胞，那么科创企业就是国家不可或缺的后备。自改革开放以来，党中央坚持为科创企业营造良好的环境，鼓励政府通过适当的政策倾斜提高科创企业的活力和生命力，激发企业的积极性。

四、对科技发展的反思

科技发展很多时候能够推行人类文明逐渐进步，但是科技也是一把双刃剑。我们在享受科技发展的利好的同时也需要警惕科技发展导致的过度膨胀。历史的滚滚洪流中有太多因为过度膨胀而盛极必衰的例子。

为了不让这种事情发生，我国也颁布了相应的政策，如《国务院关于加快培育和发展战略性新兴产业的决定》，后续也出台了相应的配套措施，这些政策能够合理地分配资源和资本，让各个高新领域都能够发展，各个行业的稳步推进有力地避免了各行各业在发展过程中出现的过度膨胀和参差不齐等问题。

改革开放让我国的经济获得了巨大的腾飞，经济的腾飞让我国的科技拥有了发展的基础和腾飞的前提。目前，在完善的科研鼓励机制和良好的科学研究环境的协助之下，我国的科学研究迎来了飞速发展的上升期。我们相信，中国的科学进步和科技发展将在目前的情况下继续以良好的势头高歌猛进。改革开放不仅为我们带来了美好的物质生活，也助力了我国乃至整个人类的科学技术进步。相信在未来，我国的科学技术会获得更多更加喜人的成果！

浅析航空领域发展及其启示

牟云红[*]

摘　要：改革开放以来，我国的各个行业都飞速发展，而在航空领域的发展更是在短期追上了西方国家的步伐，甚至实现了领跑，这得益于诸多方面的努力。文章通过研究其发展历史，找寻其能快速发展的本质原因；通过研究其发展中的创新模式的转化、体制的合理运用和过程型激励理论与综合激励理论和航天发展之间的联系，总结了航天快速发展的原因及启示。

关键词：航天发展；激励理论；未来发展；创新模式；体制运用

航空领域在如今的高科技领域中占据了一席之地，各国对其都投入了大量的人力与物力。新中国成立以来对该领域也极为重视，因为一个国家的航空发展其实就可以体现其综合水平，从经济发展、高科技领域的掌握等各个方面都可以体现航天发展的重要性。我国的航空领域发展极为迅猛，在短时间内实现了从无到有、从有到精的过程，这值得每一个中国人自豪。同时，我们也应该探索其原因，让我国其他行业也可以实现快速发展。要想探究其快速发展的原因，我们必然要了解其发展历程。通过分析其发展历程，总结一定的启示，使之可以继续保持发展，也可以给其他领域带来启示，实现其他领域的跨越式发展。

一、发展历程

中国航天发展起步于 1956 年，到如今已有六十多年的发展历程，其历程大致可以分为三个阶段。

（一）改革开放前

1956 年 2 月，科学家钱学森向中央提出《建立我国国防航空工业的意见

---

* 牟云红，四川大学公共管理学院。

书》，同年 4 月，成立了中华人民共和国航空工业委员会，统一领导中国的航空和火箭事业。此时处于新中国成立初期，我国航空事业处于追赶西方的阶段，在国家政策的支持下，快速建立起新中国第一个火箭导弹研究机构——国防部第五研究院和后来的中国科学院等。自此，中国的航天事业正式起步。在1960 年中国制造的第一代地对地导弹——东风一号升空，中国航天事业迎来了崭新天地。1964 年 7 月 19 日，我国首枚"T-7A/S1"生物探空火箭发射成功。1970 年，我国第一颗人造地球卫星"东方红一号"发射成功，拉开了中国人探索宇宙奥秘、和平利用太空及造福人类的序幕。

（二）改革开放后

在中国航天的发展下，中国有了火箭和卫星的基础。在国家的重视、经济发展水平的提升及对科技研发的投入下，中国航天事业的发展迎来了小爆发。1985 年，我国自行研制的长征二号、长征三号运载火箭投入了国际市场，承揽了国内外用户卫星发射。1986 年，中国在"863"计划选择的主题项目中，把空间技术列为中国高科技发展的重点之一，同时加大了资金投入，也提出了更多的计划与短期目标。在 1999 年，我国首艘无人试验飞船神舟一号卫星发射成功。

（三）新时期

从 2000 年至今，不仅中国航天领域得到了发展，而且其他领域得到了飞速的提升，如在航天领域最看重的材料领域。随着对太空的深入探索，挑战也会越大，得益于材料基因工程的应用，航天的发展得到了快速进步，2003 年，第一艘载人飞船神舟五号搭载中国首位宇航员杨利伟顺利升空；同时我国的探月计划也在不断取得新成果，2007 年，我国首颗探月卫星嫦娥一号成功奔月，传回了首张月球表明图，正式开启了我国月球探测工作；2008 年，神舟七号载人升空成功；紧接着 2010 年，嫦娥一号卫星的姐妹嫦娥二号也发射成功。神舟系列在此时是中国载人航天领域发展的核心，神舟八号、神舟九号、神舟十号也相继在 2011 年、2012 年、2013 年发射升空，中国航天领域蓬勃发展。2016 年神舟十一号载人飞船也准确进入预定轨道。而中国最近五年的发展速度更是让西方国家难以置信，陆陆续续地掌握了载人往返、空间出仓、空间交会对接、组合体运行，航天员中期驻留等载人航天领域的重大技术。祝融、羲和、天和……越来越多的探测器走向太空到目前的国产大飞机零件的进步，神舟十四号与神舟十三号成功接力，中国空间站也在逐步完善与稳定发展。

二、快速发展的原因

（一）创新模式的合理转变

在新中国成立初期，我国的科技创新刚刚起步，但远远落后于西方国家，但中国学界和政界强调中国要坚持走独立自主、自力更生的科技创新道路。当时由于过于落后，中国先采用了引进、消化、吸收、再创新的模式，这一模式在短期取得了巨大成效，但一些产业进入了"引进—落后—再引进"的恶性循环。为了解决该问题，让中国航天事业发展能稳步进行，提出了自主创新的概念，自主创新应当包括原始创新，集成创新和引进、消化、吸收、再创新三种模式。

1. 三种创新模式的界定

原始创新模式是指前无古人地提出新创意和新思想，经过一系列研究活动，最终形成新产品、新工艺、新方法，并取得显著效益；集成创新模式一般是建议在原始创新的基础上，把已有先进技术或不同领域的高精尖技术联结在一起，形成新的技术并取得效益；引进、消化、吸收、再创新模式则是选择将国内外已有技术引进并加以改进的一种自主创新模式。

三种创新模式相辅相成，合理的结合效果才最佳；而中国在航空领域的发展便是利用了三种创新模式在不同时期的正确转化，使得中国航天发展动力不断。

2. 模式的转变

改革开放前，由于中国刚刚起步且外部国际形势严峻，已经没有很多时间留给中国思考理论，这时候中国在高科技领域采用的便是第三种模式，即引进、消化、吸收、再创新的模式，国内处于一穷二白时期，想办法让中国接触高科技产品才是首要任务，所以在该时期使用该模式是为了快速弥补中国在航空领域方面的空缺，使中国更快地跟上世界发展的步伐，更快地开始自己的硬科技发明的探索。

长期依赖该模式可能使中国陷入"引进—落后—再引进"的恶性循环，所以在改革开放后，中国在经济发展方面的探索逐步成熟以后，就及时转变了模式，开始高度重视原始创新模式，但这不等于放弃引进、消化、吸收、再创新的模式，而是在原有基础上，开始重视新模式。在取得进一步发展后，我国的科研能力有了一定的增强，此时快速转变创新模式极为重要，因为只有在实现原始创新模式一段时间后，才能够实行集成创新模式，所以为了早一步进入三种创新模式共存的时代，中国在改革开放后就开始重视原始创新模式，并取得了不少的成果——实现了系列化、平台化长足发展的自行研制的卫星、新一代大型静态轨道卫星公用平台、现代小卫星和月球卫星等航空航天硬科技产品的重点突破。

随着中国各方面实力的增强，我国航天领域迎来了新时期，创新模式也转变成着重采取原始创新模式及集成创新模式，该时期中国逐步进入科技强国行列，航空领域发展需要的各种条件也逐渐具备，在原始创新模式实行一段时间后会迎来该模式的疲软期，也会导致科技发展出现原地踏步的情况。所以这时凭借外部条件的改善，可利用已有的高科技进行更系统的归纳总结，也就是利用集成创新模式，成功度过原始创新模式的疲软期。该阶段是中国航天领域真正飞速发展的阶段，三种创新模式的共存使得中国航天领域的发展从未停下脚步，追求的是发展质量而不仅仅是发展速度，体现了我国航空事业的发展足够稳重。在正确的时期运用正确的模式无疑让中国航天的崛起更快、更稳，三种模式的相辅相成和及时转换在中国航天领域的发展中起到了重要的作用。

（二）体制的合理应用

在航天发展历史上，始终贯穿两个制度，一个制度是举国体制，一个制度是技术体制。

举国体制指的是国家确定一个目标导向，在国家的干预下，调配全国资源，整个组织制度由国家主导，以攻克某一项世界顶端技术难题或国家级项目的工作体系和运行机制，其优势在于能够调整国家主要战略方针，并且快速集结资源、人力、物力，使国家制订的某一个项目快速起步。也就是说，举国体制能够有效将市场与政府结合起来，在短时期内将战略目标转向国家目标，在改革开放前，中国将有限的资源合理的运用到中国在航天领域，因此其起步虽晚但发展迅速，而且越在高科技领域，该体制的效果越明显，由国家主导可以将全国的力量结合起来，对高科技领域集中发展。所以在举国体制的成功运用下，中国航天在各个航空领域方面都取得非常大的成果，例如载人航天、嫦娥探月工程等。

技术体制指在一个产业技术中，既要有创新，还要具备累计性和专有性，同时与该技术的周期时间可获取性和技术轨道的不确定性有关。该技术体制体现了产业创新要有累积性、周期性，要循序渐进，而不是盲目跃进，我国航天发展虽然相比于西方国家起步较晚，但并没有盲目跟从，而是有自己的节奏，呈现了非常强的累积性与渐进性特征。我国航天发展的步伐从来没有停歇，形成了属于中国的航天发展路线，逐步突破各个难关，在该技术体制下，中国航天发展较为迅速。

中国航天的发展既有外部的政策支持以保障其发展的动力，又有其内部自身发展规律来保障其发展有规律、有节奏。

（三）合理的动力引导

中国航天发展如此迅速，与人才供给不断是息息相关的，我国人才供给呈不间断、有活力、有生机的特点，这样的成果也让其他国家非常羡慕，这样的人才资源得益于我国合理的动力引导，动力引导必然就是一个激励体制。

在过程型激励理论中，笔者将哈德曼和奥尔德汉姆提出的工作特征模型与我国相关政策结合，可以很好得出我国人才动力强大的原因。

$$MPS = \frac{SV + TI + TS}{3} \times A \times F$$

激励潜在分数表示为 MPS，技能多样化表示为 SV，任务完整性表示为 TI，任务重要性表示为 TS，任务自主性表示为 A，任务反馈性表示为 F。

可以看出，MPS 越高表示动力越足，相应在技能多样化、任务完整性、任务重要性、任务自主性、任务反馈性上就要有很高的数值，而中国航天也充分重视了这些方面。

由此可知，我国航天人才的 MPS 较高，从而形成了较强的动力引导，让中国航天人才供给呈不间断、有生机、有活力的特点。

三、航天发展启示

（一）多体制、多模式、多转化

体制不能单一，无论是发展哪个行业，单一的体制只能在短时间内起效果，但长期下去必然会跟不上时代而被淘汰，同理，不能让一个模式贯穿整个行业，必须要将外部制度与内部制度分开治理，因为外部与内部肯定会存在一定的差异，要在恰当的时期运用恰当的体制或模式，及时合理转变，才能跟上这个快速发展的时代，特别是在硬科技领域，而模式与体制也不能照搬他人的，要与行业实情相结合，归纳总结一套适合行业发展的体制与模式。

（二）合理激励

综合激励理论可知，想要提升一个人的动力，内部动力与环境刺激是两个直接影响因素，所以要在内部与外部两方面都给予鼓励政策，对其进行激励，就像航天发展一样，能满足各个指标的高数值，给予人才合理的动力导向。

航空领域的发展值得我们学习，其辉煌成就说明了多方面因素的合理运用的重要性，在如今的时代下，硬科技产品是国际核心竞争力，我们既要继续发展航空领域，也要重视其他领域，想方设法让其他领域也得到发展，从航空领域可以归纳经验对我国其他硬科技产品的发展极具借鉴意义。

科技创新引领制造业发展

——谈谈对"中国制造2025"的认识

黄威帝*

摘　要：改革开放以来中国科技创新与发展取得重大成就，其中与人们生活密不可分的制造业也受到其影响。但我国制造业一直面临着大而不强的桎梏。如今国家提出了"中国制造2025"的行动纲领，它是实现我国从制造大国转变为制造强国的重要战略。本文阐述了"中国制造2025"的提出过程和重大意义，并详细阐述了"中国制造2025"宏伟战略下制造业主要的发展方向，指出了建设科技型、装备型、服务型、环保型制造业的发展方向。

关键词：改革开放；科技创新；"中国制造2025"

自改革开放以来，中国科技发展取得了显著进步，其中与人们生活息息相关的制造业也迸发了无限的生机与活力。制造业是国民经济的主体，没有制造业又何谈国家和民族的强大。近年来制造业竞争激烈，一些国家和地区通过技术改革创新和产业政策优化，不断提高制造业水平，如美国提出"再工业化""本土回归""重振制造业"等战略方针，德国提出"工业4.0"的概念，这些概念一经提出便火爆全球，掀起了制造业改革升级的浪潮。日本也发布了制造业竞争策略，印度则发布印度制造等。在这样的时代背景下，我们国家为了进一步发展制造业、把握住制造业竞争优势，也提出了"中国制造2025"的概念。

一、"中国制造2025"的提出过程和重大意义

习近平总书记指出，制造业是立国之本、强国之基。我国仍处于工业化发

＊ 黄威帝，四川大学机械工程学院。

展阶段，却已出现制造业占经济比重过快下降问题，必须引起高度关注。要把制造业高质量发展放到更加突出的位置，采取有力措施，推进先进制造业和现代服务业深度融合，坚定不移建设制造强国。① 而这就需要中国制造业创新发展、转型升级。中国制造需要完成一场由"制造"向"智造"的转变和由"产品"向"品牌"的转变，让世界爱上中国制造。

2015年3月5日，李克强总理在政府工作报告中指出，要实施"中国制造2025"，加快从制造大国转向制造强国转变。国内工业界人心振奋，产业革命迎来了发展的春天，也引发了国际各界的高度关注。改革开放四十多年来，中国制造业积累了足够的技术手段、人才资源等，而"中国制造2025"也是中国实施制造强国战略第一个十年的行动纲领，是我国制造业迈向新征程的刚性需求。

制造业对经济发展起到了极大的推动作用，是工业化进程的主心骨，也是立国之本、兴国之器、强国之基。然而我国制造业大而不强已是不争的事实，从内部因素看，我国经济发展已经度过了高速增长的阶段，进入了中高速增长的阶段。我国要想在经济上有更大的突破就需要制造业创新驱动、转型升级。从外部因素看，一方面，欧美发达国家推行再工业化战略，谋求在技术、产业方面继续领先优势，抢占制造业高端，垄断制造业资源，进一步拉大与我国的距离，日本、德国等都宣布了新的战略方针、战略计划，大力发展制造业。另一方面，印度、印度尼西亚、越南等则以更低的劳动力成本承接了劳动密集型产业的转移，抢占制造业的中低端。而"中国制造2025"则是使我国制造业更优、更强的不二举措。

二、"中国制造2025"要求制造业创新驱动

（一）建设创新型制造业

复制的制造终将受制于人，只有中国"智"造才能把饭碗牢牢把握在中国人自己手里，才能实现由工业大国向工业强国的转变！而智能制造就是"中国制造2025"的主攻方向。当今，信息化和工业化正在相互融合、相互促进以实现共同发展。全国两化融合如今正朝着范围更广泛、程度更深且水平更高的

---

① 习近平：《论把握新发展阶段、贯彻新发展概念、构建新发展格局》，中央文献出版社，2021年，第301页。

方向不断进步。若要实现两化融合管理体系的大范围应用，则工业互联网平台应从概念科普走向实践应用，要不断涌现融合创新的新模式，要不断夯实两化融合基础设施体系。尽管在不同区域工业化进度与转型升级力度不同，甚至有些地区因为发展不平衡而存在较大的差距，但改革创新是这次工业转型升级的"主旋律"，我们应该在两化融合发展的制造业强国之路上坚定地走下去。

（二）建设装备型制造业

只有把制造业牢牢把握在自己手里，才能谋取更好的发展，才不会受制于人，才能在军事上、经济上保持独立自主，所以加强建设装备型制造业就尤为重要。北斗卫星系统就是完全由中国人自主研发的导航系统，标志着我国在向装备型制造业的方向迈进。

（三）建设服务型制造业

珠海格力电器股份有限公司（简称格力电器）作为世界 500 强企业之一，在空调产品真正做好了服务。同为世界 500 强公司的华为技术有限公司仍在不断制造、研发新的技术、新的芯片，海思麒麟芯片已处于全球领先地位，这既是华为技术有限公司追求卓越品质的体现，更是其不断提升制造技术以更好服务受众的重要举措。我们的制造业应更接地气，不断提升制造品质、提高人民生活的幸福度。

智慧物流正是服务于普罗大众的民生产业。在"中国制造 2025"的指导下，智慧物流又迸发出新的生机与活力。智慧物流作为一项新兴技术，它以互联网、物流网技术为依托，以人工智能技术为基础，通过合理的集合模式进行自我调整；同时不断根据行业发展的实际方向与市场不同的需求进行自我调整；在创建共用集合模式时也发挥着各物流分支的能效，从而提升物流传递与共享效率，如顺丰速运推出无人机送快递，菜鸟驿站推出"小蛮驴"无人车送快递，京东实现了仓库全自动，让机器人接、收、发、安置快递。这些新模式、新业态都极大促进了物流业的效率提高。

（四）建设环保型制造业

我们的发展是不能置环境于不顾的。中国经济高速增长，可是其代价却是自然资源的过度消耗与生态环境的牺牲。尤其是在制造业领域，对煤炭、石油等资源的大量使用会导致环境污染、资源匮乏等许多问题。对环境的不珍惜迟早会反噬人类自己。近年来的雾霾等恶劣环境现象，是环境污染的表现，也严重影响了人们的生活。因此，提升制造业就需要我们摒弃那些污染环境的方法，要用更加温和、更加友好的方式对环境进行呵护，如在"中国制造2025"的大背景下，许多工厂通过采用更加精细的制作手法、流程来响应国家"碳中和"的号召。"中国制造2025"的宏伟蓝图在制造业业界的共同努力下一定会实现，中国必将成为制造业强国，中华民族必将实现伟大复兴。

创新驱动发展，建设科技强国

——"中国这十年"

霍心悦 *

摘　要：科技创新是一个国家发展的战略支撑，是紧跟国际步伐甚至超越国际水平的关键。改革开放以来，我国取得的科技创新成果显著：大批高新技术企业涌现，新兴产业迅速发展，传统产业被注入新的活力，高技术人才越来越多。这些成果的背后，有企业家的努力，有社会的正向风气的影响，有老一辈科研工作者的悉心栽培，还有国家政策的大力支持。尤其在近十年间，中国科技迅猛发展，也在持续不断地进行改革创新。科技创新贯穿于各个领域，也带动了多个领域的发展。中国正处于建设社会主义现代化强国的关键时期，对科学技术的依赖只会越来越大，这就需要不断地改革创新，不断谋求、创造发展良机。本文将从科技创新引领新兴产业的发展、推动农业领域升级、提高企业竞争力、带动高技术人才培养四个方面，具体阐述科技创新带来的成效，从而更好地认识科技创新的重要意义和重大作用，鼓励坚持科技创新。

关键词：科技创新；新兴产业；农业领域；企业竞争力；人才培养

中共中央宣传部在 2022 年 4 月 22 日举行了首场"中国这十年"系列主题新闻发布会，介绍了"实施创新驱动发展战略建设科技强国"的有关情况。从 2012 年到 2022 年，喜迎二十大，筑梦新征程，大众创业、万众创新的号角已然开启；科技创新、技术创造的时态已蓬勃兴起；发展新动能、创造新业态的趋势已引领潮流。这十年以来，嫦娥探月带领航天员遨游星辰大海；"奋斗者"深潜与潜水员一起漫步马里亚纳海沟；中国商飞 C919 腾跃而上万米高空……一件件大国重器见证着中国科技事业的历史成就。这十年，国家的发展取得了一连串耀眼的成果，展现了党的十八大以来我国科技创新发展的重大历史

* 霍心悦，四川大学生命科学学院。

突破。

我国科技事业的蓝图已经绘就，我们的科技创新事业在不断地向前发展。从广大的意义上来讲，科技创新不只是在一些大国重器上体现出来，它贯穿于各个领域，带动了多方面的发展。各行各业、各个领域的发展壮大都需要不断地进行科学技术的创新，下面笔者将从四个方面论述科技创新带来的成果及其重要作用。

一、科技创新引领了新兴产业的发展

这十年以来，人工智能、区块链、量子通信、大数据等新兴技术加快发展应用，这离不开科技创新带来的强大推动力。对于高新技术产业来说，只有不断地创新才能使其保持鲜活状态，永远处于发展的前列、世界的前列。当今，中国正处于百年未有之大变局中，我们已深刻地认识到新兴产业发展的关键核心技术是买不来的，关键还得靠自己。

自实施科教兴国战略、人才强国战略、创新驱动发展战略以来，我国的高新技术、新兴产业领域已经取得了重大突破和发展。新兴产业的发展离不开对高新科技的应用和对高新技术人才的重视，我国的数字经济规模也居于世界第二。科技创新带来的技术突破了我国新兴产业的一些堵点，培育了智能终端、远程医疗、在线教育等新产品、新业态，发展了太阳能光伏、风电、半导体照明、先进储能等新产业，使我国新兴产业的发展蒸蒸日上。

科技创新为新兴产业赋予了巨大能量，可以说没有科技的创新就没有新兴产业的发展。

二、科技创新推动了农业领域升级

作为一个农业大国，从上古时期的神农氏尝百草到现今的袁隆平成为杂交水稻之父，我国一直都很关注关系民生问题。面对动荡的国际局势，农业作为国民经济的基础和人类社会的衣食之源，事关我国能否在激烈的国际竞争中保持独立，事关我国能否由农业大国转变为农业强国。所以，我们必须把饭碗牢牢端在自己手中，这就需要科技创新为农业发展保驾护航。

我国一直坚持"藏粮于地，藏粮于技"的战略方针，并以此来保障国家的粮食安全与农业的可持续发展。在过去的几十年里，似乎更注重"藏粮于地"，而在近十年，随着技术的不断发展，农业领域越来越强调智慧农业、现代农业。科技的创新，一方面为农业领域带来了实时图像、视频监控等系统技术，使农业生产现场具有了各种传感节点，使生产者可以实时勘测农业生产环境；另一方面，现代生物技术、育种技术的应用提高了我国粮食生产的质量，对建设具有世界水平的现代农业强国具有重大意义。我国农业产量的提高不再单纯依靠农药化肥，除虫除草、收割播种不再只依靠人力，越来越多的抗虫抗冻新品种投入生产，各种大规模生产机器、施药直升机等投入使用，智能信息化、实时采集技术等正在逐步推广至农业生产中，农业生产正在逐步向着科学化培育的方向迈进，这都归功于科技创新带来的强大推力。

所以说，农业领域的科技创新能保障发展之基础，稳固国家之根本。只有充分汇聚科研力量，才能端稳中国饭碗、保障群众生活。

三、科技创新提高企业竞争力

随着中国市场的不断扩大，各种各样的企业也如雨后春笋般涌现出来。尤其是一些科技型企业不仅面临着国内同类型企业的竞争压力，也有国外环境的压力。面对这样的情况，只有不断进行科技创新，才能使企业得到长久发展，不受内外干扰。

研究表明，近年来，企业科技投入力度在不断加大，占全社会研发投入比例的76％以上，企业研发费用加计扣除比例从2012年的50％、2018年的75％，提升到目前科技型中小企业和制造业企业的100％。这些数据表明企业越来越重视科技创新，使大家看清了科技创新和自主研发对企业生存的强大支撑力。我们看到，同为电子通信设备企业，华为多年来一直注重自主研发，把技术都掌握在自己的手中，最终发展得越来越壮大，形成了强大的竞争力；相反中兴作为数年前的行业巨头，由于关键技术一直依赖进口，没有形成自己的科技创新，最后导致其受制于人，已逐渐被淘汰。这向我们展现出科技创新对于一个科技型企业来说是多么重要。

科技创新是企业的命根子。核心技术不能只跟着别人走，而必须自强奋斗、敢于突破。企业在积极响应国家号召和紧跟发展趋势的基础上，才能赢得发展的主动权。

四、科技创新带动高技术人才的培养

科技强的关键在于人才强。科技创新迫切需要广大的科研人才提供智慧，只有人才强了，科技才能变强，产业、经济、国家才能变强。为培养更多的科技人才加入科技创新的行列中来，国家出台了一系列的鼓励政策和优惠政策，使学校和社会更注重科技人才的培养，也让越来越多的人才涌现出来。

当前，我国已经进入了全面建设社会主义现代化强国的关键时期，正走在向第二个百年目标迈进的新征程，对人才的需求也越来越大。我们看到2020年年底，光量子计算原型机"九章"横空出世，完成这一重大成果的是一支以"90后"为主体的科研团队；华为技术有限公司为带动自身的科技创新，设立了"天才少年计划"，面向重点高校招收高技术人才。对科技领域创新的迫切要求带动着越来越多的人尽其才、出其力。

人才是富国之本、兴邦大计。回首过往，无论是中国共产党的建立还是新中国的成立，都是人才汇集、共商国是的结果。展望未来，中国的发展也必将依靠各类人才的共同努力。而发展离不开科技创新，对科技创新的需求又反作用于高技术人才的培养，国家对人才的重视，体现在重大战略指导中，也体现在良好的社会氛围中。正因如此，越来越多的人才加入了奋斗者的行列，为科技创新贡献自己，为中华民族伟大复兴贡献力量。

从2012年到2022年，中国这十年，是令国人自豪的十年，是令世界震惊的十年。科技创新带领着中国走得越来越远、越来越高，使中国取得了前所未有的成就，让这样一个拥有几千年文化的大国焕发了生机。当前国际形势变化莫测，各国处于争相发展科技的阶段，我们不能只停留在已有的成就。科技创新，时不我待；紧跟时代，只争朝夕。人民和国家应有这样的信念：不为已取得的成就感到骄傲，不为难以攻克的难题轻言放弃。相信在中国共产党的领导下，中国科技创新的道路会越走越好，中国离社会主义现代化强国的目标也越来越近。

专题五

对外交流

对外开放的历史实践与发展现状

徐佳音[*]

摘　要：对外开放作为我国已经实行并将长期实行的基本国策之一，提振了中国的经济活力，促进了综合国力的增强和国际地位的提高。改革开放作为摸着石头过河的重要一环，它经历了一系列尝试，在新时代亦有新的政策措施和体现方式。

关键词：对外开放；马克思主义理论；现代化建设

对外开放主要体现在两个方面：一是国家积极主动地扩大与国际的交流，二是放宽国内政策限制，不再采取相对封闭的保护政策，发展开放型经济。在对外开放的过程中，我们遇到过挫折和打击，但以逢山开路、遇水架桥的决心和勇气披荆斩棘，开辟出了自己的发展道路。事实表明，对外开放顺应了时代发展的趋势，极大地促进了中国经济的腾飞和国力的增强，为中华民族的伟大复兴打下了坚实的经济基础。对外开放作为我国的基本国策之一，必将长期贯彻执行。

一、理论基础

世界市场的开拓，世界各国的经济文化联系，民族的交融等要求不同制度的各民族和国家都必须直接或间接地参与世界历史构建的进程。而邓小平的对外开放理论正是建立在这一理论基础之上的，并对其进行了延伸。也有学者认为，对外开放思想来源于马克思提出的跨越理论。这一理论认为部分经济较落后的国家可以在短时间内不经过资本主义的充分发展就取得资本主义发展的成果，进而直接进入社会主义。

---

[*] 徐佳音，四川大学历史文化学院。

二、时代背景

19 世纪末 20 世纪初，世界市场最终形成。两次工业革命后，新的交通和通信工具打破了时空限制，使世界联系愈加紧密。第三次科技革命后，世界科技飞速发展的浪潮席卷全球。起步较晚的中国放眼世界，感受到前所未有的震撼和危机感。

1978 年，中国共有十二位国务院副总理率团出国访问近二十次，共出访了全球 51 个国家。回国后，他们统一认为学习先进经验，引进西方技术和制度刻不容缓；开放市场，放眼世界大局不容迟疑。中国的现代化建设必须迎头赶上，才能在强者如云的世界上有立足之地，才能规划民族伟大复兴的事业。

实行对外开放政策是中国的必然选择。历史经验表明闭关自守只能带来愚昧和落后，闭门造车只会令经济长期停滞不前；世界局势表明对外开放是世界发展的必然趋势。制造、流通领域和居民消费行业的社会性、国际性、统一性需要各国敞开国门，相互交流；据中国国内形势表明社会主义现代化建设离不开国际技术、资金和市场，技术和管理经验的进步离不开西方国家的经验和创新。中国想要振兴、想要富强，必须乘上世界发展的顺风车。

三、开放历程

第一步是创办经济特区。如此重要又史无前例的经济政策，必须要先有试点再推广才较为稳妥。以广东、福建为代表，相对发达又坐拥良港，毗邻港澳，便于对外交流和吸引外资，所以东南沿海地区理所当然地成了先行者。1979—1980 年，中央先后决定在深圳、珠海、汕头、厦门划定开放区域，试办经济特区。1988 年，中华人民共和国第七届全国代表大会第一次会议批准设立了海南省和建立海南经济特区的决定，向世界打开了对外交流的大门。

第二步是开放我国沿海港口城市。在经济特区大获成功的激励下，1984 年，14 座沿海的大港口城市经国家确定为开放城市，其中有大连、秦皇岛、天津等。城市开放的脚步愈迈愈大，经济发展的速度也越来越快。

第三步是建设沿海经济开放区。1985—1988 年，中央先后确定对外开放长江三角洲、珠江三角洲和闽南三角地区、辽东半岛、胶东半岛等区域，开放地区开始连点成线，连线成面，初具开放布局规模。

第四步是逐步开放沿江及内陆沿边城市。20 世纪 90 年代后期，开放不再限于沿海地区，内陆也乘上了对外开放的东风，抓住了经济发展的机遇。1992年，长江沿岸的五个城市逐步开放，同时实施沿边开放战略。1998年，十七个内陆省会城市相继开放。至此，中国建立了全方位、深层次、广领域的开放格局，真正步入了开放新时期。

四、新时代的对外开放

当今局势错综复杂，不安定的因素与日俱增，我国处在时代发展的路口，面对百年未有之大变局，我们正逐步走近世界舞台的中心。

在新时代背景下，我们保持和扩大了对外开放政策，强调开放、协调、合作，实行互利合作的开放政策，在积极寻求自身发展的同时带动世界各国经济共同成长，为促进世界发展而奉献自己的力量。全面提高开放质量，积极促进中国对外开放向着优化结构、拓展深度、提高效益的目标转变，积极实施更高标准的国际贸易与投资自由化、便利化发展战略，通过积极增加投资贸易，逐步扩大市场准入，积极建设优质的全球营商环境，推动全球资金回流，充分保障在华外资企业的合法权益。2020年《政府工作报告》中指出为应对外部环境多变，坚持扩大开放，稳固产业供应链，以开放促变革、促经济发展。

同时，我们积极组织并积极参与了各种全球协作，促进了亚洲基础设施投资银行和金砖国家合作发展投资银行等全球投资组织的建立与发展，创造性地提出了命运共同体概念，积极地为全球的和谐与稳定贡献了中国思想、中国方案。

改革开放背景下的大国外交

吕晨晨*

摘　要：自改革开放提出的四十多年以来，中国自身发展和世界宏观格局都发生了翻天覆地的变化，一方面，中国自身发展在稳中有升，各个领域齐头并进，虽然面临着种种挑战和打击，但整体呈欣欣向荣、日新月异的态势；另一方面，国际"一超多强"的形势日趋复杂，国际关系中不确定、不稳定的因素明显增多，对世界总体安全构成了威胁。本文主要回顾了改革开放以后中国的外交发展史和阐述过去在对外开放国策的基础上，中国对外政策的调整与革新，在谋求自身稳定长足发展的同时与其他各国实现互利共赢，实现具有中国特色的大国外交。并对未来中国如何贯彻落实人类命运共同体理念，投入国际事务的建设中，在国际社会中发挥出中国力量、提供中国方案提出展望。

关键词：改革开放；对外开放；人类命运共同体；外交战略

在中国共产党的领导下，历届领导人对独立自主的和平外交政策及其蕴含的外交理念都依据不同的时代背景要求进行了丰富和发展，也对对外开放的国策进行了符合当前实际情况的阐释，虽然具体做法有不同程度的调整，但是取得的成果显而易见。2023 年，各国的利益问题错综复杂，国际关系中新旧矛盾交织，国家间既相互斗争又相互依存，而且这些矛盾和斗争贯穿了国际关系的发展进程，渗透到国际关系的各个领域。如何贯彻人类命运共同体理念，达成各方互利互惠的共识，如何共同抵御霸权主义、强权政治对世界的颠覆及对中国构成的威胁，成为中国外交现阶段最现实的问题。在危机中遇先机，在变局中开新局，我们应尽力营造良好的发展环境为实现中华民族伟大复兴的最终目标创设有利的外部条件。

---

* 吕晨晨，四川大学机械工程学院。

一、我国外交策略的演变

（一）独立自主、对外开放

在历史背景方面，改革开放初期历史背景主要从两个角度进行回顾。一个是国际背景，第二次世界大战结束后新的国际冲突亦不断增加，但世界饱受战争的摧残，渴望和平的新兴国家普遍寻求发展经济、提高国家地位的愿望为国际形势增添了稳定的因素，为世界和平的发展注入了生机与活力。另一个是国内背景，十一届三中全会纠正了过去一段时间的错误，关起门来搞建设是不行的，做出了将中国共产党未来工作的重心向社会主义现代化建设转移的重大决策。

在外交战略方面，改革开放初期中国共产党的外交战略在很大程度上继承了独立自主和平外交政策的核心内容。因为全党工作重心的转移，中国逐步意识到和平和发展是时代的主题，那时对外开放已然成为中国社会主义现代化建设过程中的基本国策，中国外交策略的模式也完成了从结盟对抗到独立自主和不结盟的转变。中国作为最大的发展中国家，要矢志不渝把国家利益放在首位，在对外政策方面采取更开放、更包容的态度，摆脱社会制度和意识形态的束缚，坚定不移地推进国际和平稳定、公正合理的秩序建设。

（二）韬光养晦、积极作为

20世纪80年代末，世界格局发生震惊中外的变化——两极格局崩塌，随着东欧剧变、苏联解体，社会主义走向了低谷期，以美国为首的西方资本主义国家在这一时期甚至扬言"历史终结论"，中国面临着严峻的考验。邓小平南方谈话确立了社会主义市场经济体制改革，建立了社会主义市场经济体制，需要吸收和借鉴当今世界各国包括资本主义发达国家的一切反映现代社会化生产规律的先进经营方式、管理方法。与此同时，中国已经完成农村和城市经济体制改革，经济迅速发展，并通过实施"和平统一""一国两制"的方针使香港和澳门成功回归祖国，中国的国际地位逐步提高。

在该时期，中国坚持发展才是硬道理的观点，倡导协调对话，不搞对抗，与其他各国共同维护世界和平、稳定和发展。在融入经济全球化、世界多极化的过程中，中国在处理外交关系时除履行"和平共处五项原则"外，关于对台问题则坚持一个中国原则毫不动摇。一个中国原则是中国建立睦邻友好的前提，这已成为国际共识，绝不允许任何国家和地区表现出模糊的立场和态度，中国与多国恢复外交关系、合作共赢，也是建立在该国承认一个中国原则的基础上，这是中国外交的底线问题，彰显了中华民族的底气和骨气，必须毫不动摇地坚持下去。

（三）互利共赢、大国担当

自21世纪以来，经济全球化和政治多元化在国际间达成了共识，由于科技革命在加速前进，国与国之间相互依存，各国间的合作范围进一步扩大，使我们逐步意识到合作互利的重要性。随着国际环境的日趋复杂，局部战争矛盾依旧存在，世界仍然充满着不安宁。强权政治横行、单边主义、霸权主义抬头，恐怖主义蔓延，经济发展失衡，世界和平面临着诸多方面的威胁。中国加入WTO后更加积极主动参与全球经济建设，但是中国经济在持续增长的同时，"中国威胁论"亦四处蔓延，中国的发展受到一些国家不同程度的阻碍。

党的十六大以来，中国提出将"引进来"和"走出去"相结合，努力营造和平稳定的国际环境、与周边国家保持睦邻友好、在国际合作中互惠互利。我们要保持开放态度以合作的眼光促和平、谋发展。在领土争端的问题上中国本着相互尊重、相互礼让的原则，以协商和谈判的手段，成功解决了与俄罗斯、哈萨克斯坦、越南等国遗留的边界问题。在处理中国利益与人类共同利益的关系上，中国坚持把中国人民利益同各国人民共同利益结合起来，以更加积极的姿态参与国际事务，发挥负责任大国作用，共同应对全球性挑战。

二、外交发展的展望

（一）"大变局"潜在的危险

在当前国际形势的影响下，单边主义、霸权主义、恐怖主义猖獗，他们企图制造混乱与矛盾，从中谋取利益，如美国的"美国优先"政策，阻挠"多边主义"的发展等。

（二）"大变局"存在的机遇

中国外交战略经历了从"生存"到"发展"再到"命运共同体"转变的三个阶段。一方面以维护民族独立解放、领土完整为基础，重视经济发展和现代化建设，推动构建人类命运共同体，这有助于建立互信关系，消除"中国威胁论"；另一方面，中国外交战略的转变顺应了全球化趋势，这有助于让世界各国认识到中国从站起来、富起来到强起来既有利于维护全球和平，又有利于世界各国的发展，推动了全球治理的秩序建设。

外交战略既审视了国家与世界的关系，也在多元化时代浪潮中蕴含了中国国内局势的重大转变。改革开放以来中国的外交发展之所以能够取得长足进步，这与始终坚持中国共产党的领导是密不可分的。中国外交为国家的平稳发展提供了良好的外部环境，但是新时代中国在外交领域面临新的挑战和任务，中国外交必须服务于中华民族的伟大复兴这个总目标。尽管国际局势波诡云谲，但这些阻止不了中国外交的步伐，中国会同世界人民共克时艰，坚持合作实现双赢、多赢、共赢。只有在互利共赢的环境中，中国才能构建新型国际关系。

开放的裂缝

——论开放之弊端

姚 璐[*]

摘 要：全球化已成为现今不可忽视的 21 世纪时代特征之一。全球化在经济和文化两个方面扩散开来，在生产全球化、贸易全球化、资本全球化的影响下，各国经济的依赖性不断增强且趋势仍未改变，在发展机会大增的同时波动风险也更加严重；文化交流有利于各国人民有更丰富的生活，我国民族文化如何在资本主义病毒式扩散的境况下坚守自身成了一大问题。

关键词：全球化；开放；经济；文化

改革开放四十余年，中国向世界敞开了大门，欢迎他者的到来，也敢于向他者走去。在此期间，中国经济飞速发展，人民生活水平逐渐提高，综合国力得到显著提升。这得益于政策放开、生产扩大带来的劳动岗位增多及人民收入的提高，逐渐由第一产业转向第二产业，海外先进生产技术、经验的传入又提高了我国的生产能力和经济水平。而经济对国家发展的重要性不言而喻，国家机器的维护、义务教育等都离不开经济带来的物质支撑。由此可见，中国的腾飞与改革开放密不可分。但如果将辩证的思考引入这个问题，多维地观察改革开放后的社会图像，就会发现改革开放带来的不仅是经济腾飞、国家富强，也带来了诸多令人烦恼和使人困扰的问题。

一、开放问题之于全球

说到开放的问题，若追溯开放的背景，将分析视角扩展到全球，就不得不先阐述全球化的问题。以主流说法为依据，全球化发轫于大航海时期，这主要

---

* 姚璐，四川大学公共管理学院。

体现在三角贸易。欧洲、美洲、非洲分别作为三个顶点，依托大航海开发出来的航线进行黑奴、黄金、货物的交换，也被称为"黑三角"。这里的"黑"，不仅指当时欧洲中心意识形态下非洲这一异文化人种的肤色，也指这一贸易的恐怖、黑暗，它是欧洲站在一个高位上对防备心较低、生产力较低新大陆的赤裸剥削，与当时萌芽的正要以理性光芒照耀欧洲的启蒙运动之要旨产生了无法忽视的矛盾。随着平等、自由、博爱思想日渐深入人心，殖民地的旗标驻点却迅速在世界范围扩散。欧洲人的闯入的确带来了先进的生产方式、生产工具，提高了某些地区的生产能力，却附带了诸多可怕的代价：他们以自身需求为先，将自身需求量大的作物强行撒入了殖民地的土壤，将自认普遍先进的生产关系强行移入殖民地的社会结构，而不管是否与地理因素相适应，也不顾当地生产力的情况。这些代价甚至长久的阵痛到今天也成了顽疾，使其难以摆脱这些生产惯性，导致难以进行经济转型，生产类型单一，产业结构不平衡且落后于现代世界市场，对进步发展的追求变得寸步难行。在全球化发展后期，资本主义世界市场形成，全球分工也相对定型，形成了资源、生产、消费的三元格局，各国占据着不同的位置，享有着不同的效益。发达国家占领着最大附加值的产业环节，财富积累速大质高；而发展中国家往往进行着低附加值生产，财富积累速小质低，二者发展差距被不断拉大。

对全球化的普遍弊端有了一定了解之后，现在我们将眼光聚焦于今天的中国。

二、开放问题之于我国

（一）对我国经济的冲击

经济自古就是影响国运的决定性力量，要关注开放之于中国的问题，必关注开放给中国带来的冲击，经总结主要有以下几点。

1. 跨境资本流动的冲击

外部环境的不确定因素增多将导致投资信心受挫，如 2019 年的中美贸易战，美方向中方进行了多轮增税，这对我国出口显然产生了极大的负面影响。因担心中国市场的未来变数及成本升高，资本可能会放弃其在中国境内的投资。这也会影响国外资本对中国的信心，对中国资本市场造成一定的冲击。

内部环境仍不完善对资本选择造成一定影响。中国资本市场起步晚，经验较少，对资本认识不深刻；且我国经济基础、制度构造、社会氛围与西方传统金融大国相比，相对缺乏资本市场发展的土壤。从现实层面来说，我国市场结构不完善，导致跨境资本流动呈短期化特点。其具有易反复、波动性大的特点，这显然也会导致我国的经济波动性增大，不稳定性增强。

2. 经济危机的跨国传导

全球化带来的是全球经济依赖性的大大增强，在生产全球化、贸易全球化、资本全球化的今天，一国尤其是大国的经济波动必然对他国经济造成不小的影响，如1929年至1933年经济大萧条给欧美经济带来的巨大打击及后续在政治上引起的蝴蝶效应；2008年美国次贷危机席卷欧盟、日本的全球性经济危机；2022年俄乌冲突造成全球能源价格持续上升，全球粮食供应受到威胁，失业人口显著增多。在全球经济依赖日渐加强的情况下经济危机扩散速度更快、波及范围更广。这对中国经济发展显然不是稳定的外部环境因素，经济整体的不稳定性进一步提高。

（二）对我国文化的冲击

改革开放在带来外来产业、企业之外，也带来了形形色色的外来文化，外来文化中有一些腐朽的成分，要学会批判性接受。在文化交流中，由于结构性建设的缺乏和辨别能力的不足，出现了外来不良文化影响等现象，这样的例子在今天的中国社会中并不少见。

西方文化确有如公义至上、平等博爱等理念，这些都是对和谐社会的美好愿望，但西方文化同样有不少糟粕，无伦理限制的自由、不讲义务的权利、不顾生命安危的放纵等都应摒弃，且一些做法是从特定社会土壤中生长出来的，在这个地方风行，在另一个地方完全行不通。有些青年盲目学习西方文化，不进行辨别，学习其种种行为，这是西方文化中的不良因素对中国青年的腐蚀。如今，随着我国经济文化的发展，民族文化自信日渐增强，中国青年的文化自信也在逐渐增强。

矛盾是发展的根本动力，开放的弊端虽多，但有问题才有创新改善发展的导向点，且机遇远大于风险。我们仍需坚定不移地坚持对外开放的基本国策，不断对外交流，取长补短，并对问题进行重点突破，以便赢得更好发展机遇。

世界杯中国贡献的增加体现了中国
对外开放步伐加快

路涵玥[*]

摘　要：改革开放以来，我国不断扩大对外开放的程度，向世界贡献中国智慧和中国方案，在卡塔尔世界杯中，中国参与了主体育馆卢塞尔球场的建设，承办了球员球衣、基础设施、球迷村、周边设施等多个项目，为此届世界杯注入了中国智慧。改革开放以来，中国不断扩大对外开放步伐，在各项体育赛事中贡献中国智慧，推动体育经济对外开放交流，参与国际重大经济项目的展开和建设，促进经济全球化，推动中国高水平对外开放的步伐。

关键词：开放交流；体育赛事；高质量发展

一、重大体育赛事中的中国贡献现状

（一）参与场馆建设

卡塔尔世界杯中的主球场卢赛尔球场是世界上同类型索网体系中跨度最大、悬挑距离最大的索网屋面单体建筑，由中国铁建国际集团承建。这一项目落地标志着中国铁建"走出去"与"大海外"经营格局的构建进入了一个新阶段。而在整个卡塔尔世界杯赛程的开展过程中，中国赞助商对卡塔尔世界杯足球赛赞助共计 13.95 亿美元，超越美国的 11 亿美元，金额为全球之首。

（二）贡献智慧方案

中国承建的太阳能光伏电站和新能源车为卡塔尔打造"绿色世界杯"提供了巨大助力。中国电建的太阳能光伏电站将源源不断地为其提供清洁能源，此

＊　路涵玥，四川大学公共管理学院。

外赛事期间由中国制造并提供了 1500 辆新能源车，作为接送官员、媒体工作人员和球迷的节能车辆，推动了卡塔尔世界杯的节能减排和可持续发展。而卡塔尔城市内部的地铁、公交车等公共交通工具也借鉴了中国的城市道路治理模式，促进了大型体育赛事的高质量举办，为世界级比赛的发展提供了可供借鉴的智慧方案。

（三）多方面对外开放

中国积极响应了体育强国的口号，在各级体育赛事上加强比赛交流，积极增强赛事储备，培养青少年学习体育赛事知识。在卡塔尔世界杯中，有中国裁判参与执法，为卡塔尔世界杯赛事公平、公正举办提供了保障。中国将京京和四海两只大熊猫送至卡塔尔，加强了中国和卡塔尔的友好交流。中国在体育赛事等国际交流中对外传播中国优秀文化，开展多种方式的文化交流，进行对双方有益的经济贸易活动，提高国家的对外开放水平。

二、改革开放以来的对外开放

（一）中国的对外开放举措

中国不断推动高质量共建"一带一路"，发展和周边各国的友好关系和世界各国的利益关系，秉持正确的义利观，加强和发展中国家的团结合作，在与世界各国合作的过程中打造人类命运共同体，推动经济全球化朝着更加开放、包容、普惠、平衡、共赢的方向发展。

改革开放四十多年以来，尤其是党的十八大以来，我国十分重视对外交流工作，与 157 个国家签署了文化合作协定，初步形成了覆盖世界主要国家和地区的政府间文化交流与合作的网络，在国家政策上支持发展对外交流项目，并在此基础上推动对外交流的高质量发展。

（二）中国的对外开放现状

目前我国对外交流呈方式多样、覆盖面广、内涵丰富等特点。我国在体育赛事方面开展了丰富多彩的对外交流活动，在体育活动的交流中，要展现的不只是竞技技术，还有多种要素的精彩交流。例如在冬季奥林匹克运动会中，我国协助法国、芬兰等建立海外冰雪训练基地，引进各类冰雪运动人才，推动体育开放发展。我国在赛事过程中采用精度较高的规则检测系统和绿色节能装置，推动了体育科技的发展。我国在各类体育比赛中体现了中国运动元素，展现了中华运动的优良传统，推动了体育文化的交流。在体育赛事对外开放的过程中融合了各类丰富要素，推动了体育对外开放的高层次发展。

除此之外，我国开展了武术、乒乓球等特色体育外交，在欧美等国家开展太极拳特色表演活动，开设了武术教育课程，在亚运赛场上进行武术表演，从宏观上看，提升了我国传统体育经济项目对外交流的影响力，推动了国际文化之间的友好合作交流。从微观上看，部分国际学校开展了中外合办项目，开设了特色中国体育竞技课程，在开放交流中增进了国际对中华文化的了解，推动了中国体育文化的传播。

三、中国对外交流发展空间

（一）对外交流开放局限性

1. 我国在体育文化对外开放交流中要注意他国文化影响

随着全球化的发展，东西方文化在交流过程中无可避免会产生冲突，我国的体育文化也在遭受他国文化的影响，以西方体育文化为核心的思想理念在不断渗入。由于西方体育项目更加注重客观的量化，我国体育文化教育和竞技比赛中参考西方体育模式较多，对民族传统文化的保护不足，使后辈缺少对中华传统体育文化的了解。

我国在地缘位置上与日本和韩国接近，故有起源于我国的传统体育文化传入日韩两国，这恰巧被邻国利用。例如韩国在申请世界遗产时，对于摔跤和拔河两项中华传统体育竞技项目申遗成功。

2. 缺少体育文化与经济的协同发展

我国拥有内涵丰富的中华体育文化，但在对外交流时未能结合其他国家的市场条件开展体育文化方面的技术创新，其主要原因是我国的核心竞争力和资金、经验积累不足，未能在当地开拓出好的市场，发展特色体育经济文化。部分体育文化面临着相关比赛资源不足，文化周边产品设计创意缺失等问题，在许多国家的传播力度不足，带来的经济收益较少，不利于体育文化对外传播。

我国体育文化缺少相关的体育竞技比赛和相关具有持续性和权威性的国际赛制，因为在国际视野中的展现机会较少，宣传也不到位，在对外交流和宣传中一直处于弱势地位。

3. 中国体育竞技硬实力不足

虽然我国具有丰富多彩的中国体育文化，但太极等项目的评判标准都偏于主观，世界竞技体育依旧以田径等项目为主。我国存在体育竞技实力不足的问题，在世界大型体育赛事的奥运会上，我国总体体育竞技能力较低，体育后备人才较少，呈现断层趋势，在世界体育交流中的竞争力和地位不足。在四年一度的世界杯赛事中，我国虽投入了大量金钱等物质支持，参与了世界杯主要场馆的建设，但我国足球队却因实力不足未能踏入世界杯的门槛，不敌亚洲的韩国队和日本队，因此体育对外交流实力较低是我国开放交流的重要阻力之一。

（二）对外交流开放措施

1. 加强体育文化自信

将我国传统体育文化项目纳入中小学生身体素质教学培养方案，从小培养青少年对中国体育文化的认同感，并提高他们对这一文化的认识，加强文化自信，建立文化自觉。

加强对中国特色体育文化的宣传，对内加强中国传统体育文化的独特性教育，对外加强对中国本土体育文化的宣传和交流，开展特色武术交流活动，在对外交流中展现中国体育的独特性和创新性，售卖相关体育周边产品和学习课程，增强国际视野，加深了他国对中国特色体育文化独特性的了解。

2. 推动国际体育经济发展

中国在进行体育对外交流的过程中要考虑对方城市发展的情况，重视在对方城市市场开展有效的文化交流。例如与他国城市结对形成友好城市以增加文化容纳度，在其他城市和国家开办与国学相关的场所，加强对外宣传拓宽来华旅游的国际市场，开展留学合作项目吸引国外留学生来中国学习优秀体育文化。企业应积极采取各类措施，将中华体育文化与经济发展相结合，通过发展旅游业等增加中华文化对外交流的机会，增加在国际文化体育交流上的投资，推动创新文化交流的产品形式和创新样式，在各种各样的经济活动中，提高中华体育文化对外开放交流的吸引力和竞争力，带动体育文化在各种经济形势下的对外传播与友好交流，促进两国文化和经济高质量发展。

3. 提升体育开放交流硬实力

我国要将体育建设纳入学校教育范本和身体素质的考核要求，来提升国民身体素质，提高居民对体育健康的重视程度，增强居民在体育锻炼中的获得感和认同感，提升全民体育素质和身体健康指标，打造爱好体育的社会氛围。我国要加强青少年基础体育建设，重视选拔体育人才，加强技能的培养与开发，打造具有中国特色的体育队伍，从国际赛事的建设者变为国际赛事的参与者，提升我国体育赛事在国际体育中的地位，推动我国优秀体育文化对外交流传播。

改革开放以来中国影视作品
对外传播的历程及展望

徐小舒*

摘　要：自改革开放以来，中国影视文化实现了飞跃式发展。在对外开放的浪潮中，影视行业也承担起了将优秀影视作品对外传播的重任。四十余年来，我国影视对外传播经历了理念、方式和对外传播策略等方面的改变。在国家发展层面，影视作品对外传播在推进文化创新中起到了重要的作用。如今，在"一带一路"建设过程中，影视对外传播起到了良好的引导作用，在未来，影视行业也需要坚持从输出优质内容、降低文化折扣两方面，实现让优秀影视作品"走出去"的理想与目标，积极促进影视行业发展、提升国家文化软实力。

关键词：改革开放；影视文化；对外传播；文化创新；文化软实力

改革开放以来，我国的文化事业在思想解放的洪流中迅速发展，取得了历史性进步。影视行业也获得了巨大的发展，在这期间诞生了数不胜数的优秀影视作品。对外开放成为时代的潮流，在这一原则的指导下，我国影视作品对外传播也在逐步发展。回顾四十余年来我国影视作品对外传播的发展历程，其在传播理念、传播方式和传播策略等方面都日益成熟。

一、我国影视对外传播的发展过程

（一）对外传播的理念和方式的改变

20 世纪 80 年代是中国历史上思想解放的重要时期。在这一时期之前，我

---

* 徐小舒，四川大学高分子科学与工程学院。

国影视作品对外传播的主要理念是对外宣传，如《今日中国》经过一系列翻译制作后，与其他社会主义国家进行交流，这样的行为带有浓厚的宣传色彩。自20世纪70年代末，我国才逐步有向西方国家传播的影视作品。

近年来，影视对外传播的宣传属性逐渐弱化，"文化外交"和"产品贸易"两大属性得以凸显。2015年，我国出台影视出口服务"零税率"政策，许多优秀电视剧作品进入国际影视平台播放，彰显了在政策引导下，我国影视对外传播的方式更加专业化、国际化这一优势。

（二）对外传播策略和合作模式的改变

在中国影视产业从无到有的历程中，借助国际媒体合作拍摄传播是实现高质量对外传播的一种方式。从早期，外方处于主导地位进行拍摄的作品《丝绸之路》《黄河》，到2012年中美合拍的电影作品《长城》，我国影视拍摄与制作技术不断成熟，综合实力在不断提升。

同时，影视作品的翻译策略也有了根本性的改变。最初对外传播的主要内容为新闻片和电影片，译制语言则以俄语、英语为主，翻译方式采用直译这一简单模式。但随着时间的推移，影视译制配音是全新的再创作过程这一意识逐渐显现。首先，译制语言应更加多样化，以增加国外受众群体；其次，作品语言应实现本土化，符合当地习俗习惯，提高其可理解性。近年，这一模式得到了普及，经典电视剧作品《平凡的世界》在向蒙古国传播时便采用了语言本土化的原则，在2018年总收视率达到5.8%。

二、影视作品对外传播的重要性和必要性

（一）促进我国影视行业的发展，推进文化创新

当作品面向更为广大的受众群体走向国际舞台时，该作品的质量就成了打开市场、有效实现对外传播目的的关键所在。加强影视作品的对外传播工作，无疑是一种"倒逼"影视行业发展的方法。更重要的是，在这个信息爆炸的时代，对外传播的影视作品若想在其中占据一席之地，就必须以创新为支撑。文化创新在我国创新发展中极其重要，也是实现难度很大的一环。为此，必须从人民文化生活的点点滴滴切入，而影视行业、影视作品的对外传播正是这一体系中的重要一员，这也是一个非常适合的切入点。

（二）提升国家文化软实力，推动民族文化实现国际化

实现文化创新最主要的目的，是提升国家文化软实力。我国影视行业应坚持守正创新，加快对外传播的速度，加大对外传播的力度，为文化软实力的提升奠定坚实的基础。同时，利用影视作品输出可以向更多人、更多国家展示我们的民族文化，肩负重要的文化传播责任。

三、我国影视对外传播的现状及展望

（一）坚持输出高质量内容

中国影视作品走出去的首要保证是高质量的内容，这已是影视行业的基本共识。中国影视需要积极寻找"本土化"与"全球化"之间的平衡点，让体现中国特色、中国风格、中国气派的优秀作品进入国际市场。

将中国传统价值观念，通过影视作品潜移默化地传递给海外观众，是推广我国民族文化的重要渠道；同时，丰富的影视资源也可以凭借不同类型的节目，满足海外客户不同的需求。深入挖掘国内资源优势、因地制宜，投资面向海外观众的精品，能够有效推动中国影视"走出去"。

（二）降低文化折扣现象带来的影响

"文化折扣"现象源于语言、文化差异，对中国影视作品在海外的接受度有着重要影响。中国每年大约会生产上百部电影和上万集电视剧，地道的精品译制工作和本土化模式就是让这些影视作品实现"走出去"的最基础的工作。

第一，优秀的作品译制对克服语言障碍、提升传播效果有很大的作用；第二，本土化模式的配音能体现对受众所使用的语言的尊重，容易获得海外民众的文化认同。从影视传播角度看，降低文化折扣现象以寻求共性文化，才能使影视对外传播真正承担起传播中华文化的伟大历史任务。

专题六

文化进步

浅论改革开放后我国的文化进步

任俏夷[*]

摘　要：改革开放是我党的一次伟大的觉醒，正是这个伟大觉醒孕育了我党从理论到实践的伟大创造。改革开放是中国人民也是中华民族发展史上的一次伟大革命，正是这个伟大革命推动了带有鲜明的中国特色的文化产业的进步与发展。中国改革开放四十余年来，文化发展成就斐然。文化是国家进步的最主要的标志之一，是综合国力的重要内容，是一个民族最深层次的精神追求。社会主义物质文明和精神文明建设都取得了巨大成就。本文就我国改革开放以来文化发展所呈现出来的有关特点进行了部分分析。

关键词：文化自信；文化进步；改革开放；制度自信；体系自信

改革开放以来，在党的领导下，我国文化建设取得了历史性成就，出现了"百家争鸣""百花齐放"的繁荣景象。文化体制改革全面展开，文化事业和文化产业不断发展，公共文化服务体系基本建立，社会主义民主政治建设取得重大进展，以马克思列宁主义、毛泽东思想为指导思想的中国特色社会主义理论体系逐步形成。人民群众的思想道德素质、科学文化素质和健康素质有了明显提高，爱国热情也得到了进一步激发，全社会的创造活力和团结精神得到了进一步增强，人民群众在拥有更高追求的同时，物质生活也得到了极大充实。

一、我国文化建设蒸蒸日上

文化兴国运，文化强民族。文化正是一个国家和民族的灵魂所在。党和国家历来高度重视社会主义文化建设，把提高全民族文明素质和健康素质作为实现中华民族伟大复兴的一项重大任务统筹推进，党和国家始终把提高全民族文明素质和健康素质作为实现中华民族伟大复兴的一项重大任务来抓，始终坚持

---

[*] 任俏夷，四川大学高分子科学与工程学院。

党和国家事业发展。特别是改革开放以来，在全国兴起了以学习马克思主义、毛泽东思想、邓小平理论、"三个代表"重要思想、科学发展观和新时期中国特色社会主义思想为主要内容的热潮。在以这些理论为精神指导的情况下，我国的文化领域发展也蒸蒸日上。

改革开放以来文化进步最明显的是影视领域，电视剧是一种亲民的娱乐形式，电视节目在过去几十年里也涌现了很多的优秀作品，如《红楼梦》《三国演义》等家喻户晓的剧作就是中国人民智慧的结晶；而电影方面则有《英雄》《流浪地球》等。现在中国的影视制作技术已达到较高水平，许多大片都出自国人之手。过去几十年间，中国人民在影视文艺方面取得了巨大发展，这是文化进步最显著的体现方式之一。

近些年来，视频、电子游戏等相关产业在中国得到迅速发展。由上海米哈游影铁科技有限公司原创出品的游戏《原神》火爆国内外，成为"中国制造"的一张新名片；《纸嫁衣》系列解谜游戏将中国传统民俗与游戏解密元素相结合，在年轻人群体中掀起一阵热潮；《黑神话：悟空》精美大气的实机演示画面向全世界证明中国当今的游戏制造水准。改革开放以来，大众对电子游戏的态度不再是将其视为洪水猛兽，而是愈来愈趋于利好，鼓励并支持其向健康的方向发展。

二、进一步巩固了社会主义核心价值体系

文化的核心是价值观，文化建设的核心是价值观体系的建设，这可以说是党在长期革命、建设和改革中形成的基本经验和基本结论。社会主义核心价值体系是指在社会主义社会中，三者有机结合、相互促进、缺一不可，共同构成了社会主义思想道德体系，是坚持马克思主义指导思想，坚持中国特色社会主义共同理想，坚持以爱国主义为基本内容的民族精神，坚持以改革创新为主要特征的时代精神。

改革开放四十余年来，马克思主义中国化的进程始终贯穿着党对当代中国发展规律和马克思主义基本原理与实践相结合这一主题，而中国特色社会主义理论体系则是这一主题的集中体现。在这个时期，马克思主义在继承发展和丰富中实现了创新发展；在坚持中国化过程中丰富和完善了马克思主义；以改革创新精神全面推进党和国家各项工作；以科学理论武装全党是实现中华民族伟大复兴的根本遵循。社会主义核心价值体系也在文化建设的过程中进一步夯实。

（一）不断深化和全面推进文化体制改革

文化体制改革是一项牵一发而动全身的系统工程，是对社会主义整个文化发展进程的总体把握。改革开放以来，李媛媛认为文化体制改革应以速度、侧重点作为区分不同阶段的重要标准：第一阶段：探索与定型（1978—2002）；第二阶段：深化与拓展（2003—2012）；第三阶段：融通与共识（2012 年至今），这三个阶段清晰地呈现了我国文化制度变迁的轨迹和文化政策重心的转移。①

文化体制改革对我国文化建设来说，重新激发了整个社会群体文化创造的活力，是中国成为真正意义上的文化强国的重要保障。无论是在文化自信还是在文化创新能力的提升上，文化制度不断地基于自身需求进行改革，这能够更进一步推动我国文化相关产业、领域持续发展。

（二）以经济建设为中心的文化发展战略得以确立

经济建设在我国社会发展中的地位和作用，随着改革开放的不断深化而日益凸显。当代中国人追求全面发展、实现中国梦的一个重要原则就是以经济建设为中心。从马克思主义的历史观出发，文化的发展与社会生产力的发展是紧密联系在一起的。文化没有经济基础和物质条件的保证就不可能成为社会生产力发展的一部分，就不可能成为服务人民群众物质生活的一部分；反过来，有了先进文化，有了先进文化的形式和内容，也就有了发展的动力，有了社会生产力的方向保证。在社会主义经济建设中，我国实行了对外开放政策。同时，我国经济改革是一场涉及整个社会方方面面、深刻且复杂的革命。我们要通过学习借鉴其他国家或地区的优秀文化来推动社会主义市场经济体制的建立和完善。

我国主张一切从经济发展的规律出发，一切从市场经济出发；坚持百花齐放、百家争鸣的优良传统，立足于社会主义初级阶段，立足于实现中华民族伟大复兴的总目标；为建设有中国特色的社会主义文化而努力奋斗；促进我国文化发展的要求，如促进人的全面发展、促进人与自然的和谐相处。我党的基本理论、基本原则和方针政策是在总结我国历史上各种不同社会制度和不同发展阶段的经验教训的基础上提出的；制定了《关于加强社会主义精神文明建设的若干决议》；提出了重大理论问题和实践问题；制定了一系列重大战略问题，

---

① 李媛媛：《深化文化体制改革问题研究》，人民出版社，2017 年，第 22～24 页。

包括经济建设、政治建设、文化建设和社会建设等。

中国的经济在改革开放中得到了飞速的发展，中国的综合国力得到了显著的提升。确立了以马克思主义文化观为指导原则的中国哲学社会科学研究的理论和理论体系；形成了中国特色社会主义理论体系，其主要内容是社会主义核心价值体系；树立了尊重劳动的社会风尚，尊重劳动，尊重创造；社会主义市场经济体制被确立为其中一个改革目标。

三、文化对外交流日益扩大，影响力不断提高

在改革开放初期，我国的对外文化交流还比较少，但随着社会主义市场经济的发展，我国的对外文化交流开始进入了一个快速发展时期。党和国家领导人十分重视文化对外开放，强调要积极借鉴世界各国优秀文化成果。我国政府对文化对外交流工作高度重视，不断加大投入力度，并以多种形式积极参与世界各国的文化交往活动。

国际社会对中国的关注程度随着中国国家整体综合实力的增强而不断提高。而文化艺术作为最好的交流方式，在国际传播与交流等方面发挥着不可替代的作用。正如习近平总书记在文艺工作座谈会上的重要讲话中所强调的，通过欣赏中国的作品，加深他国对当今中国的认识，增进对当今中国的了解，文艺工作者要讲好中国故事，传播好中国声音，阐发中国精神，展现中国风采。[1] 要把我们的优秀文化艺术宣传好、推广好，让国外的人在审美的过程中感受中国文化的魅力，对中国的文化有更深的了解和认识，这是非常有必要的。

文以载道，文以铸魂。文化自信是一个国家、一个民族发展中最基本、最深沉、最持久的力量。改革开放给我们的文化产业带来了巨大的发展与进步的同时，我们也必须要认识到文化建设不是一成不变的，也需要我们在传承中创新。

---

[1] 《习近平在文艺工作座谈会上的讲话》，（2015－10－14）［2024－03－05］，https://www.xinhuanet.com/politics/2015－10－14/c_1116825558.htm.

新时期中国文化发展之研究

陈妍君[*]

摘　要：当今时代，文化的作用和地位日益凸显，文化建设更是社会主义现代化建设事业中不可或缺的组成部分。改革开放后，良好的外部环境和内部条件促使中国文化建设进入了一个新的发展时期，取得了一系列显著的成就。本文聚焦于新时期中国的文化建设，从多方面探究其取得的成就，分析其发展进步的原因，最后讨论文化发展的不足之处。

关键词：新时期；文化建设；成就

当今时代，文化发挥着越来越重要的作用，对经济生活、政治生活产生了深刻的影响，在综合国力竞争中的地位也日益突出。文化建设对建设社会主义现代化强国和实现"两个百年"目标具有深远而独特的意义。

中国共产党始终坚持把文化建设放在全党和国家工作全局的重要战略地位，以马克思主义为指导，发展先进的社会主义文化。改革开放后，良好的外部环境和内部条件促使中国文化建设进入一个新时期，取得了一系列显著的成就。本文聚焦于新时期中国的文化建设，从多方面探究其取得的成就，分析其发展进步的原因，最后讨论目前文化发展的不足之处，并对此进行思考。

一、新时期中国文化发展取得的成就

伴随着改革开放的深入发展，我国各项事业都呈现出欣欣向荣的态势，在文化发展领域也取得了一系列辉煌的成就。

（一）文化治理不断完善，文化体制改革走向深入

自 20 世纪 80 年代始，全国文化界多次针对文化体制改革问题集会商讨，

---

* 陈妍君，四川大学法学院。

并初步进行了尝试；2005年，中共中央、国务院发布《关于深化文化体制改革的若干意见》；此外，党的十七届六中全会，十八届三中、四中全会也对文化体制改革提出了富有建设性和前瞻性的意见。[①]

目前，我国的文化体制机制改革已经取得了较大的突破：第一，文化管理体制完善，实现政府职能转变；第二，加强文化法制建设，出台公共文化服务保障法、电影产业促进法等重要法律，完善文化领域的相关政策；第三，深化文化市场改革，鼓励、引导非公有制经济进入市场，释放市场活力；第四，加强现代公共文化服务体系建设，完善公共文化服务设施，改善文化民生。

（二）文化产业实现从无到有，新业态迅速兴起

1992年，国家正式把文化产业列入第三产业，把文化部门的定位改为生产型部门。至党的十六大对文化产业和文化事业做出区分、党的十七大对此进一步做出相关论述，文化产业概念实现正式化。

2012年以来，文化产业发展进入了全面提升期，文化产业产值实现了迅速增长，占GDP的比重逐渐增加，这有力推动了国民经济发展。在经济新常态的背景下，"互联网+""文化+"推动传统的文化产业进行转型升级，文化产业与其他产业进行了深度融合。以云计算、大数据、人工智能为代表的信息技术，改变了传统文化产业的生产方式，催生了网文、网游、短视频、网络直播等，成为我国文化产业发展的新引擎。"文化+旅游""文化+科技""文化+体育"等多种融合业态规模不断扩大。

（三）文化事业蓬勃发展，服务体系日趋完善

改革开放为文化事业的发展带来新的契机，使文化事业获得了新的发展。文化体制改革的不断深化，极大地解放和发展了文化生产力。文化事业繁荣兴盛，公共文化投入力度持续加大，公共文化服务设施不断完善，服务能力和服务水平明显提高。

第一，文化投入力度持续加大。改革开放以来，随着国民经济的发展，国家对文化事业发展方面的财政投入也不断增加。1978年，我国文化事业费总投入为4.44亿元，到2018年达928.33亿元。[②]

[①] 《中国共产党第十八届中共和会第四次全体会议公报》，（2014-10-23）［2024-03-05］，https://www.rmzxb.com.cn/c/2014-10-23/396850_1.html.

[②] 《文化产业快速发展居民人均文化消费5年增长43.4%》，（2019-09-17）［2024-03-05］，https://finance.people.com.cn/n1/2019/0917/c1004-31356379.html.

第二，文化服务设施不断完善。据相关数据显示，公共图书馆、博物馆、文物保护管理机构等全国性群众文化机构的数量逐年增加，并呈较快的增长趋势。

第三，文艺作品日益丰富。改革开放以来，党中央矢志不渝地面向广大群众，力求把贴近实际、贴近群众、品质优良的精神食粮奉献给人民，涌现出一大批优秀的文艺作品。

第四，文化遗产保护成效突出。我国坚持"保护为主、抢救第一、合理利用、加强管理"的文物保护方针和"保护为主、抢救第一、合理利用、传承发展"的非物质文化遗产保护方针。我国世界遗产总数位居世界第二，同时也是目前拥有世界非物质文化遗产数量最多的国家。

（四）文化走向世界，国际影响力大大提高

改革开放后，我国对外文化交流不断扩大和深化，成为国家整体外交战略的重要组成部分。2003 年，我国提出文化走出去战略，积极参与国际文化竞争。特别是党的十八大以来，中华文化的国际影响力日益提高。

文化贸易快速增长，文化产品的进出口总额稳步扩大；文化产品在国外的影响越来越广泛；文化对外投资在有序推进，积极发展海外投资的文化企业数量快速增加，文化领域对外投资总额显著提高。

三、新时期中国文化发展繁荣的原因

新时期以来，我国的文化发展取得了如此丰硕的成果，其原因是多方面的。

（一）党和国家的高度重视和正确领导

1981 年，党中央明确提出文艺一定要坚持为人民服务，为社会主义服务的方向，指引文艺工作者的创作；1987 年，党的十三大在我国现代化建设的战略目标中增加"精神文明"一项；1997 年，党的十五大报告中提出建设有中国特色社会主义的文化纲领，进一步发展了中国共产党在文化建设方面的思想；2007 年，党的十七大报告指出和强调了文化在民族文化发展、综合国力

竞争中的重要作用。[①]

（二）国民经济的恢复和迅速发展

经济增长与文化进步并行。改革开放后，我国的经济得到了快速的发展，国民生产总值得到大大提高，人均收入逐渐上涨。经济的快速发展为文化进步提供了良好的物质条件。在满足基本的物质需求后，人们越来越注重精神上的需求，促进了文化事业和文化产业的繁盛，极大地带动了文化消费。

（三）文艺工作者的努力

改革开放以来，广大文艺工作者坚持以文化人，弘扬时代主旋律，继承传统、推陈出新，面向世界、博采众长，努力达到现实性、思想性和艺术性的结合，创造出人民群众喜闻乐见的优秀作品。

虽然在各方面的支持下，我国文化建设取得了一系列令人骄傲的成就，我们仍应保持客观冷静的态度理性看待我国的文化建设。目前，我国的文化发展依旧存在诸多问题：一是文化产业的发展战略还不够科学，文化产业数量不足、内容单一，发展动力有待加强；二是我国文化在全球化背景下处于守势地位，文化竞争力较弱，加之大量西方文化的冲击，"文化赤字"现象严重；三是文化发展存在过度商业化的趋势，低俗作品大量涌现，使文化风气和文化环境受到了污染。

因此，尽管改革开放以来的文化建设成就十分突出，我国的文化发展仍有很长的路要走。

---

① 《胡锦涛在党的十七大上的报告》，（2007—10—24）［2024—03—05］，https://news.sina.com.cn/c/2007—10—24/205814157282.

翻拍潮头百花立：传承创新抑或冷饭热炒？

李 莹*

摘 要：新中国成立后，影视剧与其他文艺形式一样，不断蓬勃发展。尤其是在改革开放之后，各类影视剧层出不穷，其中翻拍剧占了一大部分，如翻拍文学作品、经典影视作品等，广大观众对该类影视剧褒贬不一。本文主要归纳了当下翻拍剧的现状，简要概括了当下翻拍剧的特征。从现象出发，深入探寻了翻拍剧层出不穷的内在原因。同时分析翻拍剧成功的内外因素，并对未来翻拍剧做了个人的展望。

关键词：翻拍；传承创新；冷饭热炒

一、当下翻拍剧的现状及其特征

新中国成立后，翻拍的现象就出现了。所谓翻拍是指在原有作品的基础上，考虑当前的市场需求，以相同或相似的表现形式，从不同的视角采用更好的制作技巧，对原作进行再创作的过程，如《射雕英雄传》《雪山飞狐》等都是从经典的文学作品翻拍而来；而如今的一些带着"新"字的影视作品，无疑就是对一些经典影视作品的"再创作"。

如果曾经还有大量原创剧本的身影在影视剧中出现，纵观现在的热播剧或待播剧，几乎都被各类网络 IP 包围；除此之外，还有一些翻拍经典剧的出现，如《仙剑》系列的第二次或第三次翻拍。如今却存在着一个怪圈：似乎翻拍剧越背离原版，越篡改原著，越能引起热度，引发人们的热议。因此，当下的一些翻拍剧毫无逻辑，甚至有一部分影视剧底线低下。而纵观当下的翻拍剧，主要具有以下三点特征。

（一）量大质低，精品鲜见

如今的翻拍剧如雨后春笋一般，此起彼伏，种类丰富多彩，但是质量确实

---

* 李莹，四川大学机械工程学院。

令人担忧，如《笑傲江湖》《新射雕英雄传》等被翻拍不止一遍，但反响平平，非但没有得到观众的叫好和对经典的致敬，反倒是引来了骂声一片。虽然我国翻拍剧的脚步不曾停止，但是好的作品却亟待发掘。但在这样的大环境之下，仍然涌现了一些优秀的影视作品，如正午阳光的一系列年代剧《大江大河》等。同时，由知名作家陈忠实的小说《白鹿原》改编的同名电视剧等都收到了很好的反响。

（二）剧情雷人，逻辑不通

这个特征已不只是翻拍剧的特征了，已经泛化进整个影视圈。现在的大部分影视剧，已经有了完整的套路。诸如甜宠剧一定会有各种手段来促进男女主角的感情发展，甚至会制造各种意外。这样的"流水线生产"促使了内容的大量雷同。与其说现在的影视剧是翻拍，倒不如说是各类模板的拼凑。剧情不合理也就罢了，但逻辑上的漏洞实在令人无法忍受。

（三）冷饭热炒，有形无实

国产翻拍剧如今都呈现出"雷声大，雨点小"的特点，对电视剧的外形过度包装，将大量的费用用于宣传或明星的片酬，真正用于拍摄的费用少之又少。在电视剧的拍摄过程中，多以明星绯闻为炒作热点，打响收视之战。目前大家对于翻拍剧的关注点，显然已经转移到了"炒"上，如何达到收视热潮，如何创造爆点热搜，但是对于剧本的打磨，对于演员的训练都是较缺失的。

二、翻拍剧层出不穷的内在原因

当下翻拍剧常遭到观众的吐槽和批判，但是即使如此，各类翻拍剧仍旧层出不穷，其背后的力量十分强大。

（一）翻拍剧商业价值高，风险低

在市场经济主导下，影视创作者的主要目的是盈利，因此电视剧的质量究竟如何不令人在意，关键在于如何提高收视率，从而赚取利润。但从电视剧的长期发展来看，好的原创剧本就像深巷里的美酒，虽然质量优良，但是由于当下信息量过大，原创剧本不能很好地引起人们的注意。而翻拍剧的出现毫无疑问易引发这种焦点效应。除此之外，经典翻拍还是一件低风险的稳妥好事，经典翻拍在很大程度上就像挂羊头卖狗肉，不论人们对翻拍剧是何种态度，吸引了受众的注意就达到了最初的目的。同时，由于翻拍的原版拥有一部分受众，翻拍经典这个举动本身就会引来更大的话题性和关注度。基于以上这些因素，众多影视创作者乐意翻拍也就不令人讶异了。

（二）成功案例引发跟风效应

当人们看到了翻拍剧中潜藏的巨大利益，没有理由不心动。前有"翻拍大王"张纪中，对于金庸系列武侠小说的翻拍，虽然骂声连连，但是不影响他赚钱；后有各类魔改小说的拍摄，被批判或被状告抄袭，也不影响这类编剧，甚至还捧红了很多艺人。

（三）原创剧本的数量及质量有待提高

随着翻拍剧的增多，越来越多的编剧抛弃了自我创作的能力，转而去改编现有的剧本、现有的作品。毕竟，殚精竭虑写出来的作品很有可能被束之高阁，但自己只需要花费一半力气的作品却可以获得不菲的报酬。面对这样的选择时，大部分人都会选择后者。但这并不是说编剧是消极怠工，在很多情况下，编剧也没有选择的权力，这一切都是由资本和利益来操控的。

三、成功翻拍剧需要具有的特质

（一）精心选择翻拍的作品

在翻拍作品的选择上，尤其需要慎重，对于经典作品的翻拍，个人觉得应选择具有时代意义的作品，对于一个作品的翻拍是向当代人展现曾经的那一代人的价值观和在时代进步中做出的各种选择，同时要体现这个作品对当代社会的借鉴意义和精神价值。这样的翻拍作品才是大众真正需要的，如《大江大河》这部作品，从中我们既看到了那个时代的波澜壮阔，那个时代人们的挣扎和前行；同时，还有那个时代的拼搏、创新、勇敢精神等，放在今天仍然具有借鉴价值。试问，这样具有时代和现实意义的作品怎么能不发人深思？所以，这个作品能引起观众的巨大反响和共鸣也就不足为奇了。

（二）创设视角要独特，创造态度要端正

在电视剧翻拍的过程中，需要重视推陈出新，以原剧为基础，利用独特视角重新解读。但是尤其需要强调的是，不能乱改或魔改，更不能扭曲原作品的

内涵。由于翻拍剧的受众群体大部分为新一代青少年，如果作品中出现了大量的扭曲概念，很可能会给当下的青少年造成不可逆转的影响。现在很多古装翻拍剧篡改历史，在不知不觉中，向青少年传播了错误的历史知识，造成了不良影响。

（三）要在电视剧创作中投入更多精力

现在出于经济利益的考虑，很多影视创作者已经把主要精力放在了炒作上。这是当下急需避免的。为提升电视剧翻拍质量，一定要重视提升从业者的综合素质，必须认真对待写剧本、拍摄、后期制作和宣传等环节，这样翻拍的电视剧才不会成为原剧的复制品，而能成为另一个经典作品。

其实翻拍的本意是好的，是希望通过拍摄影视剧的方式向一些作品致敬。但是，这种掺杂了资本目的的作品，其翻拍注定较少有高质量的作品出现。希望当下的从业者可以约束自身、保持本心，从而创作出更多优秀作品。

时代思潮与电影文化发展之间的相互作用

王思梦[*]

摘　要：电影是时代的产物，时代的变迁在一定程度上决定了电影行业的发展。不论是最早出现的无声电影《定军山》，还是近期火爆全网的《万里归途》，他们都表现着当下人民的文化追求，暗示着电影制作者未来的发展方向。反过来，电影这一文化产物又在被接纳的过程中改变了人民的精神追求。它潜移默化地改变着人们对某些事物固定的看法，渐渐构筑着一个时代人民的精神文化建设。纵观中国的电影行业发展情况，不难发现时代变化与电影行业发展之间的相互影响与相互促进的关系。

关键词：时代思潮；电影文化发展

一、近代时代变迁对电影文化转变的影响

（一）由表现乡村文化转为表现城镇文化

虽然电影行业起于 20 世纪的上海，但自新中国成立之初到改革开放期间，人民的目光聚焦于农村经济体制改革，这一时代电影题材大都是关于乡村文化的，涌现出一批具有时代感和乡土特色的电影。但改革开放后，全国人民齐心协力发展城市经济，此时的电影视角逐渐由农村转向城镇，以此展现我国人民生活水平的提高。诸如此类的电影数不胜数，它们均在一定程度上受到了时代的影响。

（二）由展现美到揭露丑

在电影发展初期的很长一段时间内，中国电影大都以集中表现社会中美的一面为主，不论是团结一心抵御外敌的抗日影片还是勇敢坚毅、不屈不挠的英

---

* 王思梦，四川大学材料科学与工程学院。

雄个体，它们都以表现社会中积极向上的一面为主。而渐渐的，中国电影市场开始出现揭露丑陋、反讽社会黑暗的题材，这是社会进步所需要的。作为一种表现在大众视野中的艺术表现形式，电影的这一步跨越也是时代进步发展结出的果实。

（三）由现实主义文化转为理想主义文化

中国电影制作初期，其镜头大都瞄准民众生活的实地场景，多用真实画面展现电影主题和纪实风格贯穿整部影片这一创作手法。而随着时代的不断发展，人民日益增长的物质文化需要总是与社会生产之间存在差异，由此电影的纪实风格也在逐渐淡化，开始由现实主义转为理想主义，将对未来美好生活的向往与期待融入电影之中。在今天的影片中，我们时常会发现理想主义的影子，这也是我们这个时代的特色。

二、当今电影文化发展趋势

在当今这个科技迅速发展的时代背景之下，电影行业的发展也取得了日新月异的进步。无论是在风格样式、题材选用还是发展趋向方面都与时代发展有着紧密关系。

（一）风格与样式上趋于多样化

在这个发展迅猛的时代，人们逐渐开始出现对文化不同的追求。电影行业开始涌现大量不同题材与表现形式的作品。电影开头不再拘泥于讲述故事起因，而是点出结尾；其末尾也不仅仅会表现为人们所期盼的圆满结局，而是具有开放性的结局。这样一来就可以满足不同的人对不同电影情节的需求，以满足大众的审美需要。

（二）电影题材选用逐渐广泛化

现在的电影题材选用范围很广泛，由古至今，由内及外，呈现出包罗万象的态势。多元化的取材在一定程度上丰富了整部电影的内涵，使影片本身具有吸引力。同时，广泛化的取材也推动电影制作者利用新的外部元素进行创作，可得到更好的作品，这也是时代的要求。

（三）出现低俗化、娱乐化倾向

当代电影发展迅猛，票房逐渐提高，但其中包含有不少低俗的娱乐产品。究其根本，电影制作者也抓住了当代社会的现实下，人们急需借助娱乐活动释放紧张情绪这一突破口，以搞笑、娱乐、轻松为目的进行创作，以票房高低决定电影题材设定。

（四）仙侠、穿越等超现实剧情增加

人们总是对自己得不到的愈发渴望，而电影制作者正是利用了人们这一心理进行了大量创作，以此来满足观众的需求。此类电影作品在一定程度上可以增强人们的想象力，但大量穿越影视作品的出现可能不利于青少年的身心发展。当代社会人们大都疲于应付现实生活中的压力，都渴望一个内心向往的异域世界，以此来实现内心的满足，故此类猎奇题材的电影在一定程度上可以满足人们的需求，但大量作品的出现也不利于电影行业的长足发展。

三、电影文化的未来发展

（一）发展电影行业的意义

电影是时代的产物，但反过来，时代也会被一定量的电影作品影响。电影既反映时代，也引导时代，它作用于当代的每一个人，它源于生活又高于生活。

在文化层面，电影是最具有国际性的文化产品，是可以反映国家文化软实力的有效载体。电影行业的发展在一定程度上可以表征一个国家文化的发展，因此，正确指引电影行业发展也是十分迫切的。

（二）电影文化长足发展的举措

一是电影制作者应专注于创作。纵观中国电影发展史，在计划经济时期产出的电影艺术价值较高。而这得益于当时的电影创作者完全不受商业因素干扰而能专心进行艺术创作。因此，要想得到一个好的电影作品，电影制作者就必须抱着一种不为利为艺术的心态。

二要建立合理的电影产权保障体系。要想电影行业向前发展，就必须要保障创作者无后顾之忧，全身心地创作出属于自己作品。

从电影发展角度浅析改革开放以来的文化进步

承可歆*

摘　要：改革开放政策的影响体现在社会的各个方面，其中文化层面的进步是最重要的影响之一。电影作为文化影像领域中的载体，以其独有的方式记录下了四十余年来中国社会文化的变化与进步。电影的发展历程是对人民娱乐取向的回溯和预测，也是对时代精神的长久致敬，我国新时期的文化自信之路在这一方面得到了良好的诠释。

关键词：改革开放；中国电影；文化进步；时代精神；文艺人民性

新中国成立以来，几代中国电影人耕耘于文艺土地，勇于承担生产优秀作品的责任、引领文化风向的使命，创作了大量具有时代特征的电影。这些影片以不同时期的特征、不断丰富的类型和不断开拓的内容展现了现代中国的社会变迁，反映每个阶段的时代精神与人民的精神取向。在长时间的改革创新、积累交流中，中国电影的工业化、专业化程度持续提高，内容类型融合发展，文化内涵不断深入，逐渐形成了具有中国特色的电影文化。

一、改革开放以来中国电影的发展历程

（一）中国电影的发展历程

改革开放前的电影多以现实主义、革命英雄主义为主题，革命历史、军事、人物传记等题材是当时的创作主流；"文化大革命"期间，文艺创作受到了一定程度的限制，在这一时期的电影多为题材或情节相对固定的"样板戏"；改革开放之初是社会发展和文艺创作的反思时期，在这一时期的电影创作中旧的传统仍在延续，而新的创造还在摸索之中；20 世纪 80 年代至 20 世纪 90 年

---

* 承可歆，四川大学艺术学院。

代，中国电影进入对于艺术风格、自身审美的快速探索、确立阶段，这一时期的电影体现了文艺工作者对社会现实的思考和对电影美学的追求；进入 21 世纪后，中国电影的创作更具有多元文化碰撞的色彩，并开始重视制作技术的研究方向，向电影工业化的方向发展。

（二）中国电影发展历程与社会文化的关联

文艺创作向来与时代发展、时代思潮关系密切，而电影作为最常见的艺术表现形式之一，其发展历程与社会文化的发展存在相互影响的关系，通常是社会文化的风向先影响文艺创作，然后文艺作品再对社会产生反馈。如 20 世纪 90 年代后，大众文化娱乐的风潮开始兴起，于是以《甲方乙方》为代表的一系列商业喜剧电影开始出现并受人民欢迎；诞生于 21 世纪的《英雄》则引领了此后国人经久未衰的讨论；《西游记之大圣归来》《哪吒之魔童降世》《白蛇：缘起》等以传统文化中的神话故事为依托的动画电影则在一定程度上完成了对中华优秀传统文化的重塑与再造，使其与当下社会更相衬。以上电影的内涵随着时代发展变化而呈现出不同于以往的深刻含义，折射出人民审美的提高、优秀传统文化的再发掘及全社会文化进步的总体趋势。

二、中国电影不同变化后的文化进步内涵

（一）种类更丰富，反映出开放包容的文化政策

改革开放后我国电影改变了革命历史剧占据主导地位的情况，从观赏性较弱、政治色彩浓郁的状态开始向现实主义体裁发展。影片类型逐渐丰富，总体可分为剧情片和纪录片，剧情片又可分为数种，诸如犯罪片、悬疑片、爱情片等。这一变化背后的原因在于我国的文化政策导向随着改革开放的推进，逐渐不再局限于单一的英雄主义、革命题材，而是转向了更加包罗万象的取材，在这样的大背景下，电影的观赏性、娱乐性都有了大幅度提升，其功能也已不限于教化，而是集审美、休闲、娱乐等多种功能于一体。

（二）内容更多元，反映出开放进取的民众思想

20 世纪 80 年代后，随着数量庞大的境外影片流入，在市场的刺激下，国内的电影人在电影的创作内容上开始寻找新的立足点和开拓点，流行音乐、纪实美学、通俗文学等内容也开始渗入电影创作中。其原因主要有两方面：一是

随着改革开放基本国策的实行，民众的想法由原本的保守封闭转向"敢闯敢拼""敢为人先"等进取方向；二是得益于欧美等电影文化的影响，大众文化以珠三角为开放口岸向内地不断延伸，人民对待世界的看法也发生了根本性改变：不再是片面极端而是更加开放平和。

（三）精神内核与传统文化精髓关系更密切

中华传统文化是中国文化的精华所在，也是国产优秀影片深厚的底蕴支撑，这在《大红灯笼高高挂》《卧虎藏龙》《一代宗师》《白蛇：缘起》等影片中有着充分反映。它们蕴含着的或是批判封建礼教，或是表达悲天悯人之情，或是展现与命运抗争的不屈精神的种种文化内涵，将中华传统文化的思想理念、价值观念及民族精神，通过艺术手段加以展示，在丰富了电影内容、增加了趣味性的同时，满足了人民身处世界化进程中对于自身文化价值的追求，填补了大众文化在内向关注方面的空白。大力宣扬了传统文化中的智慧结晶，扬弃地继承了传统以推陈出新，让观众在观看时油然而生一种为中华文化骄傲的自信。

改革开放以来，中国人民的自信心随着政策的推进、经济的发展而日益增长。这是一种对于本国文化的再审视，相比于从前的"全盘否定"或"全盘西化"，毋庸置疑这是精神层面的进步。文化自信这一概念的提出与推广反映了人民的精神文化方面的需求。中国的本土电影植根于中华民族的文化土壤，尝试用鲜活的手法和新颖的方式真实而艺术地反映和呈现中国社会的样貌及中国人民的生活状态、精神风貌，讲好中国故事，传播中国声音。中国电影以其特有的姿态彰显了文化自信，为大众文化的需求做支撑载体。

《卧虎藏龙》《一代宗师》等优秀影片在宣扬了传统文化、传统精神的同时，更为重要的一点是对民族文化价值的呼唤与肯定。改革开放的四十余年是波澜壮阔的一段时期，也是国际局势急剧变化的一段时期，在这样的大背景下，本民族精神的传承和延续就显得尤为重要。

时代的发展带来了新的技术与设备，拓宽了电影创作的空间，从客观上促进了电影产业的发展。与此同时，时代的发展让广大人民也就是电影的受众对电影这种娱乐方式有了更大的需求，要求也更加多元，从侧面推动了电影产业的发展。

电影作为普通民众最喜爱的文艺品种之一，其产量的丰富、品类的繁多及较高的收益，既是我国经济发展、社会进步的表征，也是我国文化事业走向繁荣、文化产业充满活力的体现。

改革开放以来，国产优秀影片从封闭到开放，电影从"引进来"到"走出去"，不难看出中国的文化自信正在逐步提高。文化自信说到底就是民族自信、国家自信，也是实现中国梦的关键。国产优秀影片必须坚持根植于人民、根植于社会、根植于现实，坚持以人民为中心的创作导向，创作响应时代召唤和大众需求的优秀作品，勇于承担时代使命和历史责任，继承优秀传统文化，坚定文化自信，拍摄更多讲述中国故事的好电影。

改革开放背景下中国动画民族化叙事与市场化运作的调和

黄之敏*

摘　要：本文旨在探讨改革开放背景下中国动画的出路，即民族化叙事风格与市场化运作的调和。通过分析改革开放初期中国动画式微的外部原因与内部原因，探讨了中国动画在保持自身民族特质、审美风格的同时走向市场化、国际化与现代化的方式与可能性，进而得出了民族化叙事是未来中国动画一大主流、市场化运作应同时影响与服务民族化叙事的结论。

关键词：改革开放；中国动画；民族化叙事；市场化运作

一、改革开放初期中国动画式微的原因分析

（一）外部原因

1. 技术革命落后于世界潮流，精细化制作模式与市场化运作难以调和

随着第二轮技术革命席卷全球，日本与美国早在 1963 年就让电视机走进了千家万户，电视机为动画的发展提供了丰沃的市场土壤，而中国直到 20 世纪 80 年代才开始普及电视机。中国动画的辉煌与日本动画的崛起虽然是同时进行的，但相比中国的《大闹天宫》引领了中国动画艺术巅峰的三年，日本的《铁臂阿童木》则作为第一部在电视上播放的动画剧，一经播出就创造了极高的收视率，直接开启了日本动画的市场化道路，从此市场本位的日本动画就走上了产业规模化的道路，而中国动画过于注重艺术动画的创作，直到 1999 年的《宝莲灯》才第一次尝试市场化运作。此时的日本动画早已建立了庞大的动

---

* 黄之敏，四川大学电子信息学院。

画市场化帝国，从 20 世纪 80 年代中国开始普及电视机时，《忍者神龟》《圣斗士星矢》《变形金刚》等日本、美国的动画纷纷涌入中国市场，挤占了中国传统动画的生存空间。

2. 大众消费主义时代的泛审美文化

由于大众消费社会的来临，消费主义时代的娱乐精神必然会冲击甚至解构中国动画恪守传统伦理意识教化功能的价值取向，中国动画只能被迫放弃道德的规训与说教，转而追求感官娱乐化等表现形式，又或者在市场导向与传统教化功能中折中，以诙谐搞笑的内容、简单粗暴的商业化思维宣传儿童道德教育，放弃更为广阔更有消费潜力的成人受众群体，这不仅导致了中国动画长期陷于低幼化的刻板印象中，还使中国动画逐渐走向文化平面化、审美娱乐化与精神世俗化。

3. 动画技术的不断开发使中国传统手工动画受到冲击

中国传统动画手工制作的精细化生产模式虽保证了作品的美感与民族特性，然而终难匹配市场化浪潮带来的效率化生产需求，也无法回应受众渴望二维、三维等动画新形式的期待。引入先进数字技术的中国动画陷入了脱离传统手工制作模式后走西方数字技术的老路，但在技术发展上又出现了亦步亦趋、赶超不及的尴尬局面。

（二）内部原因

1. 动画剧本囿于传统语境，未形成鲜明的本土风格

相比美日两国动画善于反映人类共性的题材及在吸纳其他民族元素、融合世界多元文化的同时，仍能保持其或热情奔放或细腻柔和等独有的民族气质的特性，中国传统动画更像是将已有的神话传说换了一种艺术形式，而未展现出系统化、鲜明化的民族特质与本土风格。

2. 剧情创作未与时俱进，缺乏现代化、国际化的探索

美国动画始终在尝试摆脱传统的"王子""公主"等创作元素，《玩具总动员》《怪兽电力公司》等新颖的动画题材不断涌现，中国动画则大多照搬和套用原有故事经典，在广度、深度与新颖度上的创新具有局限性，剧情相对薄弱而缺乏再解读的价值，题材囿于陈旧的故事框架而难有突破，导致我国动画市

场缺乏与时俱进的创新元素及特征。

3. 主要受众为儿童，强调教育功能，未及时调整思路扩大受众基础

大众消费主义背景下，文化的商品化、市场化与产业化成为历史的必然趋势。动画的制作开始从"传者本位"进入"受众本位"阶段，其审美风格日益走向多元化。动画要想被大众接受与认同，就必须充分考虑到大众的接受程度与受众多元化的审美消费需求。然而中国动画未能及时转变思路调整受众，一大批低幼动画涌入中国市场，这类动画不讲究剧情深度，不求质量只要市场的商业盈利模式使中国动画长期徘徊于低龄化的僵局而无法突破。

4. 动画角色造型缺乏原创性

中国经典动画形象大多停留在取材于传统神话或民间传说、民间故事的孙悟空、哪吒、葫芦兄弟等角色中，仅有为数不多的动画角色如黑猫警长、舒克与贝塔等原创。而之后仿日美风格的动画作品角色又缺乏民族化特征，难以深入人心。

二、探讨中国动画的出路：民族化叙事与市场化运作的调和

要想调和民族化叙事风格与市场化运作模式，首先应阐明何为民族化叙事，何为民族特质与民族语境。《流浪地球》《三体》等中国式科幻作品的成功实践已然告诉人们，民族化叙事绝不仅仅局限于中国传统故事的再现等浮于形式的叙事方式，而要重在民族精神、民族性格的体现。正如在《流浪地球》中表现的土地情结折射出的中国人民安土重迁的传统价值观及集体主义精神，显著区别于欧美漫威、英雄联盟等 IP 反映出的个人英雄主义；又如《三体》中中国历史事件与故事主线情节的杂糅与互相影响，个人命运与历史洪流的交织等都具有典型的中国特质与民族化叙事风格，这些作品仍能以鲜明的中国民族本土化风格在一众其他国家的科幻作品中独树一帜。同理亦可迁移到中国的动画产业上，《诗经》的"乐而不淫，哀而不伤"、中国自古以来的集体主义精神、爱国主义精神、民族自信与民族自豪感等都可以成为中国民族化叙事大潮中再创作的源泉。而从《哪吒之魔童降世》等动画电影的成功与《那年那兔那些事》等新爱国主义动画系列剧集的广受好评来看，民族化叙事将成为未来中国动画发展的一大主流。

其次，在改革开放的背景下，中国动画产业在改革层面经历了从事业体制向企业体制的改革，从计划体制向市场体制的改革，以建立制播、品牌授权、产业联动、跨行业营销四大体系为核心的产业结构改革和内容供给侧结构性改革，在开放层面经历了播出渠道开放、劳动力市场开放与内容市场开放。欧美动画和日本动画在市场上大获成功的案例已告诉人们，民族化叙事与市场化运作并不冲突。一方面，市场带来的巨大受众群体会对动画叙事的内容与手法带来一定影响，这要求动画创作者在兼顾受众心理的情况下讲好中国故事；另一方面，也应让良性的市场运作模式更好地服务于民族化叙事的创作。如应警惕与抵制市场化供给背景下因缺乏严格把控而产生的单纯迎合市场的低俗作品，为优质内容创作者提供更清朗更健康的创作空间；从国家层面上应坚持扶优型政策，从企业与创作者层面上应加强授权意识与品牌保护意识，开拓产业联动思路，如与优质漫画、网络文学联动，开展跨行业营销，如卡通吉祥物、动漫内容产品的研发和运营，从而对品牌进行转型升级，打造民族本土精品 IP；坚持内容供给侧结构性改革，让民族价值观、中华优秀传统文化更好归位；积极利用电视媒体、网络平台等增加传播优势；加快从劳动密集型加工向原创内容输出的转型升级，通过政策、资金等帮扶手段鼓励与支持优秀原创者；重视中外合拍，从低端要素转向高端要素，从以劳动力为主转向以 IP 内容、投资为主的代投式合作，把中国价值观通过国际合作与高水平的海外制作进行展现。

新媒体环境下传统文化传播存在的问题及解决路径研究

饶鑫燃[*]

摘　要：在新媒体环境下，传统文化传播呈现出传播主体大众化、媒介多样性、受众主动化等特点。对传统文化的学习与传承离不开媒体的支持。从报刊到广播、电视，再到网络与新媒体，几乎每一种传播媒介都为弘扬优秀传统文化做了贡献。新媒体使中华优秀传统文化的传播方式发生了改变，使传播渠道得以拓宽，让中华优秀传统文化在传播的过程中呈现出新的特色。但在传播的过程中，存在歪曲传统文化内容过分迎合受众的趣味性需求、传统文化标签与内容匹配度不高导致搜索精准度低、传统文化向现代转化不足导致二次传播效果差等现象，从而提出三个解决路径。

关键词：传统文化；新媒体；文化传播；创新

随着时代的发展，前沿科技的进步推动着媒介形式的转型与换代，文化传播与传承所承托的媒体也在不断更新和变化。中华优秀传统文化得以传承主要依赖于媒体的支持，不同媒体的特点和效果也各不相同，而这主要是得益于其自身的特点和表现形式。近代以来，传播媒体的形式已经经历了从报刊到电视广播再到新媒体的发展演变过程。客观认识现代媒体的特点和中华优秀传统文化的特点，有利于在新媒体环境下推动传统文化的创新。

一、相关概念界定及其特点

（一）传统文化概念及其特点

中国传统文化具有不断的生机和创新能力及很强的包容性和凝聚力。在世

　＊　饶鑫燃，四川大学公共管理学院。

界四大文明古国中，在生存时间上有显著优势的就是中华文明。自夏朝以来，中华民族进入文明社会，将传统文化代代相传，保存下来。同时，中国传统社会中儒家、道教、佛教等各派并存，这也体现了中国传统文化具有兼容并蓄的显著特征。

从狭义上讲，中国传统文化包括中国哲学、政治思想和伦理道德等层面。其中，狭义上中国哲学包括自然辩证法和唯物主义等，是人类在认识世界的过程中形成的关于世界观和方法论的一种独特而又重要的学说；狭义的政治思想包括中国传统政治思想特别是以孔子为代表的儒家思想，它们既是对先秦两汉以来哲学发展道路的总结，又是人类认识世界和改造世界的智慧结晶。中华优秀传统文化博大精深，其中蕴含着丰富的政治智慧、哲学智慧等，这是我们在新时代进行文化建设和发展的重要资源和宝贵财富。

（二）新媒体概念及其特点

媒介狭义上是指利用媒质存储和传播信息的物质工具。随着通信科技的发展和时代的进步，在这种媒体的形式下，观众不仅可以通过声音、图片、视频等方式获取信息，还能利用手机、电脑等平台与外界进行信息交流。随着新媒体行业的发展，其内容也在不断丰富。

新媒体的生产和使用及强有力的技术支撑其根基就在于科学技术的飞速发展，新媒体在信息传播的有效性上也是不可或缺的因素之一。与传统媒体相比，新媒体具有传播主题多元、信息发布即时、表达形式多样的特点。在传统媒体时代，媒体机构是信息传播的主要组成部分，受众作为信息接收者的身份是单一的，信息传播的形式往往呈现为传播者到受众的单向传播，而主导传播的媒体机构还会影响传播内容和传播方式的选择。

在新媒体时代，这种情况发生了翻天覆地的变化，信息的接收者也是信息的潜在传播者，接收者可以通过各种网络媒体接受铺天盖地的信息，也可以将自己收到的信息有选择地传递出去，成为信息的传播者。在新媒体时代下，界定信息受众的界限并不严格，从前受众接收者的单一角色已经转变为信息传播的多元化参与者。在这样的时代下，传统媒体的时效性将受到很大的冲击。新媒体时代，人们在接受信息时，不再只是被动接受的一方，而是能主动出击，不再局限于从新闻媒体中获取消息，更多的是利用网络、手机等新兴方式获取消息，这样使信息更新快了很多，时效性更强了。人们可以借助各种新媒体形式，如微信、QQ、微博等将信息传播的时效性推向极致。

而传统媒体的概念要简单得多，纸张媒介是文字和影像，语音媒介是声音，而影像媒介则是声音和影像。新媒体信息的传播可以将各种表达方式结合起来，实现多媒体信息的传播。

二、新媒体对中华传统文化传播的影响

（一）传播主体大众化

在新媒体时代，受众的身份不再单一，他们不仅是信息的接收者，也是信息的传播者，还是信息的生产者。传统文化信息传播是一个系统的工程，涉及传统教育、社会政治和心理等方面的内容。相对传统文化信息传播来说，要想提高民众对传统文化的认知度，就需要在传播内容上下功夫，这就是传统文化信息传播的关键。因此，我们的传播主体正在不断扩大。

（二）传播媒介多样化

传统的大众传播手段在新媒体时代也出现了一些问题。在新媒体的冲击下，传统传播方式正在发生改变，传统的方式、方法不再适应当前时代的发展，而新媒体的发展也为中华传统文化传播提供了更多的可能性。传播媒质主要有以下几种方式：一是各种网站；二是各种微平台，如微信公众号等；三是各类 App。

（三）传播受众主动化

在新媒体时代，信息的产生与传播变得格外简单，对信息的专业性要求也在逐渐降低。另外，新媒体时代下的数字化传播使受众可以随时随地进入阅读状态，信息的输入呈碎片化。因此，在新媒体技术日益成熟的今天，发布者也会对传统文化内容进行适当筛选或删减，使内容变得通俗易懂且短小精悍以符合如今阅读碎片化的趋势，让受众在潜移默化中感受优秀传统文化的魅力。这也使得传统文化的传承与发展方式发生了改变，不再是片面地灌输与受众分离的高度专业性信息，而是让受众积极参与专业信息生产和发布环节。在中国传统文化传播的过程中，受众在认知、认同、接纳传统文化的过程中，体验到一种参与式学习，即通过一种积极的学习方式获得了传统文化的知识，进而实现对其身份和地位、价值和意义的认同。受众对中国传统文化传承创新所带来的社会效应有了更多的期待。

三、新媒体环境下传统文化传播的突出问题及解决路径

（一）突出问题

1. 过分迎合受众趣味性需求

随着网络传播技术的飞速发展和广泛应用，一些网络传播平台、自媒体及各类社交账号为了获得关注、赚取流量，以娱乐为核心，用各种噱头在新媒体平台大肆传播、报道一些被歪曲了的传统文化内容。这不仅会对传统文化的真实性造成严重的破坏，还会在一定程度上造成受众的价值观混乱和价值判断偏差。

2. 传统文化标签与内容匹配度不高

在新媒体环境下，由于对信息生产的要求降低，在其创作、发布作品或评论的时候往往不能正确辨别或使用正确的关键词和标签。很多受众在网络上搜索传统文化的相关标签，经常会遇到词类类别太笼统、分类不清晰的问题，使得受众在接收信息的过程中程序过多，不能便捷地找到想要的内容进而感悟其精神内涵，继而降低了文化传播的可能性。

3. 传统文化向现代转化不足导致二次传播效果差

在新媒体环境下，受众对传统文化内容的宣传和分享，主要能反映受众对相关文化内容的深刻印象。无论受众在传统文化中有着怎样的心理，传播内容的前提是创新的、引人入胜的、高质量的传播内容。针对新媒体平台传播传统文化的问题，主要是因为其发布的传统文化作品大多缺乏创新而导致现代转型严重不足，从而难以吸引观众。但是目前并没有形成成熟且完整的理论体系和技术标准来应对和解决此类问题，也没有相应的法规和规范对其进行引导。此外，传统文化类自媒体平台中也存在着很多问题，比如"泛娱乐化"和"标题党"等现象、内容生产不专业导致内容质量不高、宣传理念与行为方式不科学等。这都导致了很多传统文化网站发布的作品受众寥寥无几，难以获得观众的认可，观众接受意愿低，二次传播效果较差。

（二）解决路径

1. 使新媒体成为传播中华优秀传统文化的有效平台

为了在新媒体环境下有效传播中国优秀传统文化，需要为传播者配备先进的传播理念和深厚的传统文化素养。首先，科技进步和发展带来了传播工具的现代化。传播者必须深刻理解传播媒介的便利性、广泛性及其特征，才能更好地发挥其优势。其次，传播者和目标群体都应带头提高个人的媒体素养。同时，新媒体传播环境下的传播者应具备传统文化的专业知识及内在修养和基本素质，且能够适应新媒体时代传播主体多样化的需求，选择合适的传播手段，以此来有效传递传统文化。只有具有较好的传统文化素养的受众，才能批判性地阅读其所接受的传统文化信息，正确分析信息、使用信息并传播信息。

2. 让新媒体推动中华优秀传统文化传播的创新表达与融合

加强中华优秀传统文化的传播，首先，要充分发挥新媒体传播优势，拓展传统媒体和新媒体平台功能，加强对中华优秀传统文化内容的数字化处理，将其转化为易于传播的优质内容。加强对中华优秀传统文化内容的数字化处理要突出其时代性、创新性、艺术性等特点；坚持"三贴近"原则，使中华优秀传统文化的数字化产品更贴近受众。数字化时代，新媒体的传播形式多样，包括视频、音频、图文、图表等；内容也呈现出个性化、分众化等特征。其次，可以利用各种多媒体平台在传播者、信息受众和研究学者之间搭建沟通渠道，有利于传统文化的当代意义再挖掘；还可以将独特的传统文化元素融入图像、场景、人物、服装、道具等游戏娱乐应用中，让观众沉浸其中，在潜移默化中构建中华优秀的传统文化。

3. 让新媒体有一个健康的传播中华优秀传统文化的环境

首先，要加强新媒体传播相关法律法规的制定与实施，明确传播主体的责任，深化明确监管内容、监管目的和监管对象，不能笼统概括导致新媒体时代信息传播追责无迹可寻。我国新媒体自律机制的缺失在一定程度上导致了新闻传播渠道的"混乱"。一些人利用这一缺失，发布一些歪曲传统文化的内容，因此完善新媒体投诉渠道至关重要。其次，要构建科学的传播机制，使中华优秀传统文化通过不同的途径和方式，在大众中传播发挥积极影响。要发挥党和政府主导作用，通过政策扶持、资金投入等形式大力支持中华优秀传统文化进校园，为学生提供了解中华优秀传统文化的机会；以专业团队负责内容的生产、策划、组织实施等；号召社会团体、民间组织等积极参与和组织形式多样的传播活动；要加强专业人员培训以提高传播主体的素质和能力。

专题七

民生保障

改善民生：社会发展的永恒主题

——改革开放以来中国民生发展情况

潘红桔*

摘　要：民者，国之本也。改革开放以来，中国从致力于推动经济发展到关注改善民生，始终将老百姓的需求放在心上。在这四十余年间，我国在医疗、教育、就业等领域不断发展，从宏观到微观不断落实一项项政策，终于在今天有了可见的收获。知古才能鉴今，仔细体察民生发展历程，才能走好今后的民生发展之路。

关键词：民生建设；社会发展；历史演进

民者，国之本也。所谓民生，可以分为"民"和"生"两个字。"民"者，从其甲骨文的象形图案来看，疑是"盲"的本字，为"盲目之民""横目之民"，百姓是国家赖以生存的根本。民本思想在中华民族传统思想中占有重要地位。由此可知，民生问题一直是中华民族几千年来关注的重点、热点问题。回顾过去，纵使尊卑等级森严，老百姓的处境、生活需求亦不得忽视；着眼当下，改革开放以来，中国从致力于推动经济发展到关注民生改善，从满足人们的物质需求过渡到满足人们丰富的精神需要。在此期间，中国的国情发生了翻天覆地的变化，现代化的中国更加关注老百姓的需求。

一、起步到飞跃——中国民生事业之发展历程

（一）正式启动时刻（1978—1992 年）

从新中国成立到 1978 年以前，中国共产党虽然一直致力于带领中国人民

---

* 潘红桔，四川大学法学院。

过上好日子，但是受国内外环境等不利因素的影响，中国的民生建设一直处于低迷状态，其主要任务是解决人民的温饱问题，但事实上效果却不佳。1978年，党的十一届三中全会召开，党中央做出了以经济建设为中心、实行改革开放的历史性决策，中国的民生建设正式步入了正轨，这一启动时刻为中国的发展带来了巨大转机，至此，中国社会主义现代化建设正式起步。

但是，由于国家此时的资源、财力仍不足以实现所有愿景，在这一阶段还只是一种相对普适化的民生保障，其目的仍在于要解决人民的温饱问题。在就业方面，存在大量知青返乡，城镇就业岗位、住房缺失等问题，农村却处于缺乏劳动力的困境。于是，城镇就业制度的改革与乡镇企业的迅速发展，推进了城乡人员的流动，使城乡二元社会结构出现了新的变化。在医疗方面，党和国家开始探索新型农村合作医疗制度，积极改革城镇医疗保险制度。在教育方面，由于1977年中国恢复高考，在接下来的几个阶段中呈现不同的特点以适应当时的时代特征。

在这个阶段，国家主要将发展重点放到了经济方面，毕竟有了一定的经济基础才会有建设上层建筑的实力。

（二）稳步发展阶段（1992—2002 年）

这一阶段是我国经济体制转轨下的社会建设阶段，在党的十四大之后，中国的民生建设进入了新阶段，但是由于忽略了农村人民的权益保障，进而造成了严重的"三农"问题。在社会保障制度建设方面，政府建立健全社会保障体系，完善养老保险制度：1993年11月，明确提出建立与社会主义市场经济体制相适应的多层次社会保障体系，包括社会保险、社会救济、社会福利、优抚安置和社会互助、个人储蓄积累保障等方面，而这一举措主要运用在城镇人口方面。在教育体制改革方面，逐步提升教育水平：1993年2月，中共中央、国务院提出要建立适应市场经济体制和政治、科技体制所需要的教育体制；1995年后，中央首次使用素质教育一词，强调全面推进素质教育，对教育发展提出了更高要求。在医疗卫生方面，党中央逐步提高合作医疗制度的社会化程度，到2000年年底城镇职工基本医疗保险制度初步建立。

（三）全面建设时期（2002—2012 年）

党的十六大之后，我国在注重经济发展的同时更加注重改善民生，提出了构建社会主义和谐社会的重要思想，十六届四中全会首次使用"社会建设"这一概念，提出要把建设和谐社会摆在重要位置。基于此，民生问题受到了关注，党的十七大进一步从教育、就业、收入分配、社会保障、医疗卫生、社会管理六个方面提出社会建设的具体目标和任务。

在教育方面，我们取得了新的发展。我们更加注重基础教育的地区均衡并逐步落实素质教育，期望建成一个全民学习的社会，同时高等教育深入实施985工程和211工程，职业教育逐渐进入新的发展阶段。在医疗卫生建设方面，我国逐渐实现医疗卫生服务体系城乡覆盖全面化，医保制度稳步发展，各项改革齐头并进的态势。

（四）奋进新时代阶段（2012年至今）

这一阶段我国进入了中国特色社会主义新时期，国家各个领域发展不断向善、向好，民生建设也进入新的发展阶段。

党的十八大以来，我国民生保障工作进一步制度化、法制化、体系化，期望在经济增长的同时促进民生保障体系的完善。在教育方面，我国教育事业取得了长足发展并不断巩固：2020年学前三年毛入园率达到了85％，九年义务教育巩固率达到了95.2％，高中阶段毛入学率达到了91.2％，高等教育毛入学率达到了54.4％；优质教育设施的覆盖面也在不断扩大，2020年全国中小学具有多媒体教室的学校比例达到了95.2％。在社会保障方面，政府不断出台公租房、养老金、扶贫、医疗保险相关政策；2020年年末，全国基本养老保险覆盖达到9.99亿人；基本医疗保险覆盖超过13.6亿人，基本实现全民医保。[1] 另外，从政府财政支出方面来看，我国近年来民生保障支出不断增加，并在2020年年底如期完成脱贫攻坚任务，解决这一民生难题。

二、宏图到微观——中国民生事业之当下举措

（一）可视化的成就与转变

民生建设是一个多主体、多层次、多领域的复杂体系，涉及经济、政治、医疗、教育等多个方面，其中政府承担着统筹谋划的兜底责任，其他主体（社会团体、企业机构等）发挥着配合互助的重要作用。

当下的国际形势波诡云谲，中国正面临着百年未有之大变局，保障民生更

---

① 《增收有底气生活更殷实》，（2021—02—17）［2024—03—05］，https://cpc. people. com. cn/h1/2021/0217/c64387—32030072. html.

是重中之重。当下，我国经济深度转型，数字经济是继农业经济、工业经济之后的主要经济形态。其发展速度之快、辐射范围之广、影响程度之深是前所未有的，推动生产方式、生活方式和治理方式进行深刻变革，成为重组全球要素资源、重塑全球经济结构、改变全球竞争格局的关键力量。因此，促进新形态经济发展是为民生福利持续发展保驾护航的重要举措。

因此，促进经济发展的就业问题也同样是民生之本、稳定之基、安民之举、安国之策，就业持续稳定发展是改革开放最大的成果之一。四十余年来，我国城乡就业总量从 4 亿人扩张到约 7.8 亿人，就业总规模增长了 93％。其中，城镇就业人员总量达到了 4.2 亿人，比 1978 年增长了 346％，年均增速达到了 3.9％。农村人口比重从 1978 年的 82.1％逐步下降到了 2017 年的41.5％，乡村就业人员比重从 1978 年的 76.3％逐步下降到了 2017 年的 45.3％。[1]

同时，教育是最关键的民生，也是一个民族发展进步的基石。通过前文可以看到我国教育普及率的稳步提升，逐步实现义务教育普及化。目前，我国逐渐从加速实施教育全面覆盖到推动深化新时代教育评价体系改革，反映出我国人民在教育领域的观念逐渐从普适化向公平化过渡。现今我们遇到的很多发展问题归根结底是教育的问题、知识的问题。要想让每一盏读书灯都点亮希望，让每一个梦想都不被辜负，为未来的中国充实后备力量，那么推进教育公平是关键。

另外，医疗是最大的民生，是每一个老百姓都关心的问题。由于科技的不断发展，医学制药、手术设施、人类寿命等各领域都面临着发展要求。我们要在现有的成就基础上坚持"健康中国战略"，不仅政府要履行"兜底责任"，完善医疗保障相关措施与福利政策；全社会各企业、各机构及所有人民也应该树立健康生活的绿色观念。

（二）展望未来

在中国特色社会主义新时代，党领导的社会主义建设以保障民生为根本目标，各项事业能取得长足发展，并不断相互影响、相互融合。

"法治中国"不应只是一句口号，它同样也体现在民生建设上。未来，相信会有更多更细致的相关立法来保障老百姓方方面面的权利。

---

① 《就业总量持续增长　就业结构调查优化》，（2018－09－12）［2024－03－05］，https：//www.gov.cn/xinwen/2018－09/12/content＿5324650.htm.

当一个观念真正深入人心，才能转变为一种文化或一种共识。现在的时代是一个愈加注重个体权利保障的时代，老百姓对于美好生活的追求愈加蓬勃。2019—2021 年，部分民众面临着失业、失独等各种各样的风险，民众的幸福感大大降低。保障老百姓的生活需求，落实就业岗位需求，保证基本民生才能促进社会长久持续的发展。

家是国的缩影，国是家的皈依。从小处看，民生是我们每一个老百姓的衣食住行，小到一日三餐、交通出行；大到生老病死、教育就业。从大处看，保障民生是社会稳定的基础，既得益于经济发展，也能促进社会进步。

一项项有温度有质感的民生举措带来无数可喜的变化，也增强了国家的凝聚力和民族的自信心。我们有理由相信，抓实干、促改革、谋发展终惠于民生。但是面临时代的新挑战，我们不能沉浸于曾经获得的成就而忽视现在的困难，民生问题仍是真正亟待解决的问题。

始终发展为人民，民心保障在民生

——改革开放以来民生保障的发展

付 藤*

摘 要：自新中国成立以来，党始终坚持以人民为中心的发展理念，坚持走社会主义道路，不断完善社会主义制度。社会主义制度优越性根本表现在能允许社会生产力使人民不断增长的物质文化生活需要逐步得到满足，不断发展生产力，改善人民生活条件等。社会主义发展的根本目的在人民，四十余年间民生领域变化之巨、提升之快前所未有。改革开放为人民，极大地促进了民生保障的发展，在就业机制、医疗、教育、收入分配、生活质量、居住条件、老年抚养、脱贫攻坚等方面取得了卓越进步，逐步实现了"幼有所育""学有所教""劳有所得""病有所医""老有所养""弱有所扶"。本文以改革开放作为时间线，从多方面政策发展及人民数据反馈分析民生保障发展的成果，并从大学生视角下展望如何推进民生保障的发展。

关键词：改革开放；社会主义；民生保障；就业收入；医疗教育

从衣、食、住、行四个方面来介绍改革开放前民生状况：衣，民众持布票买布，衣服多在衣店定做，一个城镇最多一两个百货大楼，衣服面料多为棉布，最普通的样式还是类似于中山装的褂子；食，粮食、蔬菜紧缺，人民仍缺乏最基本的营养；住，人们多居住在破旧、年久失修、岌岌可危的破旧民居，房屋内只有床、桌子、椅子等基本家具；行，最主要的交通工具是自行车，我国也被称为自行车王国，当时的道路建设也十分落后。从这些状况中可以看出，改革开放前民生困难且急需发展，改革开放后民生则逐步得到进步。

近年来，我国民生工作持续开展并不断完善，但仍存在各省份之间发展差距大且存在持续扩大的趋势，电话和入户调查结果表明，百分之五十左右的居

---

* 付藤，四川大学历史文化学院。

民对当前生活较满意，超过百分之七十的居民对未来则抱有信心；从不同领域来看城乡居民对社会治安、社会保障、教育的满意度较高，对就业、收入、食品安全的满意度较低，多数居民认为政府工作在治理腐败方面要有所改善。约有十分之一的居民对生活不满意，主要集中在低学历居民、低收入家庭、非正规就业者、无房户等群体之中。[①]

一、民生发展现状

大部分省份的民生发展状况得到了改善，但省份与省份之间差距仍较大；通过纵向对比来看，各省份间的民生水平差距仍有扩大的趋势。城乡居民的总体满意度较高，但同样存在一定的差距问题。

根据前文对民生满意度的分析，我们可知住房、教育资源、收入分配、食品安全、就业机制、政府工作等是影响民生满意度的重要因素。民生保障说到底，关键应落在一个"民"字上，要让人民吃饱穿暖，有地方住，买得起房，孩子能享受较好的教育资源，看病不用害怕花钱，政府的工作清正廉洁，为老百姓解决问题，民生问题自然就能得到较好解决。

二、民生保障的地位

（一）社会主义道路发展的根本

社会主义制度的优越性的根本表现在于能够允许社会生产力以旧社会所没有的速度发展，使人民不断增长的物质文化生活需要逐步得到满足，不断发展生产力改善人民的生活条件。社会主义与资本主义最大的不同之处就在于社会主义制度是真正为民众考虑，要让每一个人都跟上社会发展的脚步，要实现共同进步、共同发展，社会主义制度是具有团结精神和奉献精神的制度。

改革开放是对社会主义制度的一次大的检索、改正、完善。党的十一届三中全会以后，以邓小平同志为核心的党中央领导全国各族人民，总结了我国社会主义建设正反两方面的经验，吸收了世界社会主义历史精华，做出把党和国家工作中心转移到经济建设上来、实行改革开放的重大决策，明确提出走自己的路、建设中国特色社会主义，科学回答了建设中国特色社会主义的一系列基

---

① 张玉台、吴晓灵、韩俊等：《我国民生发展状况及民生主要诉求研究——"中国民生指数研究"综合报告》，《管理世界》，2015 年第 2 期，第 1~11 页。

本问题，成功开创了中国特色社会主义。^① 不可否认的是，如果没有改革开放对社会主义制度的检索、改正、完善，并在后续的发展中开出一个好头，那么中国今日的成就便是难以实现的。

（二）党的立身之本

中国共产党自 1921 年成立以来，始终把为中国人民谋幸福、为中华民族谋复兴作为自己的初心和使命，始终坚持共产主义理想和社会主义信念，团结带领全国各族人民为争取民族独立、人民解放和实现国家富强、人民幸福而不懈奋斗，已为此奋斗百年历程。^②

党的十八大以来，在以习近平同志为核心的党中央的领导下，我国民生事业明确了发展方向，不断完善其制度，并做出了举世瞩目的成就。由于客观条件存在约束，我国民生领域仍有一些短板，突出的问题在于民生发展仍旧不平衡不充分。党的十九大报告中强调了要"抓重点、补短板、强弱项"，从根本上要求我们以发展的眼光看人民的需求，以科学的态度认识人民对美好生活的新需求。坚持以人民为中心的发展不仅是习近平新时代中国特色社会主义思想的核心要义之一，更成了提高保障和改善民生水平、加强和创新社会治理的根本行动指南。在实践中，我们更不能忘记以人民为中心的发展思想，要把人民利益摆在至高无上的地位，让改革发展成果化为人民的实际利益，公平使人民共同享有，要坚持人人尽责、人人享有，坚守底线、突出重点、完善制度、引导预期，加强完善公共服务体系，做到保障群众基本生活底线，同时要提高群众基本生活底线，从而根本上提高人民的生活水平，不断满足人民日益增长的美好生活需要，同时要促进社会公平正义，形成有效的社会治理、良好的社会秩序，充实、保障人民的获得感、幸福感、安全感。党的立身之本在人民群众，人民群众是历史的创造者，是社会物质财富和精神财富的创造者，是社会变革的决定性力量。要筑牢立身之本，着力补齐民生短板是实际民生工作中的重中之重。^③

---

① 《在庆祝改革开放 40 周年大会上的讲话》，《人民日报》，2018 年 12 月 19 日，第 2 版。
② 《中共中央关于党的百年奋斗重大成就和历史经验的决议》，《人民日报》，2021 年 11 月 17 日，第 1 版。
③ 黄家亮：《在发展中补齐民生短板——〈中国人民大学中国社会发展研究报告 2018〉概要》，《社会建设》，2019 年第 6 卷第 2 期，第 91~94 页。

三、各方面民生保障的发展及数据分析

（一）就业收入分配

就业为民生之本。自改革开放以来，我国坚持实施积极的就业政策、就业优先战略，实现了劳动就业制度由统包统配向市场化导向转变，就业总量持续增长，就业结构不断优化，就业政策与服务体系日趋完善，劳动者权益在劳动力市场法律体系逐步完善下得到保障。同时，经济迅猛发展，城乡居民收入增长向全面小康水平迈进，城乡居民收入来源不断实现多元化，不断提高人民身边可致富资源的利用率。脱贫攻坚战役的胜利减小了城乡居民收入差距，再分配机制的发展推动了分配格局改善，同时巩固了脱贫攻坚成果。

（二）教育资源

1. 发展状况

中国教育体制改革取得了实质性突破，现代教育培训体系逐步形成，国民素质显著提高，教育事业取得重大成果：全面实施免费义务教育，大幅提高了九年义务教育的普及率；高等教育等各级各类教育实现了跨越式发展，招生规模不断扩大，其中高中阶段教育毛入学率超过了中高收入国家的平均水平；教育的公平性不断改善，对于困难群体，国家建立了相对完善的助学体系，对于外来务工人员，使其子女可在流入地公办学校就学。

2. 问题指出

教育事业中仍存在大量问题，从学生的安全出发，校园内未给学生提供安全环境，从教育内容出发，对学生艺术素质方面的培养过于死板，机械的体育训练导致学生的身体不能得到有效锻炼，心理健康的相关教育内容缺失的问题亦不容小觑，此外应加强职业技术学校的建设，纠正校内不良学风校纪，重视学生的品德建设，纠正社会对职业技术学校的观念，加强对职业技术劳动者的培养，不能一味追求学历，要考虑国家建设实际需要和个人的兴趣志向。

（三）医疗资源

1. 成就

自改革开放以来，中国持续深化医疗卫生体系改革，医疗卫生事业的现代化水平不断提高，先进医疗卫生服务体系覆盖面不断扩展，重大疾病防治成效显著，人口健康水平稳步提高。党的十九大提出实施健康中国战略，完善国民健康政策，为人民群众提供全方位、全周期健康服务。

2. 问题

首先，医护人员待遇仍需提高，包括规培医学生。社会目前对优秀医护人员需求量大，相关人员匹配不足，人均工作量较大，但应该提高医护人员的待遇，重视医护人员的身心健康，树立尊重医护人员的风气，同时应提高规培医学生待遇提高，在规培中享受与在岗职工同酬待遇；加强药物资源、血液资源储备，应对重大公共卫生事件时避免因资源短板影响民生稳定。

改革开放的四十余年，不仅仅是经济大发展、科技在进步的四十余年，更是民生大发展、人民得幸福的四十余年。中国人民在党的领导下，在改革开放的伟大进程中，不仅创造了经济社会飞速发展的人间奇迹，也创造了更加美好的生活，有了更充裕的收入、更满意的工作、更优质的教育、更多彩的消费、更高水平的医疗卫生服务、更可靠的社会保障。

社会保障和改善民生既要尽力为之，又要考虑客观条件。中国的发展仍处于并将长期处于社会主义初级阶段，发展不平衡不充分的问题仍旧突出，民生领域还有不少短板，人民在就业、教育、医疗、养老、环境等方面还有更多的期盼。

但是中国的民生发展没有终点，只有新的起点。当前，在以习近平同志为核心的党中央的坚强领导下，中国人民正为实现"两个一百年"奋斗目标和中华民族伟大复兴的中国梦而努力。在新时代的征程中，中国将坚持人人尽责、人人享有，我们要以发展的眼光看人民的需求，以科学的态度认识人民对美好生活的新需求。坚持以人民为中心的发展不仅是习近平新时代中国特色社会主义思想的核心要义之一，更成了提高保障和改善民生水平，加强和创新社会治理的根本行动指南以充实、保障、提高人民的获得感、幸福感、安全感。党的立身之本在人民群众，人民群众是历史的创造者，是社会物质财富和精神财富的创造者，是社会变革的决定性力量。要筑牢立身之本，着力补齐民生短板是国家及政府实际工作的重中之重。

改革开放后民生保障发展和建议

邹依伶*

摘　要：随着改革开放的深入，我国人民生活水平得到了很大改善，使人民感受到了幸福感与获得感。本文通过介绍民生保障制度，比较改革开放前后我国人民生活的变化，分析了目前主要的保障制度，并对其中存在的部分问题提出了建议。

关键词：民生水平；民生保障；保障制度

民生水平是衡量国家治理体系现代化程度的重要指标，而民生是社会保障制度的基本功能。随着新时代我国社会主要矛盾的变化，国家治理理念和目标也发生了转变，我国社会保障制度内的民生逻辑开始从传统的社会保障理念转向社会保护理念。

民生保障是指基本公共服务范围，一般包括保障基本民生需求的教育、就业、社会保障、医疗卫生、计划生育、住房保障、文化体育等领域的公共服务，广义上包括与人民生活环境紧密关联的交通、通信、公用设施、环境保护等领域的公共服务，以及保障安全需要的公共安全、消费安全和国防安全等领域的公共服务。

一、改革开放前后民生比较

改革开放前实行全民所有制和集体所有制的经济部门占比较高，工矿企业实行八级工资制度。农村地区根据劳作情况获得了相应积分，"铁饭碗""大锅饭"等现象普遍存在。农业，作为国民经济的另一个重要部门，因为人口膨胀、土地资源短缺，导致农业劳动的边际生产力更少。改革开放前的中国积贫积弱，经济发展波动较大，增长较缓慢，生产率底；同时存在对外交流少，工

---

* 邹依伶，四川大学机械工程学院。

业落后，人民消费水平低、就业岗位少等情况。

改革开放后，民生改善的主要表现为以下几个方面：衣服从统一单调到色彩多变，从手工浆洗、缝补到全自动剪裁，如今我们穿的衣服都经历了更迭换代，变得更舒适便宜，更加符合人们对"美"的追求。从按量按票取粮到家家户户谷仓满谷，从食难见家禽鱼肉到家禽满院，从野菜充饥到讲究营养均衡，人们可以选择吃的范围越来越多且越来越广，不仅要吃得饱还要吃得好。从茅草房、毛坯房到高楼林立，装修形式逐渐多样等。人们的住房已焕然一新，公寓化、别墅化越来越明显，使人人都有家可归。从步行为主的主要交通形式到如今绿色电车遍布家家户户，飞机、高铁也成为人们出差或旅游的首选。当今，中国高铁享誉世界，无论是安全性，还是舒适性，我国高铁已经做到了世界领先水平。

二、民生保障制度的实行

（一）就业保障

就业保障是指国家保障人民就业，促进生产力的各项举措的统称。我国人力资源和社会保障部对出现的大学生就业问题、农民工就业问题、残疾人就业问题都给了相应的保障措施。

（二）教育保障

教育保障即保障全国学生接受教育的权利，从九年制义务教育到高中教育、高等教育、成人教育，都在教育保障范围内。教育保障不仅要保障学生的学习，还得保障学生的身心健康发展。目前，我国教育教学工作符合教育规律和学生身心发展特点，教育体系亦不断完善。从学前教育到高等教育，把一个个学生培养成能为国家做贡献的人。

（三）医疗保障

改革开放四十余年来，我国医疗保障制度体系已取得长足发展，基本医疗保障得到了全面贯彻落实，医疗设施不断更新升级，医务人员队伍越来越庞大、医疗技术越来越专业化。小到诊所，大到医院，人民能够及时问诊、及时就医。同时，医疗保障保险不断优化，人民看病国家出钱补贴，使人人看得起病。

三、对民生保障的一些建议

（一）对大学生就业的建议

一是政府应该促进用人单位增添就业岗位并对其进行政策上的奖励。只有有了足够多的岗位，才能保障大学生就业。[①]

二是建立以创业带动就业的制度。以创业带动就业，是扩大就业的一个有效途径，是新时期实施积极就业政策的主要任务。[②] 倡导大学生创造创新、敢于创业，带动更多大学生探索更多的未知领域。

三是完善劳动法律制度建设。法律的设立和执行具有稳定性和统一性，任何政策的顺利实施都有赖于法律的制定和完善，大学生就业保障立法的完善，可以对大学生就业保障政策的制定提供必要的依据和指引。[③]

（二）对农民工子女教育问题的建议

一是健全义务教育管理制度。统一信息化管理全国中小学生学籍，不仅让农民工子女有书可读、有学可上，而且便于信息调动与查找。[④]

二是健全补贴保障制度。对于农民工学生实施恰当的补贴，保障他们接受教育的权利，激发他们自强不息的精神，学成之后回馈社会、回报祖国。

（三）对医疗保障的建议

一是改善乡村医疗设施。增大对医疗设施资金投入，让更多的人能够得到更快、更便捷的治疗，不用奔波到异地求医，在当地就有基础的医疗设备保障。

二是加大对医疗人才的培养投入。目前，优秀医务人员主要集中在沿海的繁荣城市，县级市级缺乏优秀医疗人才。应加大对人才的培养力度，使更多的优秀人才遍布各地。

---

① 洪何露：《大学生就业保障制度建设的必要性及政策支持研究》，《西部素质教育》，2018 年第 4 卷第 22 期，第 171 页。

② 张学秋：《地方院校大学生就业保障制度创新研究》，《产业与科技论坛》，2017 年第 16 卷第 14 期，第 287～288 页。

③ 王川、沈颖：《完善大学生就业保障制度的措施探讨》，《学校党建与思想教育》，2016 年第 9 期，第 81～82 页。

④ 林彩虹：《农民工子女义务教育问题与制度保障研究》，海南大学硕士论文，2013 年。

　　三是重视医疗网络化建设。深度开展网络化医疗已经成为普遍趋势，网上预约、网上看诊、网上缴费不仅能够提高看病的时效，而且，减少交通出行、减少污染，同时也能节省时间，加快看诊效率。

　　国家发展势态呈现出欣欣向荣的景象，国家政府领导也不断改革制度体系，切实做到满足人民日益增长的对美好生活的需要，服务于人民、奉献于人民。民生保障工作不断优化升级，不能仅靠制度的改善，还得靠我们坚持贯彻落实方针政策，听从党的指挥、服从党的安排，相信中国在民生保障工作中会不断创造新的成果。

"双减"政策对中小学生美育的影响

冀逸凡[*]

摘　要："双减"政策颁行以来，引发了强烈社会反响，对学校、教师、学生等都产生了巨大影响。美育是国家教育的重要组成部分，"双减"必然对其产生作用，分析其中的联系将有利于教育得到进一步发展。

关键词："双减"政策；美育；义务教育

中国于 2021 年颁布"双减"政策，旨在减少义务教育阶段学生的学习负担，以促进学生的健康成长与全面发展。美育是新时代培养社会主义接班人的着力点之一，对个人、社会与国家都有不可忽视的作用，但一直以来美育在实践中的效果都不甚理想。"双减"政策的推行，必然会对中小学生的美感教育产生重大的影响，研究其机制将会对我国教育事业提供支持，促进下一代学生的全面发展。

一、美育概况

美育虽然内含于我国文化的核心中，但这个词却是一个外来概念。自蔡元培、王国维等人将其引入我国后，经历了跌宕起伏的发展历程。改革开放以后，我国越来越重视美育在儿童青少年身心成长与发展中的作用，出台了一系列政策以促进美感教育。然而，笔者发现在实际操作中，艺术课程往往要让位于文化课程，成为一节节"闲课""副课"；美育体验的机会被繁杂的课业挤占，学生不能将美育内化于心；美育的精神不能全方位地体现于学习成绩的提高上，非艺术课程不重视美感教育；美育的质量无从检验或检验信度较低，缺乏统一有效的考评机制，以上种种问题的暴露证明了我国的美育发展之路仍任重道远。

---

* 冀逸凡，四川大学公共管理学院。

二、"双减"政策的整体影响

"双减"政策的推行在社会各界都产生了重大反响。下面将对其影响进行简要分析，以从中发现美育对学生产生的具体作用。

（一）教师教学

一直以来，有一批教师上课不教授学生内容，反而让学生下课参加其开办的补习班，造成学校教育本职缺失，学生负担加重，甚至易造成学生的受挫心理。减少校外培训负担，不仅有力打击了私人开办的不合法培训机构，而且惩治了这些师德匮乏的教学工作者，还学生一个清新的教育环境。

在以往的教学中，部分教师通过布置作业的方式，检验学生对知识的掌握情况，甚至出现用刷题的方式取代讲解的现象。减少学生过重作业负担可以促使教学质量提升，不搞形式主义，让学生的学习时间回归课堂。同时，作业的形式更加丰富、有趣，教师对作业的管理发生了变化，逐渐能做到完善设计要求，真正让作业发挥辅助学生学习的作用；强化激励功能，丰富批改方法，因材施教辅导学生学习。

但是，教师群体中存在着对"减少过重负担"理解不到位、两极分化的情况。一部分教师阳奉阴违，将作业换一种形式让学生完成，其实作业的数量并未减少；另一部分教师很少布置甚至不布置作业，造成学生对教学内容不能及时巩固。这不仅是教师个人的原因，更是由于学校考评制度不当、社会评价体系单一，或者说政策落地较难的一种体现。其后果就是学校、教师、学生、家长都困惑不已，陷入徘徊、犹豫的泥潭而无法自拔。

（二）学生学习

学生学习的方式产生了一定变化。以作业为例，由以基础性作业为主扩展为以基础性、拓展性、综合性作业多措并举。多元的学习方式充实了学生的学习生活，也可以相应培养其自主学习能力。然而，部分学生也因此产生了困惑，甚至误解了"双减"政策的本意，以为"双减"就是不用学习、彻底放松，这也造成了某些不良后果。

（三）学业评价体系

政策实施以来，各个地区和学校的学业评价体系都出现了变动，过程性评价、表现性评价等方式都为其注入了新的活力，这使得学生的能力得到了更加准确、全面的检测和评价。在这一过程中也出现评价内容繁杂、片面强调主体多元化的情况，造成各方疲惫不堪、事倍功半。

（四）学生生活

"双减"政策本意是为了下一代在轻松、健全、完备的环境下成长。"双减"政策确实将中小学生从繁重的作业中解放出来，以便更好地感受生活。因此，只要社会各界齐心协力、坚持不懈，最终就能够实现这项措施的真正效果。

三、"双减"政策对美育的影响

（一）客观上的时间和许可

一方面，由于"双减"政策减负力度巨大、时间似乎也更为持久，为学生空出了许多自由支配的时间，让其有机会接受美育的熏陶；另一方面，美育为非学科类培训，不在校外培训机构禁止之列，且越来越受到国家和社会的关注。

（二）主观上的本能和意识

事实上，从世界范围来看，人类都一直有着追求美、欣赏美、创造美的本能，"双减"政策为这样的原初力量创造机会，美育应当紧紧把握这次发展机遇，扩展美育的表现形式及其对学生能产生的深远影响。同时，美育也体现了我国教育发展趋势，就是要"立德树人"，社会也有感于以往应试教育的弊端，开始有意转向全面发展。

"双减"政策的效果日渐凸显，为教育界带来的变化势不可挡。虽然各界的反馈还未真正定型，但我们可以从中看到的是党和国家对青少年儿童的殷切关心和拳拳爱意。美育将乘着政策的东风，迎来自己的发展机遇，以便为祖国未来的建设者营造更好的成长环境。

改革开放以来高等教育的发展

——以四川大学为例

张洪维[*]

摘　要：本文以四川大学为例探讨了改革开放以来我国高等教育的发展历程，将其发展分为四个阶段：前学科时期、学科建立时期、规模扩充时期和稳步提高时期。前学科时期，新中国成立时教育领域未改造，高等学府稀少，不适应经济建设需求。学科建立时期，随着高考的恢复，教育领域发展走出了低谷，高考恢复后有好转。规模扩充时期，高校合并、扩招，高等教育迎来春天，四川大学经历合并。稳步提高时期，"985"工程、"211"工程和"双一流"等政策推动我国教育事业发展。改革开放后，招生规模扩大，高校数量增多；院校调整和新学科增长；人才评定标准得到了改善，鼓励新时代青年坚定自信，积极参与教育改革。

关键词：改革开放；高等教育发展；学科建立；人才评定

一、我国高等教育发展简史

学者潘懋元将我国高等教育学发展史分为四个阶段：前学科时期（1949—1978 年）、学科建立时期（1979—1984 年）、规模扩充时期（1985—1999 年）以及稳步提高时期（1999 年至今）。[①]

（一）前学科时期

新中国成立时，教育领域未经历社会主义改造，百废待兴。4 亿人口中有 80％是文盲，人均受教育时长只有 1.6 年。到了 1949 年，我国仅有高等学校

* 张洪维，四川大学公共管理学院。

① 潘懋元：《中国高等教育改革发展 70 年：回顾与前瞻——潘懋元先生专访》，《重庆高教研究》，2019 年第 7 卷第 1 期，第 5～9＋2 页。

205 所，且大多数起源于外国人创办的教会大学，高等教育入学率仅有 0.26%，全部在校生少于 12 万人，工科在校生仅 3 万人，严重不适应我国强烈的经济建设需求。①

当时，我国已开始社会主义建设，对人才需求量直线上升。1953 年，我国颁布了第一个五年计划，实施"一五计划"期间，需要 30 万工业、运输业和地质勘探等方面的技术人员，而已有技术人员仅 14.8 万，缺口达到惊人的 15 万；当时的工科院校和工程技术系科每年仅能招收新生 1.6 万人，整个"一五计划"期间，只能向国家输送不到 5 万名毕业生，不足当时工业建设实际需要的 25%。②

为适应社会主义建设的需要，我国进行了院系调整，如华东政法学院，1952 年 6 月由圣约翰大学、复旦大学、南京大学、东吴大学、厦门大学、沪江大学、安徽大学、上海学院、震旦大学等九所院校的法律系、政治系和社会系在圣约翰大学旧址合并成立。③

这个时期的大学大多不分专业，只分院系，尚未建立完整化、系统化的学科体系。且因为输送人才规模小、学科化并不专业，所以被称为前学科时期。

（二）学科建立时期

"文化大革命"时期，我国高等教育体制受到了极大的冲击，造成全社会教育水平的低潮。为了应对与世界脱轨的现象，1977 年 10 月，国务院批转教育部《关于一九七七年高等学校招生工作的意见》发布。文件规定凡是工人、农民、上山下乡和回乡知识青年、复员军人、干部和应届毕业生，如果符合条件均可报考。自愿报名，统一考试。④后科教兴国战略逐步被确立为党和国家的发展战略。

1980 年，《中华人民共和国学位条例》审议通过，我国至此确立了学士、硕士、博士的学位等级，制定了严格的学术标准，对我国的高层次人才培养起

---

① 苏怡、聂永成：《改革开放以来我国高等教育的发展：成就、问题与展望》，《海南师范大学学报（社会科学版）》，2021 年第 34 卷第 4 期，第 79～91 页。

② 李家新、蔡一村：《论改革开放 40 年来我国高等教育的政策逻辑》，《教育导刊》，2023 年第 3 期，第 5～12 页。

③ 刘金霞：《新中国成立初期高校院系调整及启示》，《高教论坛》，2023 年第 2 期，第 87～90 页。

④ 苏怡、聂永成：《改革开放以来我国高等教育的发展：成就、问题与展望》，《海南师范大学学报（社会科学版）》，2021 年第 34 卷第 4 期，第 79～91 页。

了重要作用。[①]

（三）规模扩充时期

自 20 世纪 90 年代，我国实施了以"共建、调整、合作、合并"为主要内容的高等教育管理体制改革。1994 年 3 月 16 日，原四川大学与原成都科技大学合并组建了四川联合大学，开创了新时期中国高校强强联合的先河。2000年 9 月，四川大学与华西医科大学合并，组建了新的四川大学，被称为"第二次高等教育体制改革的压轴戏"。

这个时期的高等教育以规模扩充为主，不少高校选择强强合并，共建高水平的科研机构、教育场所，实现了改革开放后高等教育的发展。

（四）稳步提高时期

进入新时代，习近平总书记提出了实现中华民族的伟大复兴的中国梦。高等教育成了为实现中国梦提供人才的重要途径。虽然我国的现代高等教育起步落后于西方，但经过改革开放至今几十年的发展也取得了不容忽视的成就，为实现中华民族的伟大复兴培育了更多的专业化人才。

"985"工程、"211"工程和"双一流"等政策的实施标志着我国现代化高等教育逐步赶上世界，并在某些学科领域上能引领潮流。

二、改革开放后高等教育体制改革的特点

（一）院校调整与新学科增长

以四川大学为例，经过两次合并后四川大学已成为文、理、工、医等学科都极强的综合性大学，并在交叉学科、新技术学科等领域持续长久发力。2022年 3 月 18 日，在四川大学第二轮"双一流"建设推进大会上，四川大学碳中和未来技术学院、智能科学与技术学院正式成立，校党委书记王建国、校长李言荣与现场参会的高洁院士、谢和平院士、魏于全院士、张兴栋院士、石碧院士、贺克斌院士、江松院士、王琪院士、许唯临院士和学校杰出教授共同为两个新学院揭牌，全面推动学校学科交叉融合和新工科建设。

这表明在改革开放后的新时代，高等教育需要建设更完整的学科体系，并

---

① 苏怡、聂永成：《改革开放以来我国高等教育的发展：成就、问题与展望》，《海南师范大学学报（社会科学版）》，2021 年第 34 卷第 4 期，第 79～91 页。

在新兴领域方面投入大量精力。

（二）人才评定标准得到改善

2014年8月，习近平总书记主持中央全面深化改革领导小组第四次会议时强调，考试招生制度是国家基本教育制度。总体上看，我国考试招生制度符合国情，同时也存在一些问题。必须通过深化改革，促进教育公平、提高人才选拔水平，适应培养德智体美全面发展的社会主义建设者和接班人的要求。①我国正在高等教育领域建立起更加完善的人才综合评价标准。

改革至此，我国高等教育经历了前学科时期、学科建立时期、规模扩充期和稳步提高时期，在改革开放后的四个时期内，我国高等教育体系的招生规模在逐步扩大、院校规模在逐步扩大、教育水平在显著提高、新兴学科领域在逐渐发力，形成更加全面的高等教育人才评定标准，逐步为实现中华民族伟大复兴培养更多优秀人才。作为新时代青年，我们应该更加认同党对高等教育体制改革做出的决定，坚定自身的"四个自信"，持续为教育体制改革出力。

---

① 《习近平主持召开中央全面深化改革领导小组第四次会议》，（2014−08−19）［2014−03−05］，https://China. cnr. cn/news/201408/t20140819_516246933. shtml.

新时代养老产业有关问题和发展方向

程弋涵[*]

摘　要：当前中国人口老龄化程度不断加深，养老服务的供需矛盾日益显露，传统的家庭养老已不足以提供老年人所需要的各类服务，故提出构建"家庭为基础，社区为依托，机构为补充，医养相结合"的养老服务体系，以应对人口老龄化的趋势，而正是社区养老的引入，让我国养老保障体系中资源适配、管理安排、覆盖范围等方面的问题暴露了出来。本文对这些问题进行了简要分析，并提出了相应的解决措施和养老产业未来的发展方向。

关键词：养老；服务；资源适配；互联网；供需平衡

进入新时代后，随着经济社会的发展和科技水平的提高，老龄化是当前人口的重要发展趋势，也将是很长一段时间内中国乃至世界面临的基本国情之一。在 2021 年的第七次人口普查中，中国 60 岁以上人口数量达到 2.6 亿，占总人数的 18.7%，依照此趋势预测，在"十四五"阶段，中国 60 岁以上人口占比将达到 20% 以上，即进入中度老龄化阶段。[①] 养老保障体系的改革不仅关系到基本的民生保障，也是满足人民日益增长的美好生活需要，实现我国社会主义现代化的关键环节。在这种情况下，缓和养老服务的供需矛盾，开展更高层次的老年人社会保障工作，将进一步增强人民福祉，这无疑是在相关政策改革和完善中重要且必要的一环。

一、养老体系发展中存在的问题

我国的养老保障体系是建立在工业时代背景之上的，无论是在资源适配、

---

* 程弋涵，四川大学公共管理学院。

① 《第七次全国人口普查公报解读》，（2023－02－02）［2024－03－04］，https://www.stats.gov.cn/sj/sjjd/202302/t20230202 _ 1896484.html.

流程安排，还是涵盖范围等方面，都存在着许多不足，也出现了供需不匹配的情况。我国提出要构建以家庭为基础，以社区为依托，以机构为补充，将医养相结合的养老服务体系，应对人口老龄化的趋势，而社区养老的引入让我国养老保障体系中的问题突显出来了。

（一）资源适配

一方面，我国老龄化程度整体上呈现"西高东低"的布局，不同地区的老龄化程度有较明显的差别；另一方面，由于政策、经济、科技等原因，不同地区的资源配置数量和覆盖范围也出现了不同，导致多地出现资源空间适配程度较低的局面，无法达到"老有所养""老有所依"的发展理念和预期目标。笔者认为从 2012 年到 2019 年，全国养老资源空间适配程度在整体上仍有待提高，虽然消除了"错配"的状况，但是情况依然不容乐观，勉强适配和初级适配的省市占全国省市的绝大多数，而达到优质适配的仅有上海。

（二）管理安排

新时代养老逐渐从家庭养老转变为社区养老和医养结合的应对体系。而随着参与主体的多元化和利益诉求的多样化，不完善的管理安排的缺点逐渐暴露出来。首先，在运营流程上，政府、公民、企业多主体的出现让诉求和帮助上传下达的中间环节增加了，拉低了工作质量，降低了工作效率；其次，在信息管理上，各地信息管理网络建设的不完善导致了不同地区服务内容的不同和无法实施有效监督的局面，易出现老年人支付的价格和获得的服务不对等的情况；再次，在人力资源上，由于缺乏养老相关工作人员的标准化培训，并且相关工作岗位的待遇较低，在养老机构中"找不来人、用不上人、留不住人"的现象屡屡发生。

（三）覆盖范围

根据马斯洛的需求理论，生理需求、安全需求、归属需求、尊重需求和自我实现需求是重要性和产生顺序从低到高排列的五种需求。随着世界卫生组织"积极老龄化""健康老龄化"等概念的提出，老年人也应追求更有品质的生活，这要求养老行业的覆盖范围逐渐从原有的解决老年人生活困难演变为提高老年人的生活质量，维持老年人的身心健康，提高老年人的社交能力和在经济社会领域的生产能力。然而事实上，在生活照料服务、医疗保健服务、精神文化服务和调节维权服务几个方面，养老服务供给情况并不理想，无法满足老年人日益增长的需求，缺口较大（见表1）。

表1 社区社会化养老服务需求分类变化趋势（2005—2018年）

需求类别	2005年	2008年	2011年	2014年	2018年
生活照料服务	59.55	64.49	68.99	62.15	69.10
医疗保健服务	76.91	75.45	88.07	86.37	86.00
精神文化服务	69.39	69.93	77.07	72.02	75.53
调解维权服务	64.55	63.09	70.63	67.32	72.40
总需求	82.01	79.91	90.34	88.93	89.39
样本数	13193	13388	7256	5186	9697

数据来源：姜世琳、张冲、王艳：《社区社会化养老服务需求与供给偏离的现状及影响因素研究》，《西部经济管理论坛》，2022年第33卷第3期，第90～97页。

二、解决措施和发展方向

（一）加强养老有关支持，提高供需适配程度

从资源适配格局来看，周围省市的虹吸效应，本地区人才、资金、基础设施等资源的不足都会引起空间错配问题。在这种情况下，提高政府的财政投入和福利待遇、强化社区养老职责和机构建设、增设相关文化设施以加强老年人的社会参与、颁布相应政策引进优质人才等方法都是提高养老资源适配程度的解决途径。同时，我们也要加强各地区的合作和协同发展，实现社会资源的共享和互助，加强空间资源适配度高的地区对周边的辐射及带动作用，促进养老产业的发展。针对目前情况，在养老服务方面，政府对不同地区的土地规划、产权认定、资金支持也应颁布相应的不同政策，以期实现精准支持的效果。

（二）加强互联网技术应用，提高管理能力

"互联网+"养老逐渐成为养老新的研究方向。依靠大数据和互联网，线上服务平台不同于传统服务模式，中介的去除可以为消费者提供更灵敏的时空体验感，有利于提高服务的精准度，使消费者更信任线上服务平台；同时，互联网的应用可以将不同类别的服务简洁而广泛地连接起来，如医院、银行、超市等，有效简化老年人问题的答复流程，提高其便捷程度；通过互联网平台，用户的需求和反馈也可以在第一时间传递给服务供给者，使其及时了解工作中

的漏洞和不足，更好地改进相关服务。同样，依托互联网，信息管理能力也可以实现较大幅度的提升。智能互联网终端可以及时监测到被服务群体的身体情况，使供给方能够及时获得不同信息并开展相应的照护服务。

（三）增加服务供给，保障供需平衡

提高养老服务水平、扩大养老服务范围，要从以下两个方面进行切入。第一，提高从业者的专业水平，改善从业者的薪资待遇。这就要求开展专业化培训和加强政府对相关产业的资金支持，在加强养老服务的规模化、标准化的同时，预防人员缺位问题的发生。第二，完善社区建设，健全养老服务体系。跟随养老服务社区化和社区社会化的趋势，增加社区中生活照料、医疗保健、精神文化、调节维权等板块的建设和服务供给刻不容缓。这就要求在社区中打造老年人日间照料中心和医疗保健站点，让老年人可以得到及时的照护和医疗服务，并且加强社区综合服务的建设，开设休闲场所和法律援助中心，开展文化娱乐活动和法律宣传活动，满足老年人的精神需求、保障老年人的合法权益。

随着人口老龄化的加剧和人民日益增长的美好生活需要，传统的依靠家庭提供养老服务已不足以支持老年人想要的生活质量。而在引入社区养老，解决传统模式不足的同时，面对养老保障体系中暴露出的种种不足，我们要挖掘其问题源头，并提出解决方案，践行以人民为中心的发展理念，增进人民福祉，迈向共同富裕。

专题八

生态环保

改革开放以来中国生态环保领域变化

张龙祥[*]

摘　要：自20世纪70年代改革开放以来，中国在经济领域发展迅速，实现了伟大的历史性创造。但是，快速发展也留下了许多生态保护及环境问题，这些问题已经对我国全面深化改革实现民族伟大复兴产生了影响。在21世纪，国家重视生态环境保护和可持续发展，党的十八大报告提出建设美丽中国战略目标，党的十九大报告强调建设生态文明是中华民族永续发展的千年大计。在此背景下，本文结合中国实际生态与经济发展事例及关于生态环境的论述，对改革开放以来中国生态环保领域做出的重大成效及未来社会生态发展方向进行了分析，同时对中国民众在生态领域方面需要做出的贡献进行了归纳。

关键词：中国改革开放；生态环保领域；措施与意识；理论分析

一、生态环保的基本理论

（一）生态环境的内涵

生态环境这一概念指的是与人类休戚相关，影响人类生存发展的自然资源（水、土地、生物及气候）和力量的总称，是关系到社会经济持续性发展的复合生态系统。[①] 生态环境不单单是生物赖以生存的自然环境，更是人类未来发展所必须面对的社会问题。

中国传统典籍和历史中论述了关于崇敬自然与生命、强调人与自然和谐的生态环保的思想。儒家"敬畏天命"、道家"道生万物"中的生态伦理思想都有正确对待生态能够持续利用自然资源的清醒认识。早在夏朝时期部落领导者

---

* 张龙祥，四川大学材料科学与工程学院。

① 于磊、李巍、高建文等：《海河流域生态环境演变规律研究——以滦河流域和漳卫南流域为例》，地质出版社，2014年。

就制定了对自然资源保护和合理利用的法律规定，体现了当时人们对自然资源及可持续利用的清醒认识。在周朝就有了对破坏生态的法律处罚的规定，说明周王朝对环境保护的重要性已有了更深入的认识并且制定了相关法律法规。而自秦朝以后各朝各代对生态环保意识不断加强，从历史典籍论述和前人思想中总结并制定法规规范人们的行为，达到合理对待自然资源保护生态维持生产的目的。

中国古代人们因衣食住行等生存需求及在对天地人关系的反思中逐渐提出并确立了生态环保意识，这为后世的生态环保等理念的普及奠定了基础。

生态环境保护也被称为生态环保，意欲改变过去人们为了发展经济、提高生产、解决基本需求问题而过度开发、利用自然资源的情况，并且顺应时代发展趋势利用风能、电能等洁净能源，坚持绿色低碳的新发展观。向群众普及绿色低碳的新发展观，减少有害能源污染、倡导群众参与保护生态环境，有助于实现经济发展与环境保护之间的平衡。

二、不同时期对于生态环保的措施

（一）生态理念的基本概念

在分析不同时期我国关于生态环保的措施问题之前，我们先讨论生态理念的概念。生态理念这一观念是基于敬仰和顺应自然而发展的，同时它包含着人类所处的社会环境及自然环境之间的相互关系，这种关系是否能长久维持取决于人类对自然生态和社会环境是否能坚持可持续发展的理念。这一观念以合理利用自然资源减少污染源等方式创建绿色环保的可持续性生产和消费方式，它引导着人类走向持续和谐发展的道路，从而达到人与人、人与自然、人与社会和谐共生的目的。[1]

总的来说，生态理念可以说是对生态环境进行保护，实现人类、自然与社会发展三者和谐共生的目的。

（二）新中国成立到改革开放时期生态环保措施

新中国成立之初，我国最主要的生产发展任务是提升工业化水平和发展提高国民经济，增加基础设施建设和提高工业生产，以应对国际政治形势。20

---

[1]　蔡德民主编：《建筑教育改革理论与实践（第5卷）》，武汉理工大学出版社，2003年。

世纪 50 年代，提出了"一定要把淮河治理好"的目标，这一目标拉开了新中国初期四大水利工程的序幕；同一时期，毛主席发出要使祖国"到处都很美丽"的绿化生态环境的号召，从此绿化祖国这一生态战略就持续贯穿于中国生态文明建设的进程中。1956 年中央政治局提出要通过广植树来绿化一切可能绿化的荒山、荒地，大力支持祖国的林业生态建设。

在 1972 年召开的联合国人类环境会议上，中国代表团结合自身发展情况充分阐释了工业文明与环境污染的关系，指出工业发展产生的资源浪费和有害物质直接排放等常见问题会造成严重的环境污染，但也不能不发展工业。因此，我们需要处理好工业与生态问题。这一阐释充分体现出中国人民对于生态保护与工业经济发展之间所存在的矛盾关系的深刻体会与认识。尽管我国在1958 年后大跃进时期存在大炼钢运动、盲目发展重工业等浪费资源、污染环境、破坏生态环境的情况，但纵观党提出的治水、治国绿化祖国实践战略构想，此构想反映出的还是我国对于保护生态环境处理好生产与环境问题的重视，以及希望能够绿色发展经济社会构建美丽蓝图的家国情怀。

（三）改革开放后中国生态保护措施

1978 年到 1991 年，中国生态环境保护法律制度体系初步建立，1982 年《中华人民共和国宪法》规定国家保障自然资源的合理利用等生态环境保护内容。这一规定初步创建了体系主体为污染防治、资源保护与管理制度的生态环境法律制度。

我国在经济快速发展的同时，国际影响力和人民幸福感也在不断提升，但也能看到改革开放带来的经济快速发展与生态环境不断被破坏之间的矛盾关系逐渐突出，人民日益增长的对美好居住环境的需要与快速发展带来的不平衡不充分之间的矛盾也越来越突出。面对这一情况，我国提出要建设可持续性发展战略，坚持以人为本，全面、协调、可持续发展。结合历史发展与国际新走向不断修订完善的生态环境保护法律制度体系基本形成，我国新的立法更强调经济发展与生态环境保护要协调统一，将污染防治和生态保护并重更适合中国新时代社会持续发展及满足人民对美好生活的需求。

2012 年至今，改革开放步入新时代全面深化改革时期，我们正逐步迈向党的第一个百年奋斗目标。在我国 GDP 不断提升、经济社会快速发展、国际交流不断加深的背景下，在"绿水青山就是金山银山"等生态文明思想的引导下，党中央高度重视为环境立法，创立"河长制""湖长制"等一系列新颖且灵活可行的管理制度，从根源上解决污染源问题，通过查封排放超标企业工厂等举措，有效实现治理环境的目的。于 2018 年修订的宪法规定了"贯彻新发展理念""生态文明建设"等相关内容，完善了生态环境保护法律制度体系。这一时期制约经济社会可持续性发展和全面建成小康社会目标实现的环境问题，在时代需求和正确思想的领导下，中国在生态环境保护方面取得重大成效，极大地增加了民生福祉，并助力于中华民族伟大复兴的实现。

三、新时代背景下人民关于生态环保的意识？

（一）为什么要提高人民的环保意识？

对于新时代为什么要提高生态环保意识这一问题，笔者从以下几个方面展开讨论。

首先，我们应该知道什么是环境保护和环境保护意识。环境保护是运用环境科学的理论与方法，在合理利用自然资源的同时深入认识污染、破坏环境的根源与危害，有计划地控制、治理和消除各类因素，促进人类与环境之间的协调发展，提高人类生活质量，为未来子孙后代谋福祉。环境保护意识反映的是人们对环境的认同感，不仅包括人们对环境的认识水平和程度（环境价值观念），还包括人们为保护环境而不断调整自身的经济活动和社会行为，自觉在实践活动中贯彻保护环境的原则。

其次，我们应当充分认识到因环境破坏导致的严重后果。经了解因人为原因导致绿洲变为荒漠、江河污染鱼类灭绝、水土流失等一系列灾难。人类因破坏生态犯下的错误有些可以通过科学技术人工绿化弥补，有些则可能导致物种灭绝等历史悲剧。

最后，以习近平同志为核心的党中央对生态环境不断重视，提升自我生态环境保护意识不仅仅是提升个人修养，也是响应国家号召，顺应国家可执行性发展趋势的必要之举。生态环境变好，国家社会经济发展可持续，这是民生所向，也是民生所需，更是为未来谋福祉。

因此，新时代我们在改革开放进入新时期新征程这一历史节点上提升环保意识，让绿色环保思维成为大家的生活习惯，从点滴做起，为构建美丽中国做出自己的行动。

（二）如何提升人民的环保意识？

新时代提升人民的环保意识不仅是个人修养，更是国家可持续发展的需求，如何提升自己的环保意识，主要从以下三方面进行分析。

首先，青年是民族的未来，青年的知识修养代表着国家的未来走向，对于青年学生而言，环保意识需要融入学习教育中，在生活中努力实行和推广环保意识，如关闭电源、节约用水用电、自觉进行垃圾分类、利用手抄报等形式向同学及家人推荐绿色低碳的生活方法等，努力做到让环保成为生活的习惯。

其次，对于社会大多数民众而言，提升环保意识不仅可以为青年一代做好爱护自然保护环境节约资源的榜样，更可以为响应国家发展目标和社会绿色发展贡献自己的力量，如低碳出行利用新能源工具或乘坐公共交通工具，降低二氧化碳排放为"碳达峰""碳中和"做出贡献；对垃圾进行分类投放，实现资源的再利用。

最后，对于大学生而言，学习专业生态环保相关知识后可以通过义工等方式向社会传递环保理念，或创建环境保护志愿协会鼓励更多的人参与相关实践。同时提升全球视野，关注人类共同面对的环保问题，共同构建美丽的生活。

从漫山翠绿走向美丽中国

——改革开放以来的生态环保

施栋宸[*]

摘　要：改革开放四十多年来，中国的社会发生了巨大的变化。其中，生态环境的变化尤其明显，近年来蓝天白云越来越多，人居环境越来越干净。这离不开国家的生态保护政策，国家坚持以保证环境质量为核心，逐步建设符合各个时代特征的环保体系。在新时代中国社会主义建设的过程中，应抓住建设美丽中国的战略目标，建立生态环境管理新体系，以期建构清洁、美丽的生存环境。

关键词：生态环保；改革开放；三北防护林工程；美丽中国

一、生态环保概述

从古至今，人们对于干净、整洁环境的追求从未消失，历朝历代都在致力于改善居民的生活环境。如果我们细细地去观赏《清明上河图》，不难发现画中所描绘的街道两旁河岸两旁都栽种了许多树木。在宋朝时期还规定，倘若地方的官员在任职期间积极种植树木，是可以作为其政绩便于日后升迁的。所以自古以来，生态环保是关系到国计民生之大事。新中国成立以来，党和政府亦致力于生态环保，时至今日，总体来说我国的生态环境保护事业从萌芽起步走向了蓬勃发展。

改革开放前，缺林少绿是当时中国面临的最大生态问题。清朝时期的"闯关东"，使大量人口迁入东北，伐木开田，并以树木作为柴薪，导致大量林木被砍伐；从清末开始东北地区进入了连年的动荡，导致了该地区形成的大片树林被摧毁，只留下了漫山遍野的黄沙。此后，每逢春季大风，北方地区就会有

---

[*] 施栋宸，四川大学艺术学院。

漫天黄沙，甚至会出现沙尘暴等情况。在这种情况下，1979年党和政府决定开启建设三北防护林工程。三北防护林是一项巨大的人工林业生态工程，同时该工程也是国家经济建设的重点项目。三北防护林工程总的建设要求是在保护好现有的森林、草原、植被的基础上，采取植树造林、封山、封沙、育林、育草等方法，形成防护林带、经济林带、柴薪林带等，形成乔、灌、草相结合，林带、林网、片林相结合，多种林、多种树可进行合理配置，农、林、牧协调发展的防护林体系。

二、自改革开放以来的生态保护

改革开放以来的生态保护起始于三北防护林工程，生态保护发展至今，总体来讲分成了四个阶段。

第一个阶段是从1972到1988年，这一时期是我国生态保护的第一次飞跃，国家对环保体系进行变革，先成立了国务院环境保护领导小组，又成立了国家环境保护局，这标志着我国生态保护的逐渐体制化、正规化，这意味着我国生态保护正式实施。

第二阶段是从1989到1998年，这是我国生态保护的第二次飞跃，这一时期我国的生态环保压力巨大，国家进行了大量的生态治理项目，在1998年时，国家正式组建了国家环境保护总局。

第三阶段是从1999到2008年，这是我国生态保护的第三次飞跃，该时期在经济发展的同时各种污染物的排放量十分巨大，所以我国此时期生态保护的主要工作是停止因经济迅速增长导致的污染物排放量的增加，全面推动发展循环经济建设，建立了环境保护部。

第四阶段是从2009年至今，这是我国生态保护的第四次飞跃，这一时期的生态文明建设被国家纳入了"五位一体"总体布局，此时期提出了很多生态环境保护的目标和口号，党和国家坚持绿色发展，号召"绿水青山就是金山银山"，拒绝先发展后治理的思路，以改善生态环境为中心，坚决治理生态污染，建立了生态环境部。

三、改革开放与生态保护之间的联系

总之，中国改革开放的四十多年，是生态环境保护管理体制不断改革和飞跃的四十多年。总结改革开放的四十多年，我国围绕着解决不同发展阶段突出环境问题的需要，不断改变生态环境保护治理体系与模式。我国在不一样的历史阶段针对不同的环境问题，采取了相应的对策，主要表现为以下三个方面。

第一是实事求是，时间是检验真理的唯一标准，党和国家坚持在发展中解决环境问题，在理论和实践的结合下建立和发展阶段相匹配的生态保护制度。第二是高度重视生态保护，将改善生态环境作为党和国家工作的重点，采取综合的措施，在改善生态质量的同时提高广大人民群众对于生态进步的获得感。第三是形成完善的管理体系，党和国家建立完善的党委领导、政府主导、市场推动、企业实施、公众参与的生态治理体系，全面执行好"党政同责、一岗双责"的使命，建立了中华人民共和国自然资源部与中华人民共和国生态环境部，此次环境保护部的升级与此前并不相同，此次升级整合了以往的碎片化职能，并增设了相关机构。不仅如此，"生态文明"也写入了《中华人民共和国宪法》，这也意味着我国的生态文明之路有了保障。环保部门一次又一次的升级，展示出了党和国家对生态环保工作的高度重视。

中国改革开放的四十多年不仅仅是经济腾飞的四十多年，也是生态环境保护、生态质量飞跃的四十多年。自改革开放以来，在党的领导下，中国的经济飞速发展，我们的生活彻底发生了改变，这种改变不仅体现在人们的经济生活中，而且体现在人们的生活环境中，由此不难发现，如今我们的天空在变得越来越蓝、臭水沟变得越来越少、沙尘暴天气在逐年减少、蚊虫也越来越少。自从 1972 年我国决定开展生态保护工作开始，党和国家针对解决不同发展历史时期的突出的环境问题的需要，每隔十年左右进行一次环保管理体制的大变革，通过不断的改革和大胆的创新，我国已形成了具有中国特色的社会主义生态保护治理体系与模式。我国始终在发展中解决环境问题，把改善生态环境质量作为重要工作之一，逐步构建了符合我国不同发展历史时期特征的生态保护管理体系。在如今的新时代中国特色社会主义建设过程中，我们应面向建设美丽中国的战略目标，着眼于世界，坚定不移地走绿色发展之路，做好规划布局，建立生态环境管理体系的新格局，共同建设清洁美丽的世界。我们坚信，在党的正确领导下，我们的生态环境将会更加美好。

准确把握党的"三新"内涵，坚决打赢
环保攻坚战

李卓宸*

摘　要：本文以习近平总书记新时代特色社会主义生态发展作为基础，提出在十四五期间全党上下应准确把握党的"三新"内涵：精准把握新发展阶段，深入学习新发展理念，加快构建新的生态格局，加速学习习近平总书记生态发展观和文明建设观，落实理论到实际的转换等要求，坚决打赢环保攻坚战，"碧水""蓝天"攻坚战，争取到 2030 年实现碳排放的峰值，到 2060 年实现基本碳中和的目标。

关键词：可持续发展；环境保护；三新精神

一、精确把握新发展阶段

我们要实现生态环境的进一步向好转变，党中央对广大党员干部提出了要做到完整学习党中央的十四五规划，要站在新发展的肩膀上重新审视党的发展之路，为 2060 年实现碳中和排放的远期目的贡献自己的力量的要求。宏观来看，我们必须在历史的长河中找准生态保护这一战略所处的历史时期和机遇，根据外部条件科学制订可持续发展计划，推动中国生态环境健康积极向上发展。

二、坚持打下绿水青山攻坚战

党从十八大以来在保护环境与可持续发展方面制定了许多重大战略措施，

---

　* 李卓宸，四川大学材料科学与工程学院。

多方位贯彻生态环境保护，打下污染防治攻坚战，是推动高质量发展和可持续发展的根本要求。作为党员，应该深入学习习近平总书记的讲话与思想，准确把握习近平总书记新时代的特色社会主义思想和可持续发展理念，坚决落实减污降碳的协同效应，同时通过各种措施实现绿色可持续发展，陆续关闭低产能高污染的炼厂和工厂，倡导全社会践行绿色低碳发展的共同理念，形成全国绿色转型的高度共识，推进高产能低污染企业的发展和投资，推动碳交易相关计划的落实，陆续降低排放量，到 2060 年左右基本实现碳中和。

具体来看，落实到具体的单位和个人，准确抓住企业的减碳降污过程中的切入点和发力点，努力实现协同效应，牢牢把握三个治污理念的核心思想，并努力推进，发展各企业在环保事业中的优势，调动各项资源弥补自己的短板，实现经济的可持续发展。

同时应该坚持系统的可持续发展观念。围绕持续改善生态环境各项质量指标，将可持续、清洁生产落实到企业生产活动的各个环节，加强前瞻性思考和战略性布局，实现标本兼治，对污染源头进行彻底速查和整治，强化对空气治理的协同控制，有针对性地进行污染治理，同时强化山水、湖田、林草的生态环境的系统治理，发挥生态环境的正反馈能力和再生能力，做到人为干预和自然修复的统一。

三、推动建设全国大环保格局

从生态保护的角度来看，建立健全我国生态环境保护的法律法规与相关支撑保护体系是迫在眉睫的，综合运用环境治理督查机构和执行机关的强制力量保证各企业的合理排污，充分发挥法律、市场责任、科技手段三方力量为我国绿色事业添砖加瓦，形成良性循环，实现可持续发展的供需平衡。

在满足可持续发展的基础上，应该积极推行绿色产品，满足我国群众对优美环境、绿水青山的美好向往和渴望，努力拓展城乡生态格局二元化格局建设，推动垃圾分类、污水及臭水整治活动，同时鼓励新环保业态、新环保技术和新环保装备的出现，使绿色环保产业不断发展壮大。政府应该坚持"放管服"改革，履行生态环保的职能，坚持"六稳""六保"的方针，支持环保产业的发展和环保格局的构建，倒逼高污染落后产能有序退出市场，优化绿色产业结构。

四、严格执行环境保护战略和可持续发展战略

新的一年，要不断提高党内党员的思想觉悟，形成对环境保护和降污减排问题的科学认识和前瞻性思考，强调制度建设，不断提高党组织这个先锋队的质量，不断提高政治执行力和政治觉悟能力，在环境问题上坚决整治形式主义和官僚主义，形成正确的价值观和育人观，在党内形成不想腐、不敢腐的正确思想，全心全意坚持"绿水青山就是金山银山"的环境建设，在思想上不松懈，在行动上不松劲，此外各单位应该重点加强对各种环境指标的监督与预测，做好重污染天气时段的响应，始终把人民的安全放在第一位，对污染天气进行严肃整治和处理。

五、坚持将理论运用到实际

习近平新时代生态文明思想是习近平总书记新时代中国特色社会主义思想的重要组成部分，习近平总书记对新形势下的我国生态发展做出了重要指示，明确了我们的战略目标和发展思路和原则性问题及相关科学规划，我们应该坚决树立"绿水青山就是金山银山"的概念，打赢蓝天碧水攻坚战，进一步丰富和深化我国的生态文明思想，为我国推行可持续发展及生态文明建设规划了道路，使相关工作有依可循。

行动上，通过在街道设立展板宣扬相关精神和实施方案，引导群众形成可持续发展意识，增强社会层面环保意识形态；党内督促党员积极学习新时代环保发展理念的总方针、总根据和总要求。在高校内部督促学生学习生态文明建设思想，为其提供理论高地，将高校打造为共同学习、交流、讨论、研究生态文明思想的重要平台，这既有利于相关理论的深入研究，又能进一步落实执行战略和计划。

我国改革开放至今生物多样性保护的发展概述

钟雪丹*

摘　要：以我国生物多样性保护的基本理念为切入点，梳理了从我国实行改革开放至今在生物多样性保护方面做出的决策及采取的措施，归纳了我国生物多样性保护的发展特点，总结了我国在生物多样性保护领域取得的成就，整理了未来重点发展方向。依托中国特色生物多样性保护之路的主要特征、发展要求，对未来我国生物多样性保护事业的进一步发展提出了新的设想与展望。

关键词：生物多样性保护；生态保护；发展历程

我国对生物多样性的重要性有着深刻认识，一直高度重视和积极开展着生物多样性的相关保护工作。尤其是自改革开放以来，我国在提高濒危动植物种群数量、扩大自然生物栖息地面积等多方面共同发力、与时俱进，在具有中国特色的生物多样性发展之路上阔步前行。

一、我国生物多样性保护的基本理念

我国始终坚持以人与自然和谐共生为核心的基本理念，不断推进落实生物多样性保护的相关工作，不断在相关领域取得突出成就，为全球生物多样性的丰富贡献中国力量。

第一，坚持尊重自然、保护优先。我国始终把保障生态安全和生物安全放在社会发展的重要位置，同时科学规划和安排保护工作，切实保护生物的多样性。

第二，坚持绿色发展、持续利用。中共十八届五中全会将绿色发展作为五大发展理念之一。我国已深刻认识到要科学合理地利用生物资源，追求可持续利用与循环利用，只有坚持绿色发展，才能实现经济可持续发展。

---

* 钟雪丹，四川大学生命科学学院。

第三，坚持制度先行、统筹推进。积极构建和完善合理的保护机制，才能更好地发展生物多样性。我国不断完善相关条约制度，努力发挥中央机构的统一安排与协商协调的作用。

第四，坚持多边主义、合作共赢。我国积极进行生物多样性开展国际交流合作，坚定支持多边参与，积极履行相关义务，共同为丰富全球生物多样性贡献力量，推动生物多样性保护，推动人与自然的和谐发展。

二、我国生物多样性保护的发展历程

改革开放前，受限于诸多内外环境因素的影响，我国的生态环境保护工作进展得十分缓慢。我国的生物多样性保护工作是生态保护工作的一部分，在改革开放后才开始走上正轨。

（一）我国生物多样性保护事业的萌芽阶段（1978—1992 年）

改革开放初期，我国生态环境保护事业处于萌芽阶段，对生物多样性的保护也有了初步的认识和理解。1984 年 5 月，国务院环境保护委员会成立推动了我国生态环境保护工作的有序安排与顺利执行。我国逐步建立起了生态环境保护组织。与此同时，我国自然保护区的建设工作也起步了，公布了新一批自然保护区，这能保护生物多样性。不仅如此，我国还开展了对濒危物种的监察工作，做到未雨绸缪，力争早发现、早保护。我国陆续建成了多个生物多样性的监测系统，通过监控与测评调查对国内物种是否处于濒危状态进行了测定，取得了一系列初步成就。

（二）我国生物多样性保护事业的积极探索（1993—2016 年）

伴随着 1993 年联合国《生物多样性公约》的生效，我国亦积极执行保护生物多样性的义务，正式开始了对生物多样性保护的深入探索。

在探索阶段，我国做出了合理科学、有效创新的生物多样性发展规划。1994 年，《中国生物多样性保护行动计划》针对我国实际情况设立了保护多样性的中国目标，2010 年通过的《中国生物多样性保护战略与行动计划》更是为未来我国生物多样性的发展指出了更精准的方向。从《中国濒危动物红皮书》到《中国物种红色名录》的启动，我国生物资源信息网的构建也愈发完善，生物多样性多方位调查、科学研究和监督检测水平都得到了一定提升。

此外，我国在国际合作方面也取得了较大进展，如我国成为《〈生物多样性公约〉关于获取遗传资源和公平公正分享其利用所产生惠益的名古屋议定书》的缔约方，使得生物遗传资源在全球各国分享与交流更加方便与有序。

在生物多样性保护工作的监督方面，进一步完善了我国生物多样性保护等生态保护工作的相关机制，为今后追踪保护工作的实施进程和监督具体落实情况提供了保障。

（三）我国生物多样性保护事业的蓬勃发展（2017年至今）

近二十多年以来，我国持续为丰富全球生物多样性贡献力量，2019年中国成为《生物多样性公约》核心预算的最大捐助国，并且进一步加强了国际生物多样性领域的交流合作，不仅与法国共同发布气候变化相关倡议，还与新西兰一同开展了生态领域工作，共同探讨了气候变化、生物多样性等热点话题。

在生物多样性保护事业欣欣向荣之时，我国并未止步于此，而是开展了长远规划。2021年10月，联合国《生物多样性》第十五次缔约方大会在云南省昆明市举办。会议中展示了我国如今生物多样性保护成效，与参会各国共同通过了《昆明宣言》。会议的顺利举办得到国内外的高度赞扬，在全球生物多样性保护工作中具有重大意义，也为我国未来生物多样性保护的发展发挥了影响深远的指导作用。

三、我国生物多样性保护的发展特点

回望我国生物多样性保护的发展之路，可以归纳得出我国生物多样性保护发展的几大特点，具体情况如下。

第一，工作推进具有连续性与递进性。在生态环境保护及生物多样性保护方面，我国的总体执行情况基本能实现前期制订的工作计划，并且可以做到连续推进与不断完善创新，如自2001年至2021年，为减少海洋污染问题、增加海洋生物多样性的"碧海"系列行动，解决海洋污染问题的专项行动仍在为对抗我国海洋生物多样性丧失问题发挥重要作用。

第二，愈发完善与重视生物多样性的地位。一直以来，我国在生物多样性保护方面的投入呈整体上升趋势。我国连续在2017年和2018年投入超过2600亿资金以用于生物多样性的相关工作；2020年，国家绿色发展基金正式设立，第一期募集资金总额达885亿元。这些对生物多样性的相关项目投入的增大体现了我国将生物多样性的保护放在社会发展中更重要的地位，努力推进生物多样性保护发展。

第三，生物资源保护与全方面生态环境保护并进。积极保护生物栖息的生态环境，创造更多良好的生态环境条件，才能从根本上保护生物多样性，如我国于 2018 年发布"打赢蓝天保卫战三年行动计划"，努力使蓝天更加纯净；2020 年宣布目标是在 2030 年前实现碳达峰，并将在 2060 年前实现碳中和，为全球碳排放"清零"，为提高全球生态质量贡献中国力量。

第四，生物资源实际保护与及时监测共建设。我国近年来对自然保护区的建设完善工作规模日益扩大，同时积极实现及时观测生物资源的动态变化，为未来濒危物种的调查研究、先行防范起到预测作用。此外，为提高对珍稀物种的辨识能力、科学保护能力，我国也陆续发布了许多中国特色生物资料文件。

第五，充分重视国际交流合作。自改革开放以来，我国一直活跃在生物多样性保护的全球视野中，积极履行国际相关条约义务，积极与世界各国开展国际交流合作，积极组织生物多样性的相关商讨活动、开展互助共赢工作，携手为全球生物多样性的保护事业添砖加瓦。

四、我国生物多样性保护的现状分析与未来展望

（一）我国生物多样性保护的成效

自改革开放至今，我国的生物多样性保护成就显著，在以下方面取得了较大的成功。第一，我国积极推进生物就地保护工作，努力加强自然保护地建设；第二，我国重视生物迁地保护，积极组织开展濒危物种拯救工作，同时为生物遗传资源顺利收集保存和有效利用制定相关政策，建立了大量生物资源收集平台；第三，我国助力于生物安全管理，在外来物种入侵方面有所成效，不断强化对生物遗传资源的监管力度，推进生物资源惠益分享；第四，我国改善生态环境质量工作取得初步胜利，多项生态保护修复工程进展明显；第五，我国倡导推进绿色发展，以多项措施推动产业绿色转型，助力社会建设绿色发展，促进人与自然的和谐共生。

（二）我国生物多样性保护的发展方向

尽管我国目前在生物多样性保护方面取得了诸多成就，但为切实阻止生物多样性的丧失，还有很长的路要走，仍有要完善或改进之处。未来我国生物多样性的发展将重点关注以下方面。第一，积极建立与完善保障生物多样性保护的相关决策，给予生物多样性更多的法律保障，同时提高督察和执法效力，及

时纠正有害于生物多样性发展的行为；第二，开展更持续有效的生态环境保护格局，继续提高我国生态环境质量；第三，完善生物多样性保护监测系统，重视对生物资源的研究调查；第四，努力提升生物安全管理水平，提高对外来物种的防控能力；第五，加大宣传与推广，让生物多样性保护成为公众参与的事项，倡导全民行动；第六，进一步开展国际交流合作，持续与各国生物多样性保护一同前进。

（三）我国生物多样性保护的未来发展展望

未来，我国将继续以积极活跃的态度、全面长远的视角、科学合理的方式、高效实际的措施推动我国生物多样性保护的发展，怀着人类与自然和谐共生的美好愿景，强化生物多样性保护的重要地位，科学统筹规划，集中关键力量，做到高质量发展与绿色发展并进。相信我国将继续行走在保护生物多样性的道路上，为实现我国生物多样性保护的未来开展规划、实现全球生物多样性的切实保护而笃行不怠！

渤海海洋生态安全有关问题与对策研究

孙梦飞 *

摘　要：海洋生态环境越来越受沿海、沿岸人们的重视，我国环渤海区域地方政府也开始高度重视渤海海洋环境。建立一个统一的生态屏障来实现经济与环境的和谐相处，有利于我国顺利解决经济与生态环境的固有矛盾，实现可持续发展的目的。建立环渤海生态安全带需要创立合理的渤海管理体制，实现机制的创新，建立有效的智慧信息体系，使生态安全信息做到共享，各部门建立统一协调平台，完善地区生态环境整治，发挥海洋资源的主导配置作用，使资源配置与产业发展共荣共生。

关键词：渤海；海洋安全；生态保护；可持续发展

一、渤海海洋生态环境现状

渤海海域面积约 7.7 万平方千米，由辽东湾、渤海湾、莱州湾和中央海盆组成，上承海河、黄河、辽河三大流域，下接黄海、东海，入海河流主要有黄河、辽河、滦河和海河，分别与辽宁省、河北省、天津市、山东省（以下简称三省一市）毗邻，还与黄海相通，平均海深 18 米，海域内浮游生物种类多样，已知浮游植物超过 140 种，浮游动物超 52 种，底栖生物超过 305 种。由于渤海海床呈平坡状，入海河沙及底层沉积物是混合的，再加上三面陆地一面海的构造，使得渤海的海水交换能力较弱，海域内生态环境的自净能力较薄弱，极易受到陆地及外部环境污染的影响，导致部分地区生态系统失衡。自然因素再加上渤海区域近些年一些粗放式的发展模式、产业结构不合理、居民环境意识淡薄等原因，使渤海面临严重的生态安全问题。

＊ 孙梦飞，四川大学公共管理学院。

二、渤海海洋生态安全问题

（一）环境安全方面

环渤海经济圈一直以来都面临着生态环境安全问题，严峻的形势使国家各部门都开始重视生态环境的安全问题，主要表现为工业污水随意排放、化学物质过度使用、环境治理能力薄弱、人类环保意识淡薄等，最终导致渤海海域水质恶劣、污染严重、生态系统退化、海洋灾害频发等情况。水质恶劣、污染严重，经测明渤海海域二类、三类、四类及劣四类水质海域面积分别为 10830 平方千米、4470 平方千米、2930 平方千米、3330 平方千米；入海污染状况堪忧，渤海周边污水直接排放量高达 6.87 亿吨，污染物处理能力弱、数量逐年增加，导致渤海海岸环境问题严重，近海水质一般；渤海区域生态环境破坏，自然海岸线不断减少、海水侵蚀现象与土地盐渍化日趋严重；海洋生态系统退化，近海口浮游生物数量明显下降，多数海域出现富营养化污染；海洋灾害频发，海冰灾害等直接造成水产养殖业的经济损失，对渤海环境安全造成了严重威胁。

（二）资源安全方面

海洋资源指的是海洋中形成或存在的各种资源，不仅包括海洋渔业资源，还有海洋生物资源、能源资源、矿山资源、滨海旅游资源等各个方面。资源安全问题涉及为人类所提供产品的供给程度，如今的渤海海域资源已经相当匮乏，与往年相比资源的产量和数量都大幅下降。海洋生物受外界环境污染等因素的影响，生态系统遭到了结构性破坏，许多浮游生物受到了严重影响，数量开始下降；渤海周边长期粗放式的资源加工和利用模式、重工业化工产业的飞速发展、环境保护意识薄弱，导致在渤海海洋资源开发的过程中忽视了海洋的可持续发展，造成海洋资源利用效率低下、资源浪费等问题。

（三）产业安全方面

海洋产业安全是指海洋产业在发展过程中始终保持可持续的协调发展，它是经济发展的前提与保障，只有使海洋产业安全稳定，才能在可持续发展道路上越走越远。在 2012 年，我国就曾提出海洋兴国的战略方针，随后海洋资源的开发带动了海洋经济的发展，但是在经济发展的同时，不能忽视产业安全问题，要时刻保持警惕。

一是海洋传统产业转型困难，传统产业体量大、产能过剩、市场不景气，使得产业结构老旧，各种问题很难得到解决；二是海洋新兴产业发展较为缓慢，规模小、配套不齐全、政策措施限制等原因造成发展滞后、优势不明显。所以，渤海海洋产业安全方面的威胁主要是传统产业结构、新兴产业布局和环境发展这三个方面。

三、渤海海洋生态问题对策和措施

（一）减少工业排污，推动实行可持续发展观

一个可持续发展模式是每个产业所必需的，企业要遵循可持续发展战略，减少废物废水排放，将污染降到最低或符合环保排放标准。渤海海域的水质污染的主要原因还是工业废水及生活污水的无序排放，近海管控单位要实时进行污染排放检测，加强监督管理。提高污水处理能力和处理深度，实现入海口污水减排，并积极落实《关于加快推进水产养殖业绿色发展的若干意见》，推广生态养殖，工厂实现了水循环利用等先进技术，生活污水实现了雨水分流排放，不断整治向海内倾倒垃圾的行为，建设统一的城市污水处理厂，海洋安全问题的解决需要可持续发展观做指引。

（二）完善预警监察系统，实现生态环境平衡

不断完善海洋灾害预警监测系统，实现预警信息第一时间传达，与自然资源局形成信息共享，及时发布海浪、风暴等自然灾害预警，令海上作业人员及时防范，有充足时间进行准备，减少损失。在海岸沿线可以通过拆除废弃码头、人工海岸整治、自然海岸修复、废物清理、防潮堤岸建设、滨海长廊修建、沙滩整治等措施实现生态环境的平衡。建造统一的供水系统和海水净化系统，保护沿海水域的水资源安全，并通过生态环境整治，不断改善沿海水质，努力提升到Ⅲ类水体水质以上。

（三）调整优化海洋产业结构

重视海洋第一产业，合理规划布局海洋海水养殖产业，建立集约型养殖基地，充分利用海洋资源，发展远洋捕捞产业，可以与国际知名企业合作，在提高产量的同时扩大品牌竞争力，实现环境保护前提下的经济利益最大化；调整

升级海洋第二产业，加快传统海洋制造业的升级改革，促进海洋水产的二次加工，带动中小水产公司，发展特色海洋产业；大力提产发展第三产业，以滨海旅游带动整体经济，积极开发各种旅游产品，打造当地产品的知名度和品牌化；重视海洋运输产业的发展，加快海岸港口建设及配套设施的完善等。

（四）科技兴海

以人为本，贯彻落实科技兴国的战略部署，与国内外先进的企业合作；加强海洋产业的高科技研究，建立海洋新兴生物工程等科技产业完善海洋发展的信息化建设，利用海洋生物技术、海洋空间开发利用技术等加强海洋观测、预警、信息化的建设，有利于构建一套完善的海洋经济、生态、资源和谐发展的服务体系；不断壮大科研队伍，积极与国内外先进企业、人才合作交流，协同开发合作，实现科技的广泛应用，再加上高新技术的人才和技术，以达到整个海洋生态资源的修复和研究的目的。

（五）提高海洋环境保护意识

加强海洋相关管理部门的合作，严厉打击海洋生态环境破坏行为，提高环保执法力度，加大海岸巡查。政府、媒体和教育部门应该展开多方合作，加大海洋生态环境保护的宣传力度，使公众重视海洋生态问题，落实海洋环境保护的相关政策法规，杜绝恶意破坏行为，在老百姓心中树立海洋环境保护的意识，组织民间团队为海洋环境保护贡献自己的一份力，如可以定期进行沿海垃圾的清理，传发宣传广告，使环境保护意识深入人心，从而推动海洋环境保护事业的发展。

环渤海经济圈是我国经济增长的重要试点，不仅包括海洋运输、海洋产业，还有滨海旅游等第三产业带动的经济发展。传统产业也在政府的帮助下不断改革转型，发展为新兴的海洋产业。但是，环渤海地区的环境整治和经济发展同样面临着十分严峻的考验和挑战，如何实现经济的腾飞与环境的保护协调统一以及摸索出一条合理的可持续发展道路都是亟待解决的问题。因此，只有不断加快环渤海经济圈中海洋生态文明建设，完善海陆一体化的管理治理机制，才能更好地带动整个区域的发展，成为新时期下海洋强国的重要一环。